Planos de saúde

Conselho de Administração: Roberto Marinho (presidente)
João Roberto Marinho (vice-presidente)
Roberto Irineu Marinho, José Roberto Marinho, Luiz Eduardo Velho da Silva Vasconcelos, Mauro Molchansky, Pedro Ramos de Carvalho (conselheiros)
Diretoria Executiva: Marcos Dvoskin (diretor-geral)
Hélio Tuchler (diretor de mercado/leitores)
Paulo Afonso Gregoraci (diretor de marketing e publicidade)
Carlos Alberto R. Loureiro (diretor administrativo-financeiro)
Eduardo Gusso (diretor de estratégia e desenvolvimento organizacional)

Globo Publicações
Diretor de Unidade de Negócios: Eduardo Gusso
Diretor de Desenvolvimento Comercial: Mauro Costa Santos
Gerente Editorial: Sandra R. Ferro Espilotro
Coordenadoras Editoriais: Cristina Fernandes e Wally Constantino Guanaes Barbero
Assistente Editorial: Fernanda Milani
Gerente de Divulgação: Alexandre Oliveira
Gerente Comercial: Luiz Antonio de Souza
Analista de Planejamento: Gustavo Assunção

© 2001 Editora Globo S.A.
© 2001 Idec – Instituto de Defesa do Consumidor

Todos os direitos reservados. Nenhuma parte desta edição pode ser utilizada ou reproduzida – por qualquer meio ou forma, seja mecânico ou eletrônico, fotocópia, gravação etc. – nem apropriada ou estocada em sistema de banco de dados, sem a expressa autorização da editora.

EDITORA GLOBO S.A.
Av. Jaguaré, 1485
CEP 05346-902
Tel (0xx11) 3767-7000
São Paulo, SP, Brasil
e-mail: atendimento@edglobo.com.br

Dados Internacionais de Catalogação na Publicação (CIP)
(Câmara Brasileira do Livro, SP, Brasil)

Planos de saúde / Andrea Salazar...[et al.]
  São Paulo: Globo, 2002 - (Série Cidadania)

  Outros autores: Karina Rodrigues, Lynn Silver.
Maria Inês R. Landini Dolci
  ISBN 85-250-3456-8

  I. Plano de saúde. Brasil I. Salazar, Andrea
II. Rodrigues, Karina. III. Silver, Lynn. IV.
Dolci, Maria Inês R. Landini. V. Série.

02-0171   CDU-362.1042580981

Índices para catálogo sistemático:
1. Brasil: Planos de saúde: Bem-estar social 362.1042580981

SÉRIE CIDADANIA

Planos de saúde

Andrea Salazar
Karina Rodrigues
Lynn Silver
Maria Inês R. Landini Dolci

EDITORA GLOBO   idec

APRESENTAÇÃO

Fruto da parceria entre a editora Globo e o Idec – Instituto de Defesa do Consumidor, *Planos de Saúde* é mais um título da Série Cidadania, que veio para facilitar o acesso do leitor ao universo de leis e disposições legais que interferem no cotidiano dos cidadãos comuns. A lógica é simples: quem não conhece seus direitos não sabe nem tem como se defender.

Os campeões de dúvidas e reclamações nos órgãos de defesa do consumidor são os planos de saúde. Depois da Lei 9.656/98, das alterações feitas pela Medida Provisória nº 2.177-44, de 24/8/2001, das resoluções do Conselho Nacional de Saúde Suplementar (Consu) e da Agência Nacional de Saúde Suplementar (ANS), e das Portarias do Ministério da Saúde, o resultado é uma legislação confusa, que pode gerar contratos igualmente confusos, muitas vezes contrários à lei.

Planos de Saúde, elaborado e atualizado por especialistas do Idec, traduz para uma linguagem acessível esse emaranhado de disposições legais, faz uma análise completa de todos os tipos de planos e indica o que continua valendo para os planos anteriores à lei. Inclui ainda os textos da Lei 9.656/98, das resoluções e das portarias que tenham reflexo para o consumidor. E traz nada menos do que 42 modelos de cartas para você esclarecer dúvidas ou reclamar, quando se sentir prejudicado, nas empresas prestadoras de assistência à saúde e na ANS, além dos endereços de entidades e órgãos públicos aos quais deve se dirigir. Tudo isso faz desta publicação a mais atualizada e detalhada sobre o assunto à disposição dos consumidores que já têm ou pretendem ter um plano de saúde.

Estamos certos de que, com este livro, o leitor terá em mãos informações muito práticas e úteis que lhe permitirão tomar as decisões mais convenientes para cada caso.

Os Editores

Planos de saúde

BREVE HISTÓRICO DA LEI	9
OS CONTRATOS ANTIGOS	12
O CÓDIGO DE DEFESA DO CONSUMIDOR E A LEI 9.656/98	14
AS NOVAS REGRAS	15
Clareza nos contratos	16
Proibido o cancelamento do contrato pela empresa	16
Cancelamento do contrato pelo consumidor	17
Renovação automática dos contratos	18
Aumentos que precisam de autorização	18
Proibida a interrupção da internação	18
Proibida a carência por dia de atraso	19
Carências com limite	19
Restrições ao descredenciamento	19
Cobertura de saúde mental	21
Contratos coletivos	22
Recisão do contrato coletivo	23
Aposentados e desempregados	24
Transferência de contratos	26
"Quebra" das empresas	26
Responsabilidades da empresa	28
A LEI E SEUS PROBLEMAS	29
Reajustes anuais	29
Como saber se o aumento é correto ou abusivo?	30
Aumento por sinistralidade	31
Revisão técnica	32
Aumento por mudança de faixa etária	33
Doenças preexistentes	35
Casos de urgência e emergência	39
Tansplantes, só dois	41
OS CINCO PLANOS DA LEI	41
Plano-referência	43
Plano ambulatorial	44
Plano hospitalar	45
Plano hospitalar com obstetrícia	46
Plano odontológico	47
RECOMENDAÇÕES E ALERTAS	48
1. para quem já tem um plano	48
2. para quem quer adquirir um plano ou adaptar o antigo	49
3. para todos	50
4. para quem tem plano familiar	52
5. para todos, especialmente idosos	53
6. para mulheres, especialmente as jovens	54
7. para portadores de doenças preexistentes	54
8. para portadores de deficiência	55
9. para crianças e adolescentes	55
10. para quem tem plano coletivo	55
– profissões de alto risco ou com alto grau de periculosidade	56
– cuidado com a exclusão injusta	56
– aposentados e desempregados	56
A SUA SAÚDE	57
DIREITOS DO PACIENTE	58
REGULAMENTAÇÃO DOS PLANOS PRIVADOS DE ASSISTÊNCIA À SAÚDE	61
RESOLUÇÕES DO CONSELHO NACIONAL DE SAÚDE COMPLEMENTAR – CONSU	86
RESOLUÇÕES DA AGÊNCIA NACIONAL DE SAÚDE SUPLEMENTAR – ANS	159
PORTARIAS DA SECRETARIA DE DIREITO ECONÔMICO DO MINISTÉRIO DA JUSTIÇA	214
MODELOS DE CARTAS	219
GLOSSÁRIO MÉDICO-CONTRATUAL	265
ENDEREÇOS ÚTEIS	270
ÍNDICE REMISSIVO	274
O QUE É O IDEC	278

BREVE HISTÓRICO DA LEI

Após anos de discussão, o Brasil ganhou, em junho de 1998, uma lei específica para os planos e seguros privados de assistência à saúde. Seguiram-se à lei muitas medidas provisórias e resoluções – que ainda continuam sendo constantemente editadas e modificadas. Essa nova legislação deve estar incorporada aos contratos oferecidos aos consumidores desde 4 de janeiro de 1999.

A luta por uma lei específica para regulamentar os planos e seguros de saúde vem desde a década de 1980, quando os contratos eram escritos em letras praticamente ilegíveis. Os consumidores já reclamavam nos Procons, em cujas listas negras as empresas privadas de assistência médica figuravam entre as que mais recebiam reclamações dos consumidores por causa dos excessos cometidos, como o não-atendimento às chamadas doenças preexistentes, o cancelamento unilateral dos contratos e os aumentos abusivos.

Em 1993, diversos projetos de lei começaram a tramitar no Congresso Nacional, sendo escolhido para votação o do então senador Iram Saraiva, por ser objetivo e favorável aos consumidores – limitava-se tão-somente a proibir as exclusões de atendimento. Passando à Câmara dos Deputados, porém, o texto foi totalmente modificado, com a inclusão de vários itens, entre os quais o da permissão das exclusões! De volta ao Senado, novamente sofreu alterações (a permissão de exclusões foi retirada do texto, mas incluíram-se exceções e restrições) e virou lei em 4 de junho de 1998. Logo no dia seguinte à sanção presidencial, foi publicada uma medida provisória (MP) que modificou alguns pontos da lei e acrescentou outros (inclusive a possibilidade de exclusões de procedimentos e transplantes). Desde então, essa MP vem sendo reeditada e freqüentemente modificada.

Durante todo o processo de discussão, o Idec, os Procons, as entidades de usuários e de profissionais da saúde, como o Conselho Federal de Medicina e a Associação Médica Brasileira, manifestaram-se publicamente contra o projeto de lei na Câmara dos Deputados e no Senado. Graças às reivindicações dessas entidades, por meio de atos públicos, da divulgação na imprensa e da pressão sobre os deputados e senadores, alguns pontos do projeto foram melhorados – como estes:

• o impedimento de que as empresas vetem em seus planos o ingresso de consumidores com idade avançada ou portando deficiências;
• o estabelecimento de limites para o descredenciamento de hospitais, laboratórios e clínicas;
• a proibição de limite de prazo e de valor máximo de internação hospitalar;

- a proibição de carência por atraso no pagamento;
- a limitação dos prazos de carências;
- a exigência de clareza nos termos do contrato;
- a proibição de rescisão unilateral do contrato pela empresa.

Entretanto, questões cruciais da relação entre o usuário e a empresa seguem sem solução. E mais alguns graves problemas surgiram com o Conselho Nacional de Saúde Suplementar (Consu), órgão criado por medida provisória que detalhou e também modificou, por meio de 23 resoluções, alguns aspectos da lei. Por fim, a Agência Nacional de Saúde Suplementar (ANS), que substituiu o Consu na tarefa de editar resoluções, elaborou muitas, e algumas delas podem ter reflexos negativos na vida do consumidor. Devido a tudo isso, o conjunto da legislação é confuso e de difícil compreensão, mas existem alguns avanços. De qualquer forma, é importante lembrar que há o Código de Defesa do Consumidor (CDC), que deve ser aplicado junto com essa nova legislação.

Nomenclatura

Até bem pouco tempo atrás, as principais modalidades de contrato de assistência médica no Brasil eram os planos de saúde e os seguros-saúde. A diferença entre eles, para o consumidor, restringia-se, na prática, à forma de reembolso. No seguro, o consumidor escolhe os prestadores, paga pelos serviços prestados e depois é reembolsado pela empresa, enquanto no plano há uma rede credenciada pela empresa de prestadores de serviços médico, laboratorial e hospitalar que pode ser utilizada sem nenhum pagamento adicional; e também refere-se ao fato de as seguradoras submeterem-se à fiscalização da Superintendência de Seguros Privados (Susep). Nos outros aspectos, o efeito era o mesmo. A partir da regulamentação do setor, uma nova alteração aproximou ainda mais as empresas de planos e de seguros, chamando-as indistintamente de operadoras de planos de assistência à saúde, devendo ambas se submeter às normas e à fiscalização da Agência Nacional de Saúde Suplementar (ANS), criada pela Lei 9.961/2000 (veja box na pág. 11 sobre as atribuições da ANS). A única hipótese em que uma empresa de saúde privada deve obediência à Susep e não à ANS acontece nos casos de seguros com cobertura estritamente financeira – o que, na prática, não existe hoje no mercado. Isto porque, segundo a MP, se o contrato de assistência à saúde apresentar qualquer restrição – que infelizmente existe em todos –, já está caracterizado um contrato de plano de assistência à saúde que só pode ser oferecido por uma operadora de plano! Assim, as novas normas se aplicam a todas as operadoras de assistência e, para as seguradoras, as regras da Susep e do Conselho Nacional de Seguros Privados (CNSP) que não tenham sido disciplinadas pela ANS e pelo Conselho de Saúde Suplementar (CONSU), conforme disposto na Resolução 65 da ANS.

Portanto, daqui por diante, operadora de plano de saúde é sinônimo, para efeitos da lei e deste Guia, de qualquer tipo de pessoa jurídica que oferece assistência privada à saúde – seja de plano, seja de seguro, seja cooperativa, seja autogestão. E plano de assistência à saúde é sinônimo de qualquer tipo de contrato que envolva assistência à saúde, seja através de uma rede credenciada (plano de saúde), de reembolso (seguro-saúde) ou de uma mistura dos dois. Ressaltamos ainda que, para uma melhor compreensão do leitor, continuaremos utilizando a nomenclatura "empresas de assistência à saúde", "planos" e "seguros-saúde", uma vez que a legislação também a conservou em muitos pontos.

Os poderes do Consu e da ANS

O Conselho Nacional de Saúde Suplementar – Consu – e a Agência Nacional de Saúde – ANS – são órgãos ligados ao Ministério da Saúde e com atribuições específicas para o mercado de assistência privada à saúde, como, por exemplo, regulamentar a lei, nas questões que ficaram em aberto. Entre junho e novembro de 1998, o Consu definiu itens como a "amplitude das coberturas" dos planos e os percentuais aumentos por faixa etária. Em outras palavras, o Consu permitiu que os planos de assistência à saúde privada aumentassem em até 500% (quinhentos por cento) a mensalidade – só a título de mudança de idade – ao longo da vida do consumidor, como impôs outras restrições contrárias aos interesses e direitos dos usuários. Nas resoluções do Consu, há vários pontos que contrariam a própria lei e, portanto, são ilegais. Por isso, ao contratar um plano ou substituir o seu plano antigo, **verifique se há algum ponto que contraria a lei.** Nessa eventualidade, se você sofrer algum prejuízo, deve reclamar aos órgãos competentes (veja Parte III) e mesmo recorrer à Justiça. O Código de Defesa do Consumidor e a Lei 9.656/98 valem mais que uma resolução.

O órgão é composto pelo Chefe da Casa Civil da Presidência da República (que é o presidente do Conselho), pelos ministros da Saúde, da Fazenda, da Justiça e do Planejamento, Orçamento e Gestão.

Em janeiro de 2000, a Lei 9.961/00 criou a Agência Nacional de Saúde Suplementar (ANS), que recebeu grande parte das atribuições antes conferidas ao Consu, dentre as quais:

a) propor políticas e diretrizes gerais ao Conselho Nacional de Saúde Suplementar – Consu – para a regulação do setor de saúde suplementar;
b) fixar critérios para os procedimentos de credenciamento e descredenciamento de prestadores de serviço às operadoras;
c) estabelecer parâmetros e indicadores de qualidade e de cobertura em assistência à saúde para os serviços próprios e de terceiros oferecidos pelas operadoras;
d) estabelecer critérios de aferição e controle da qualidade dos serviços oferecidos pelas operadoras de planos privados de assistência à saúde, sejam eles próprios, referenciados, contratados ou conveniados;
e) estabelecer normas, rotinas e procedimentos para concessão, manutenção e cancelamento de registro dos produtos das operadoras de planos privados de assistência à saúde;
f) autorizar reajustes e revisões das contraprestações pecuniárias dos planos privados de assistência à saúde, de acordo com parâmetros e diretrizes gerais fixados conjuntamente pelos Ministérios da Fazenda e da Saúde;

g) autorizar o registro dos planos de assistência à saúde;
h) fiscalizar as atividades das operadoras de planos privados de assistência à saúde e zelar pelo cumprimento das normas atinentes ao seu funcionamento;
i) fiscalizar a atuação das operadoras e prestadores de serviços de saúde com relação à abrangência das coberturas de patologias e procedimentos;
j) articular-se com os órgãos de defesa do consumidor visando a eficácia da proteção e defesa do consumidor de serviços privados de assistência à saúde, observado o disposto na Lei nº 8.078, de 11 de setembro de 1990 (Código de Defesa do Consumidor);
l) zelar pela qualidade dos serviços de assistência à saúde no âmbito da assistência à saúde suplementar.

Dentro da ANS existe a Câmara de Saúde Suplementar, da qual participam órgãos de defesa do consumidor, como o Procon e o Idec, conselhos de classe, como o Conselho Federal de Medicina, associações profissionais, como a Associação Médica Brasileira e representantes dos planos e seguros-saúde dos mais diversos tipos (cooperativas, medicina de grupo, seguradoras, autogestão) e ainda representantes das indústrias, do comércio, dos hospitais, etc. Os membros dessa Câmara, porém, não têm direito a voto, mas tão-somente o de opinar – e a voz do consumidor é ainda pouco ouvida...

OS CONTRATOS ANTIGOS

Os planos oferecidos aos consumidores, previstos pela nova lei, são o plano-referência (que dá o máximo de cobertura) e outros quatro, que são uma espécie de desdobramento do plano-referência: o plano hospitalar, o plano hospitalar com obstetrícia, o plano ambulatorial e o plano odontológico. (Veja detalhes sobre cada um desses planos na seção Os cinco planos da lei.) De acordo com a legislação, os planos e seguros que começaram a ser vendidos a partir do dia 4 de janeiro de 1999 devem atender às novas determinações – com exceção do plano-referência, que só passou a ser obrigatório em dezembro de 1999.

E quem já tem um contrato com data anterior, como fica? Afinal, há no Brasil cerca de 39 milhões de conveniados, segundo dados do IBGE (Instituto Brasileiro de Geografia e Estatística). Para os consumidores desses planos firmados antes de 1999, não incide a nova legislação composta pela lei, pelas medidas provisórias e pelas resoluções do Consu e da ANS, com exceção de algumas regras importantes que valem para todos.

Ficar com o velho ou mudar para um novo?

Se você já tinha contrato de assistência à saúde antes de janeiro de 1999, saiba que:

• A principal regra é que você não é obrigado a mudar de plano. A lei lhe oferece a possibilidade de manter o contrato antigo, caso você não queira mudar para um novo plano. De qualquer forma, a empresa com a qual você firmou contrato tem o dever de lhe encaminhar uma proposta do plano-referência (que é o mais completo), para sua análise. Mas, além de considerar o plano-referência, peça também as propostas dos outros planos que a empresa tem a oferecer, para uma boa escolha (veja modelo de carta nº 3). É importante saber que, para fazer a adaptação do contrato velho para o novo, não basta que a empresa envie uma proposta genérica. É preciso enviar uma cópia do contrato novo para análise do consumidor. Tome cuidado, pois muitas empresas simplesmente enviam um comunicado, salientando as vantagens da adaptação e informando que, com o pagamento da anuidade seguinte, o contrato será automaticamente adaptado. No entanto, somente com a leitura do contrato é possível fazer uma opção consciente. Além disso, verificou-se que diversos contratos novos, apesar de aprovados pela ANS, contêm irregularidades ou ilegalidades. Muitas vezes, substituir o plano antigo por um novo pode até ser um bom negócio. Tudo vai depender do que será oferecido e a que custo. Você tem de fazer uma rigorosa avaliação qualidade X preço. Os novos planos oferecem, na grande maioria dos casos, uma cobertura maior, mas certamente vão cobrar por isso.

> **FIQUE ATENTO!**
> Qualquer aumento na mensalidade, em virtude da adaptação do contrato antigo a um contrato em conformidade com as novas regras, deve ser justificado item por item, podendo somente ocorrer em casos como o de ampliação de cobertura (isto é, se o contrato novo passar a cobrir um número maior de procedimentos e eventos), de alteração do nível da rede credenciada ou melhoria dos padrões de acomodação.

• Se seu plano for coletivo (empresarial), a adaptação será negociada pelo seu empregador ou pelo representante do sindicato ou associação da qual você faz parte.

Se você preferir ficar com o seu plano antigo, saiba que já tem garantidas:

• a proibição do cancelamento do seu contrato por parte da empresa, a não ser em duas hipóteses (veja quais são as exceções na seção As novas regras – Proibido o cancelamento do contrato pela empresa);

- a proibição da interrupção da internação (não existe mais limite, nem em UTI);
- a proibição da carência por atraso no pagamento;
- a proibição de aumento da mensalidade sem autorização do governo.

(Veja na seção As novas regras mais detalhes sobre as garantias que valem para os planos novos e adaptados.)

Os direitos de quem não optar por um novo contrato

Finalmente, depois de analisar todas as hipóteses, se você optar por manter o antigo plano, é bom saber quanto isso vai lhe custar – em termos monetários e de procedimentos. Até 1998, as questões que chegavam ao Poder Judiciário, relativas aos contratos de planos de saúde, eram decididas com base no Código de Defesa do Consumidor, lei geral que regula todas as relações entre consumidor e fornecedor. A partir de 1999, passou a existir uma lei específica para esse setor. Então, se você optar pelo contrato antigo, poderão ser reivindicados os direitos garantidos pela lei, mesmo que estes não constem do contrato? A resposta é sim. Você deve usar o CDC para exigir seus direitos. Afinal, a legislação deu o direito à opção para beneficiar a parte mais fraca dessa relação, que é o consumidor.
A desvantagem de ficar com o contrato antigo é que, em muitos casos, será necessário recorrer à Justiça, o que pode ser custoso e demorado. Mas a possibilidade de vencer, em face de um abuso do plano de saúde, é grande.
Para ilustrar a questão, imagine um consumidor que decide ficar com o seu plano antigo, que prevê exclusão de cobertura para cirurgia cardíaca. Se ele necessitar de uma cirurgia cardíaca, é certo que a empresa irá negar atendimento. Como ele não possui um contrato nos termos da nova lei, terá de recorrer à Justiça para fazer valer seu direito, baseando-se no CDC. A batalha nos tribunais não é prazerosa, mas, pelo retrospecto da atuação da Justiça, há grande chance de o usuário ver seu direito reconhecido.

O CÓDIGO DE DEFESA DO CONSUMIDOR E A LEI 9.656/98

Até 1998, os contratos de assistência à saúde deviam obedecer às regras do Código de Defesa do Consumidor. A partir da vigência da Lei 9.656/98, os contratos novos e os antigos que sofrerem adaptação (por opção do consumidor) têm de seguir essa lei específica que regula as relações entre o consumidor e a empresa de assistência à saúde. Isso, porém, não quer dizer que o CDC não vale mais. Ao contrário, o Código de Defesa do Consumidor é uma lei maior, que estabelece os princípios que regem todas as relações de consumo, inclusive as relações entre empresas de planos de saúde e consumidor. Portanto, todas as leis que tratem de relações de consumo específicas precisam seguir os princípios traçados pelo CDC. Além disso, para os aspectos não tratados particularmente pela Lei 9.656/98, valem as regras estabelecidas pelo Código de Defesa do Consumidor.

A Secretaria de Direito Econômico, órgão do Ministério da Justiça, editou três portarias declarando abusivas cláusulas contratuais presentes em diversos tipos de contrato, inclusive de planos e seguros-saúde. Segundo a Portaria 4/98 (veja Resoluções do Ministério da Justiça), são abusivas e, portanto, não têm validade cláusulas que estabeleçam prazos de carência na prestação ou fornecimento de serviços em caso de impontualidade das prestações ou mensalidades; que estabeleçam sanções em caso de atraso ou descumprimento da obrigação somente em desfavor do consumidor; e que imponham limite ao tempo de internação hospitalar que não o prescrito pelo médico. A Portaria 3/99 (veja Resoluções do Ministério da Justiça) declara também abusivas, e por isso nulas, as cláusulas constantes nos contratos de planos e seguros-saúde antigos – firmados anteriormente à Lei 9.656/98 – que determinem aumentos de mensalidade por mudança de faixa etária sem previsão expressa ou definida; e que imponham limites ou restrições a procedimentos (consultas, exames médicos e laboratoriais, internações hospitalares, UTI e similares) contrariando prescrição médica.

AS NOVAS REGRAS

A seguir, destacamos as principais disposições da Lei 9.656/98 para os planos e seguros-saúde. A maior parte delas vale somente para os novos contratos, assinados a partir de 4 de janeiro de 1999, e para os contratos adaptados, ou seja, aqueles em que o consumidor optou por substituir as antigas regras pelas novas. Mas há algumas que se aplicam também aos contratos antigos: são os itens marcados com um selo.

 Este selo identifica as regras da lei que valem também para os contratos antigos.

Clareza nos contratos

O Código de Defesa do Consumidor exige que os contratos de adesão sejam redigidos em termos claros e com tipos legíveis para facilitar a compreensão. A nova lei só veio reforçar essa norma, estabelecendo que o contrato (às vezes chamado de "regulamento" ou de "condições gerais") deve ser entregue previamente ao consumidor, que também tem de receber material que explique, com linguagem simples e precisa, todas as características, os direitos e as obrigações da empresa e do consumidor – por exemplo, o padrão de acomodação; a rede credenciada de médicos, laboratórios, hospitais, etc.

Dentre esses pontos, a lei estabelece alguns que obrigatoriamente devem constar do contrato:
- as condições de admissão;
- o início da vigência do contrato;
- os períodos de carência para consultas, internações, procedimentos e exames;
- as faixas etárias e os percentuais para reajuste por mudança de faixa etária;
- as condições em que o beneficiário perde seus direitos (quando, por exemplo, deixa de pagar sua mensalidade por mais de 60 dias, no período de um ano);
- os eventos cobertos e os excluídos;
- a modalidade do plano (individual, familiar ou coletivo);
- a franquia, os limites financeiros ou o percentual de co-participação do consumidor, contratualmente previstos nas despesas com assistência médica, hospitalar e odontológica;
- os bônus, os descontos ou os reajustes das mensalidades;
- a área geográfica de abrangência do plano;
- os critérios de reajuste e revisão das mensalidades;
- o número do certificado de registro da operadora na ANS.

Proibido o cancelamento do contrato pela empresa

A nova legislação proíbe o cancelamento unilateral do contrato, mesmo para os antigos não adaptados, ainda que o contrato diga o contrário. O cancelamento do plano por parte da empresa era um fato comum, principalmente quando o usuário adoecia demais ou atingia idade avançada. Após pagar anos pelo plano, um dia recebia um comunicado informando que o contrato estaria rescindido a partir do mês seguinte. Isso acontecia porque grande parte dos contratos tinha um item dizendo que qualquer das partes podia, a qualquer momento, rescindir o contrato.

FIQUE ATENTO!
Qualquer atraso no pagamento da mensalidade, ainda que de 1 dia, dá direito à empresa de cobrar multa de mora.

No entanto, há duas exceções que permitem o cancelamento do contrato pela empresa:

• atraso no pagamento da mensalidade por mais de sessenta dias por ano de vigência do contrato. A empresa pode rescindir o contrato se você atrasar uma ou mais mensalidades de modo que esses atrasos totalizem mais de sessenta dias no período de um ano. Exemplo: você atrasa 20 dias no mês de janeiro, mais 20 dias em abril e mais 20 dias em agosto do mesmo ano, ou seja, 60 dias. Se houver mais 1 dia de atraso, a empresa estará autorizada a cancelar o contrato. No entanto, deverá avisar o consumidor quando os atrasos somarem 50 dias, e só após esse alerta poderá efetuar o cancelamento.

• fraude do consumidor. A empresa pode rescindir o contrato se, por exemplo, o plano for utilizado por pessoa estranha ao contrato – às vezes, um parente ou amigo do titular não coberto pelo plano – ou se o consumidor não declarar uma doença preexistente.

Cancelamento do contrato pelo consumidor

Como foi dito no item anterior, a empresa não pode cancelar o contrato firmado, mas o consumidor tem esse direito. Isso se justifica da seguinte forma: para o consumidor, ser expulso do plano vai significar riscos à sua saúde, porque ele irá ficar sem cobertura durante meses – ainda que adquira um novo plano. Geralmente, os consumidores expulsos são aqueles com idade avançada ou que utilizam o plano mais do que a empresa gostaria. Por isso, a rescisão do contrato por parte da empresa representa uma discriminação para com as pessoas com saúde mais debilitada e/ou com os idosos, e acarretará, entre outros problemas, a necessidade de passar por novas carências, quando da contratação de um novo plano. Por outro lado, caso o consumidor decida sair do plano, o que não é comum acontecer, a empresa não sofrerá nenhum prejuízo. Além disso, é um direito do consumidor romper o vínculo se não estiver satisfeito com a qualidade dos serviços prestados ou se, por qualquer motivo, não necessitar mais dos serviços oferecidos pela empresa.

Não se pode esquecer que, de acordo com o Código de Defesa do Consumidor, o consumidor é sempre a parte frágil nas relações de consumo e que as partes ocupam posições distintas na relação, o que torna justo garantir o direito de rescisão do contrato exclusivo do consumidor.

Renovação automática dos contratos

Como as empresas estão proibidas de cancelar unilateralmente os contratos, esses documentos têm renovação automática. Pela renovação, não é permitida nenhuma cobrança adicional nem poderá haver recontagem de carências.

Aumentos que necessitam de autorização

Criada para coibir aumentos abusivos, esta regra determina que os aumentos de mensalidade só serão permitidos se houver autorização da Agência Nacional de Saúde Suplementar (ANS), depois de ouvidos os Ministérios da Fazenda e da Saúde. Todos os que têm assistência médica privada, seja plano individual, familiar ou coletivo, são beneficiados por esta norma, já que a lei que criou a ANS lhe atribui competência, entre outras, para fiscalizar e autorizar ou não aumentos de preço, sem qualquer distinção.

Portanto, se seu plano de assistência médica vier a sofrer reajuste, confira se houve a aprovação prévia da ANS; se não houve, denuncie (veja modelos de carta nº 29 e 30). Se a ANS não fizer nada, encaminhe o caso às organizações de defesa do consumidor (ao Idec, se for associado), ao Procon, ao Departamento de Proteção e Defesa do Consumidor, ao Ministério Público ou ao Juizado Especial Cível (o antigo Juizado de Pequenas Causas). Mais importante ainda é saber que mesmo um reajuste autorizado pela ANS pode ser questionado na Justiça, caso você o julgue abusivo (veja A lei e seus problemas).

Proibida a interrupção da internação

Um dos pontos mais polêmicos dos contratos de assistência à saúde é o limite do número de dias de internação hospitalar. Os contratos mais antigos restringiam a períodos de até três dias! Quando os consumidores começaram a recorrer à Justiça, esse limite foi aumentando aos poucos. Reiteradamente, as decisões judiciais passaram a desconsiderar tal limitação contratual, determinando que a empresa arque com as despesas do período necessário, e apenas o médico pode dar alta ao paciente. A partir daí, as empresas, receosas, viram-se obrigadas a ampliar o prazo de internação, mas sempre impondo um limite. Seguindo os passos da Justiça, o Ministério da Justiça editou as portarias 4/98 e 3/99 estabelecendo como abusivas, e portanto nulas, as cláusulas contratuais que limitam o período de internação.

A lei encerrou definitivamente a discussão. Se uma pessoa estiver internada, mesmo que seja em unidade de terapia intensiva (UTI), e mesmo que o seu contrato contenha cláusula limitando o tempo de internação, a empresa não poderá tentar transferi-la nem repassar-lhe a despesa pelo período excedente ao estipulado no contrato. O plano deve custear totalmente a internação pelo tempo que o médico determinar.

Proibida a carência por dia de atraso

Esta prática é comum entre as empresas de assistência à saúde, servindo como uma forma disfarçada de punição para quem atrasa o pagamento. Funciona assim: se o consumidor atrasa em três dias o pagamento da mensalidade, além de não poder usar nesse período, fica sem poder usar o plano pelos próximos três dias; se atrasa quinze, é penalizado com uma carência de mais quinze dias – independentemente de estar ou não no período de carência específica para procedimentos.

A carência por atraso de pagamento está proibida. Se a empresa quiser impor-lhe carência por atraso no pagamento, recorra à Justiça, com base na Lei 9.656/98, no CDC e também na Portaria 4/98 do Ministério da Justiça; além disso, poderá efetuar denúncia junto à ANS e nos órgãos de defesa do consumidor.

Carências com limite

Com a nova lei, as carências foram limitadas ao máximo de seis meses para todos os eventos, com exceção de:
• partos a termo (nascimentos depois de nove meses de gestação), em que a carência é de dez meses;
• situações de urgência e emergência, em que o atendimento deve ser coberto 24 horas depois da assinatura do contrato;
• alguns casos de doença preexistente (veja A lei e seus problemas – Doenças preexistentes).

Restrições ao descredenciamento

Este é um desrespeito comum muito praticado pelas empresas de assistência à saúde. O consumidor adere ao plano considerando, entre outros fatores, os hospitais, laboratórios e clínicas que compõem a rede credenciada, já que não é obrigatório o chamado "credenciamento universal", que significaria a possibilidade de utilização de qualquer prestador de serviço, a critério do consumidor. Esta seria uma maneira de privilegiar aqueles serviços de qualidade, contribuindo para a melhoria dos demais.

Na prática, quando vai utilizar algum dos serviços incluídos na rede, o consumidor é informado que aquele estabelecimento não faz mais parte da rede. Ou pior: o usuário está no meio de um tratamento e fica sabendo que o estabelecimento ou o médico não pode mais atendê-lo, pois o credenciamento foi cancelado, por decisão da empresa ou do prestador de serviço.

Outro problema pode surgir dos planos que utilizam apenas serviços próprios ou credenciados. Tanto em um caso como no outro, pode acontecer de as empresas tentarem impor aos médicos "da casa" ou credenciados a regra de não solicitar determinados tipos de exames, como medida de contenção de custos, o que tem sido objeto de inúmeras reclamações de consumidores e das próprias entidades médicas, como a AMB – Associação Médica Brasileira, o CREMESP – Conselho Regional de Medicina de São Paulo, a APM – Associação Paulista de Medicina e sindicatos da classe.

FIQUE ATENTO!
Se o contrato garante a cobertura dos procedimentos e exames, a empresa não pode negar o atendimento, alegando que não possui prestadores especializados para tanto. Tem de cumprir, ainda que precise pagar para o consumidor utilizar serviços de terceiros.

Pelo Código de Defesa do Consumidor, o descredenciamento de médicos, clínicas, laboratórios e hospitais previstos na rede da empresa é ilegal, já que caracteriza uma alteração unilateral do conteúdo do contrato. Portanto, somente poderia ser cogitada a aceitação dessa prática em situações excepcionais, desde que haja a prévia concordância dos consumidores e a substituição do prestador por outro de mesmo nível.

Com a nova lei, uma norma específica foi criada para os descredenciamentos de hospitais: só pode haver descredenciamento com a substituição por outro de nível equivalente e desde que os consumidores e a ANS sejam comunicados com trinta dias de antecedência. Mesmo que o descredenciamento tenha sido feito a pedido do prestador, **a substituição é fundamental para a empresa cumprir o que acertou com o consumidor por meio do contrato.**

Se você estiver internado e o hospital for descredenciado da rede nesse período, por vontade da empresa, não haverá maiores problemas, pois o hospital terá de mantê-lo internado e a empresa estará obrigada a pagar as despesas até a alta hospitalar. (Veja modelo de carta nº 17). Com relação aos demais prestadores vinculados à rede credenciada – médicos, laboratórios, clínicas –, como não foi criada nenhuma regra específica, continua valendo o CDC, segundo o qual o fornecedor (no caso, a empresa de assistência à saúde) não pode alterar o conteúdo ou a qualidade do contrato unilateralmente (segundo o artigo 51, XIII).

Há duas exceções que permitem o descredenciamento de estabelecimento sem que seja necessária a prévia comunicação aos consumidores e à ANS:
• por fraude;
• por infração das normas sanitárias e fiscais.

Rede credenciada e livre escolha

O troca-troca dos prestadores de serviços – médicos, hospitais, laboratórios, clínicas – da rede credenciada da empresa é um assunto que interessa principalmente a quem possui um plano de assistência à saúde que ofereça o atendimento ao consumidor por meio de rede credenciada, pois a prática de descredenciamento tende a prejudicar mais esses consumidores. Aqueles que possuem contrato na modalidadede seguro-saúde têm assegurada a livre escolha. A seguradora apresenta uma relação de rede credenciada, mas esta é considerada como mera sugestão, pois o consumidor, se utilizar serviço não credenciado, terá o direito de ser reembolsado. Mas, atenção: o valor do reembolso geralmente é menor do que o valor pago, limitando-se ao estabelecido em contrato. Por isso, para não ser pego de surpresa, verifique esta informação em seu contrato.

Cobertura de saúde mental

A lei obriga as empresas a cobrirem todas as enfermidades relacionadas pela Organização Mundial de Saúde, o que inclui as doenças mentais. Isso vale também para o atendimento a lesões auto-infringidas e deverá ser feito dentro do limite da abrangência do contrato, conforme o tipo de plano (veja Os cinco planos da lei).

Nos planos ambulatoriais, é obrigatório o atendimento às emergências, incluindo ameaças e tentativas de suicídio e auto-agressão, a psicoterapia de crise (atendimento intensivo) e o tratamento básico, que engloba as consultas médicas (sem limite), os exames e demais procedimentos ambulatoriais solicitados pelo médico. Uma restrição (ilegal) feita pelo Consu: a limitação do atendimento intensivo a doze sessões por ano de contrato, com duração máxima de doze semanas; no caso de psicoterapia de crise, por meio da Resolução nº 15, o Consu limitou ainda mais o atendimento ao regulamentar que as doze sessões não são cumulativas. Isto quer dizer que, se o paciente precisar de atendimento intensivo, mas tiver alta depois de sete sessões, não terá direito às outras cinco sessões restantes, porque, segundo o decidido pelo Consu, não pode haver cumulação. Diante das restrições impostas, o consumidor terá de recorrer à Justiça, caso necessite desse atendimento.

O plano hospitalar deve cobrir no mínimo trinta dias de internação por ano, em hospital psiquiátrico ou em unidade ou enfermaria psiquiátrica dentro de hospital geral, para o portador de transtornos psiquiátricos em situação de crise. Conforme disposto na mesma Resolução nº 15, os trinta dias não são cumulativos. Além disso, o plano está obrigado a custear pelo menos quinze dias de internação, também não cumulativos, por ano de contrato, em hospital geral, para conveniado que apresente quadro de intoxicação ou abstinência provocadas por alcoolismo ou outras formas de dependência química que necessitem de hospitalização. Se o consumidor quiser ampliar o prazo de cobertura, desde que isso esteja previsto no contrato, o plano poderá exigir a sua coparticipação, ou seja, que ele arque com uma parte dos custos.

Desde janeiro de 2000, os planos ou seguros-saúde com cobertura hospitalar devem também cobrir oito semanas por ano de tratamento em regime de hospital-dia. E, a partir desta data, a cobertura ambulatorial foi estendida a 180 dias por ano para uma série de doenças, como Alzheimer, demências, síndromes amnésicas, transtornos mentais decorrentes de lesão ou disfunção cerebral e de doença física, transtornos de personalidade e comportamento, esquizofrenia, retardos mentais, transtornos relativos à hiperatividade, transtornos mistos de conduta e das emoções, transtornos de funcionamento social com início na infância ou adolescência, tiques, entre outras.

Contratos coletivos

Os planos coletivos, isto é, aqueles contratados por meio do empregador, sindicato ou associação, equivalem à maioria (cerca de 70%) dos contratos de planos de saúde no país. A legislação dividiu os contratos coletivos em dois grupos: empresarial e por adesão (veja definição no Glossário). A maioria das novas regras é a mesma dos planos individuais. Mas há algumas diferenças.

• **adaptação do contrato** – nos planos coletivos, é o empregador (ou o representante do sindicato ou associação) quem pode optar pela atualização do contrato antigo para as novas regras, não o consumidor. Este pode até fazer a opção, passando para um plano individual (na mesma empresa), sem ter de cumprir carências já vencidas, mas, nesta hipótese, as mensalidades não serão mais arcadas pela empresa.

- **doenças preexistentes** – no contrato com cinqüenta ou mais participantes, seja empresarial ou por adesão, a empresa de assistência à saúde não pode estabelecer carência específica (a chamada cobertura parcial temporária) nem cobrar mais (agravo) pela cobertura de enfermidades preexistentes. Se o plano contar com menos de cinqüenta participantes, isso não se aplica e segue-se a regra dos planos individuais (veja A lei e seus problemas – Doenças preexistentes).
- **carências** – a lei faz uma distinção entre dois tipos de contratos coletivos, o empresarial e o por adesão, o que acarreta diferenças para as carências. Se o plano coletivo for empresarial (a adesão do funcionário é automática), não haverá carências se tiver cinqüenta ou mais participantes. Já o plano por adesão (o funcionário opta por participar do plano) admite a existência de carências, independentemente do número de participantes.

Nos novos contratos coletivos, porém, há uma grande falha, criada pela Resolução nº 15 do Consu. De acordo com ela, os contratos coletivos não são obrigados a cobrir acidentes de trabalho e suas conseqüências, bem como não é obrigatória a cobertura de procedimentos relacionados com a saúde ocupacional e moléstias profissionais. Segundo o Consu, se a empregadora assim o desejar, deve estabelecer, no contrato com a empresa de saúde, cláusula para cobertura desses casos. Em termos práticos, essa decisão significa que se um trabalhador da construção civil sofrer uma queda de um andaime, por exemplo, o plano não precisa cobrir seu atendimento. Do mesmo modo, profissionais que trabalham com digitação podem ficar sem cobertura para o tratamento de lesões de esforços repetitivos (LER).

O Idec entende que não cobrir doenças de trabalho e suas conseqüências é contrário à própria Lei 9.656/98 e ao Código de Defesa do Consumidor. Mas, o prejudicado, neste caso, terá que recorrer à Justiça para contestar a validade dessa resolução (Resolução nº 15 do Consu).

Rescisão do contrato coletivo

Esta é uma questão importante para quem tem contrato coletivo. Se houver rompimento do contrato – seja por vontade da empresa de assistência à saúde, seja por interesse da empregadora, do sindicato ou da associação –, o Idec entende que o consumidor tem direito de preservar o vínculo com a empresa de assistência à saúde, mantendo as mesmas condições contratuais, desde que pague integralmente o valor da mensalidade. Isso significa que não estará sujeito às carências, a não ser com relação às eventuais carências não cumpridas. Na verdade, esse direito é uma decorrência da proibição de rescisão unilateral do contrato pela empresa de assistência à saúde. Verifique qual é o valor da sua mensalidade, desembolsado total ou parcialmente pelo empregador, pois, em caso de uma eventual rescisão do contrato coletivo, você saberá exatamente quanto é a mensalidade que deverá pagar. Se possível, obtenha essa informação tanto da empresa de assistência à saúde quanto da empregadora (ou da associação ou do sindicato) – e sempre por escrito (veja modelo de carta nº 42).

Aposentados e desempregados

Grande parcela dos consumidores está incluída em planos contratados pelos seus empregadores, ou seja, em contratos coletivos. Por isso, a lei reservou alguns benefícios para os aposentados e desempregados que, um dia, usufruíram desses planos.

O aposentado que contribuiu para um determinado plano ou seguro-saúde empresarial por dez anos ou mais pode continuar como beneficiário nas mesmas condições, desde que assuma o pagamento integral da mensalidade.

Já o aposentado que contribuiu por menos de dez anos também tem o direito de se manter no plano, porém durante um período limitado, à razão de um ano para cada ano de contribuição. Por exemplo, se participou de um plano coletivo durante sete anos, poderá usufruir daquele plano ao longo de mais sete anos, pagando a prestação integral.

O consumidor que tiver contribuído para plano coletivo e for demitido ou se desligar do emprego poderá continuar usufruindo do plano, desde que assuma o pagamento integral das mensalidades. Exceção: demissão por justa causa exclui o direito à manutenção do contrato. Se o usuário se demitir, poderá continuar com o plano, desde que pague também a parte que antes cabia ao empregador. Esse benefício vale pelo período de um terço da permanência no plano (por exemplo, se o trabalhador contribuiu para o plano por três anos, poderá, se desempregado, continuar como beneficiário por mais um ano), ficando assegurado um prazo mínimo de 6 e um máximo de 24 meses. Essas limitações de prazo prejudicam o desempregado. Mas, de qualquer maneira, passado o prazo limite, se o consumidor quiser manter o vínculo com a empresa de assistência à saúde com um plano individual, não poderá sofrer carências já cumpridas.

De acordo com as resoluções do Consu que tratam desse assunto, o empregador, juntamente com a empresa de assistência à saúde, pode oferecer um contrato coletivo exclusivo para os inativos (aposentados e ex-funcionários). Nesse caso, não poderá haver nenhuma diferenciação entre os contratos coletivos dos funcionários ativos e dos inativos, e quaisquer acordos futuros valerão para ambos os contratos (veja modelo de carta nº 28).

Tanto no caso do aposentado quanto no do desempregado, o benefício se estende a todo o grupo familiar inscrito durante a vigência do contrato de trabalho, mesmo em caso de morte do titular. O benefício assegurado pela lei não pode excluir vantagens obtidas pelos empregados decorrentes de negociações coletivas de trabalho. Por outro lado, se o consumidor, aposentado ou desempregado, for admitido em novo emprego, terá o benefício cancelado, segundo disposição inserida na lei por meio de uma medida provisória. Para o Idec, essa regra só vale se o novo emprego tiver um plano coletivo; caso contrário, o consumidor (ex-funcionário) tem direito a manter o plano de saúde antigo.

O Consu também impôs ressalvas aqui: as Resoluções nº 20 e 21 dizem que, tanto para o caso de aposentadoria como de demissão sem justa causa, o direito só vale para aqueles que tiverem seu contrato cancelado a partir do dia 2 de janeiro de 1999. É obrigação do empregador informar o empregado sobre o cancelamento do benefício no momento da rescisão contratual. Isso significa que o prazo de 30 dias pode começar a contar a partir da informação dada por escrito pelo empregador. Mas é mais correto que o interessado manifeste (também por escrito) a sua intenção de manter o contrato logo que ocorrer o desligamento.

> **FIQUE ATENTO!**
> É imprescindível o consumidor manifestar por escrito ao empregador, no prazo de 30 dias após seu desligamento e após o recebimento de uma carta do empregador sobre isso, sua intenção de continuar usufruindo do plano coletivo (veja modelos de cartas nº 20 e 27). Mas, antecipe-se e envie logo que ocorrer o desligamento!

Uma restrição imposta pela Medida Provisória nº 1.976-30, de 28 de agosto de 2000, trouxe desvantagem para os consumidores aposentados ou desempregados. De acordo com essa medida, se o consumidor tiver usufruído de plano coletivo custeado integralmente pelo empregador, ele não terá direito a manter o contrato – mesmo que tenha contribuído pagando algum valor quando da utilização dos serviços médico-hospitalares garantidos pelo contrato (veja modelo de carta nº 28). Assim sendo, o aposentado ou desempregado que possuía plano totalmente custeado pelo empregador não pode gozar desse benefício da lei. Ou, para manter os benefícios do antigo plano, vai ter de recorrer à Justiça, uma vez que se trata de disposição que contraria a própria finalidade da nova lei.

Essa restrição, no entanto, contradiz o direito garantido na Lei 9.656/98 e no Código de Defesa do Consumidor, que proíbem a rescisão unilateral do contrato. Portanto, mesmo se tratando de aposentado ou ex-funcionário, valem as regras anteriores: o usuário pode manter o contrato de assistência à saúde, desde que arque com o pagamento integral da mensalidade.

Vale esclarecer que, após esgotado o prazo dos benefícios de que trata a Lei de Planos de Saúde, tanto no caso dos aposentados quanto no caso dos ex-funcionários, é possível permanecer com o vínculo na mesma empresa de assistência à saúde, assinando um novo contrato. Isso lhe dará o direito de não passar por novas carências já cumpridas.

Transferência de contratos

Se outra operadora comprar a "carteira" (veja no Glossário) de conveniados na qual você está incluído, os direitos garantidos no seu contrato deverão ser mantidos, inclusive o preço das mensalidades. E, para promover mudanças na rede credenciada, a empresa compradora tem de observar as regras dispostas na legislação (veja na seção As novas regras – Restrições ao descredenciamento).

Além disso, a empresa com a qual você firmou o contrato tem a obrigação de comunicá-lo sobre a transferência da "carteira" para outra operadora, por meio de carta registrada e de anúncio em jornal de grande circulação.

"Quebra" das empresas

Diante de ameaças ou problemas econômico-financeiros ou administrativos graves, que coloquem em risco a continuidade ou a qualidade do atendimento, a Agência Nacional de Saúde Suplementar (ANS) criou mecanismos para intervir – visando reequilibrar as contas da empresa a fim de garantir os direitos dos consumidores –, tais como:

- **determinar a alienação voluntária da "carteira" de conveniados** – A ANS poderá determinar que a empresa aliene/transfira sua "carteira" de planos a outra, dentro de um prazo máximo de 30 dias, quando constatar situações que impliquem risco para a continuidade do atendimento ou durante o regime de direção técnica e/ou fiscal. Os contratos devem ser mantidos como firmados originalmente com os consumidores, inclusive no que diz respeito aos reajustes, sendo proibida a imposição de novas carências por parte da nova operadora. Além disso, qualquer alteração na rede credenciada de prestadores de serviços deverá obedecer às regras da legislação (veja na seção As novas regras – Restrições ao descredenciamento). Durante a transferência, não poderá haver interrupção da assistência à saúde, especialmente para os consumidores que estiverem internados ou em tratamento. Assim que a operação estiver concluída, a empresa adquirente da "carteira" deverá comunicar aos conveniados a transferência ocorrida, por meio de carta registrada e de anúncio em jornal de grande circulação.
- **determinar a alienação compulsória da "carteira"** – Diferentemente da alienação voluntária, a alienação compulsória é determinada e gerenciada pela ANS e não pela operadora que está vendendo sua "carteira" de planos. Nesse caso, a alienação é realizada através do sistema de leilão, o que significa que a "carteira" da empresa será colocada à venda no mercado. Somente poderão participar do leilão as operadoras em situação regular e qualificadas técnica e economicamente. Vencerá, adquirindo os clientes da empresa com problemas financeiros, a operadora que apresentar a melhor proposta. Os consumidores serão convocados, por meio de carta, para a assinatura de novo contrato com a operadora vencedora. No novo contrato deverá constar obrigatoriamente cláusula que garanta a manutenção do preço da mensalidade durante o prazo oferecido pela vencedora; depois deste período, poderão ocorrer alterações nos critérios de reajuste. Não poderá haver imposição de novas carências ou cobertura parcial temporária, exceto em relação às carências ainda não cumpridas e às coberturas não previstas no contrato anterior.
- **instaurar os regimes de direção fiscal e/ou técnica** – Esses regimes poderão ser instaurados em conjunto ou separadamente por, no máximo, 365 dias, sempre que se verificar problemas econômicos-financeiros e/ou administrativos graves que coloquem em risco a qualidade ou a continuidade do atendimento. Isso acontece, por exemplo, quando o total de bens da operadora não for suficiente para arcar com suas obrigações, quando houver atraso significativo no pagamento dos prestadores de serviços, quando houver excessiva alteração da rede credenciada

ou descredenciamento em massa. Os diretores devem acompanhar a situação, orientando, supervisionando e coordenando os serviços da operadora, podendo inclusive propor a alienação da "carteira" de planos ou a decretação da liquidação extrajudicial da empresa, caso entendam ser inviável a reabilitação.

• **determinar a liquidação extrajudicial da operadora** – A liquidação extrajudicial da empresa pode ser decretada quando os regimes de direção fiscal e/ou direção técnica não alcançarem seus objetivos, ou quando se constatar a impossibilidade de arcar com os compromissos assumidos. Diferentemente dos regimes de direção fiscal ou técnica, na liquidação extrajudicial, o liquidante, nomeado pela ANS, terá amplos poderes para administrar a empresa, de acordo com as determinações da Agência. Na prática, para o consumidor haverá uma alteração da empresa originalmente contratada – por meio da alienação da "carteira" –, podendo ou não ocorrer alteração no contrato.

Responsabilidades da empresa

Na hipótese de o consumidor sofrer dano material ou moral em decorrência da má prestação de serviço realizada por algum profissional da rede credenciada ou referenciada pela empresa de assistência à saúde – que pode ser de um laboratório, uma clínica, um hospital –, ou ainda sofrer dano resultante de outro fator qualquer, como contaminação por falta de higiene nas instalações, a operadora de assistência à saúde é responsável pela reparação do dano. Depois, a empresa pode até ajuizar uma ação contra o prestador de serviço para receber o que pagou a título de indenização, mas, perante o consumidor, ela é a responsável.

O Código de Defesa do Consumidor também diz que, em se tratando de uma relação de consumo, a responsabilidade é objetiva, o que significa que independe da averiguação de culpa do fornecedor, que, no caso, é a empresa de plano de saúde. Assim, havendo dano, deve o consumidor ser indenizado por ela, independentemente da existência de culpa.

Por esse motivo, o Ministério da Justiça declarou, por meio da Portaria 3/2001, ser abusiva cláusula contratual que "impeça o consumidor de acionar, em caso de erro médico, diretamente a operadora ou cooperativa que organiza ou administra o plano privado de assistência à saúde". O Superior Tribunal de Justiça também optou pela mesma conclusão, como, por exemplo, no Recurso Especial 164.084-SP.

A LEI E SEUS PROBLEMAS

Embora a idéia de regulamentar o setor de assistência privada à saúde seja positiva, a legislação ora em vigor tem demonstrado que às vezes uma lei genérica – como é o Código de Defesa do Consumidor – representa maiores avanços para a população que leis cheias de detalhes. Existem alguns aspectos cruciais da nova legislação que são claramente prejudiciais ao consumidor. Apesar de a lei oficializar várias garantias, que antes o consumidor só obtinha nos tribunais, por outro lado tentou impor restrições a direitos garantidos pelo Código de Defesa do Consumidor e pela Justiça, não resolveu problemas crônicos da relação entre usuários e empresas, como os aumentos por mudança de faixa etária, isso sem falar nas resoluções do Consu e da ANS...

Conheça aqui os maiores problemas que você poderá enfrentar com os novos planos, ainda que respeitem a legislação vigente. Como já foi constatado pelo Idec, mesmo em contratos de grandes empresas há aspectos que desrespeitam a legislação, o que dificulta a relação consumidor-empresa. Para exigir o cumprimento da lei, o consumidor poderá ter que recorrer à Justiça.

Reajustes anuais

A maior quantidade de reclamações dos consumidores sobre as empresas de planos de saúde refere-se aos aumentos anuais, que quase nunca correspondem à inflação acumulada no período. As empresas culpam os altos custos médico-hospitalares. Porém, os itens que compõem tais custos não constam dos contratos. Justamente por isso esses "custos" muitas vezes são utilizados para justificar aumentos abusivos.

A nova legislação não soluciona este problema: apenas obriga que sejam discriminados no contrato "os critérios de reajuste e revisão das contraprestações pecuniárias". Em outras palavras, as empresas continuarão justificando o aumento das mensalidades com base "nos custos médico-hospitalares" – conceito este vago e por si só abusivo.

Por isso, as discussões entre consumidores e empresas vão prosseguir, a não ser que a ANS, órgão encarregado de autorizar os reajustes e aumentos de preço, atue firmemente proibindo os excessos ilegais. Caso a ANS não cumpra adequadamente seu papel e conceda reajustes abusivos, você continua tendo o direito de discutir na Justiça a validade do aumento imposto. Afinal, a Agência é um órgão do Poder Executivo e a última palavra quem dá, em termos de legalidade, é o Poder Judiciário. Portanto, se o reajuste anual praticado pela empresa for abusivo, mesmo que tenha o aval da ANS, pode ser questionado judicialmente. E, nesse caso, é importante saber que o Código de Defesa do Consumidor também deve ser invocado para questionar aumentos sem previsão clara no contrato por serem ilegais perante o disposto no seu artigo 51, X.

Como saber se o aumento é correto ou abusivo?

A lei que cuida dos aumentos, entre outros, dos planos de saúde é a Lei do Real (Lei 9.069/95). Segundo ela, os contratos com duração de um ano ou mais só podem sofrer um reajuste por ano, e o este deve se basear em índice oficial da inflação ou em custos específicos do setor. Para saber se o aumento aplicado pela empresa está correto ou não, confira em seu contrato o índice oficial de inflação indicado para aplicação do reajuste (por exemplo, IGP-M, IPC, etc.). A seguir, verifique em qualquer jornal de grande circulação o percentual acumulado nos últimos 12 meses de acordo com o índice oficial citado no contrato. Se o aumento praticado estiver em conformidade com o percentual acumulado no ano, o aumento não pode ser considerado abusivo. Se, ao contrário, o percentual acumulado no ano for menor, há indício de aumento abusivo.

O problema é que, de modo geral, as empresas de assistência à saúde não mais estão utilizando índices como critério de reajuste da mensalidade. Preferem justificar os aumentos, muitas vezes superiores aos índices oficiais de inflação, com base nos custos médico-hospitalares – embora presente na maioria dos contratos, este critério é ilegal, pois, sendo muito genérico, permite variações unilaterais de preço por parte da empresa. Nesse caso, antes de mais nada, exija que o contrato informe de maneira clara os itens que compõem esses custos. Se não houver previsão no contrato, você tem direito de exigir da empresa que preste tal esclarecimento por escrito. Assim você poderá questionar os números, solicitando inclusive cópia das planilhas de custos da empresa (veja modelo de carta nº 15). Outra possibilidade é pedir informações à ANS, órgão competente para autorizar os aumentos e fiscalizar as empresas privadas do setor de assistência à saúde, uma vez que os tais "custos médico-hospitalares" podem significar o repasse de outros custos da empresa (por exemplo, custos decorrentes de má administração e publicidade). (Veja modelos de carta nº 13 e 15.)

Compare na tabela abaixo a variação dos preços praticados pelas empresas do setor e dos preços dos principais serviços oferecidos – consultas médicas, exames e diárias hospitalares.

média de aumento de preços praticados pelos planos e seguros de saúde entre 1996 e 4/2000

fator ano	Seguros e planos	Consultas médicas	Exames Laboratoriais	Hospitais
1996	26,98%	8,75%	-3,25%	4,74%
1997	12,84%	7,89%	9,47%	2,46%
1998	6,56%	4,10%	-2,61%	0,82%
1999	21,63%	1,34%	-6,52%	5,83%
2000	4,14%	3,50%	-0,06%	0,08%
Total	96,40%	28,09%	-3,63%	14,60%

Fonte: DIEESE

Aumento por sinistralidade

Além dos reajustes anuais e dos aumentos por mudança de faixa etária, é possível que a empresa queira impor outro tipo de aumento: o reajuste por sinistralidade (veja definição no Glossário). Também chamado de reajuste técnico, é um aumento na mensalidade em razão do crescimento do número de eventos (como cirurgias, doenças e tratamentos) ocorridos no total dos contratos. Grande parte dos contratos firmados após janeiro de 1999, ou seja, de acordo com as novas regras, além de parcela dos antigos, prevê este aumento.

Segundo o Idec, este aumento é ilegal, uma vez que a Lei 9.069/95 – Lei do Real – estabelece que nesse tipo de contrato só pode haver um reajuste anual, com base em índice oficial de inflação ou em custos do setor. Além disso, os aumentos em decorrência da variação da sinistralidade significam uma variação de preço unilateral, sem prévia e adequada previsão contratual, colocando os consumidores em desvantagem, o que é proibido pelo artigo 51, IV, X e XV do Código de Defesa do Consumidor. Na verdade, esse aumento significa uma transferência para o consumidor dos riscos da atividade econômica da empresa. Por exemplo, se no período de um ano houver menos sinistros que a média prevista nos cálculos da empresa, não haverá redução das mensalidades pagas pelos consumidores, com o conseqüente aumento do lucro da empresa. Da mesma forma, num período em que ocorrerem mais sinistros, reduzindo os lucros da empresa, não deve ser permitido aumentar o preço da mensalidade. A variação do percentual de lucro é um risco inerente à atividade da empresa e, portanto, eventuais quedas não podem ser repassadas aos clientes, assim como eventuais elevações não são devolvidas.

Revisão técnica

Por meio da Resolução 27, a ANS criou mecanismos a serem adotados pelo órgão quando entender que há desequilíbrios na "carteira" de planos de uma empresa de assistência à saúde que possa comprometer a sua liquidez e solvência.

Na prática, se a ANS aceitar o pedido da empresa para fazer a revisão técnica – o que só pode acontecer se forem verificadas as condições dispostas na resolução –, o consumidor receberá uma carta para escolher entre opções previamente estabelecidas, que podem ser:

- pagar um percentual em cada consulta, exame ou procedimento odontológico realizado, isto é, a chamada co-participação, ou pagar franquia;
- ter a rede hospitalar credenciada reduzida;
- sofrer alteração das coberturas;
- adoção de programas de medicina preventiva.

Em 2001, aconteceram os primeiros dois casos de revisão técnica e, em ambos, os consumidores tiveram de se decidir entre sofrer redução da rede credenciada e pagar pela utilização de procedimentos (a chamada co-participação); sofrer reajuste considerável nas mensalidades, ter a rede credenciada reduzida e pagar pela utilização de procedimentos; ou, como terceira alternativa, sofrer aumento ainda mais significativo nas mensalidades, mas sem qualquer outra alteração.

Segundo o Idec, a revisão técnica é ilegal, porque implica mudança unilateral do contrato, o que não é permitido pelo Código de Defesa do Consumidor; e inconstitucional, uma vez que a Constituição Federal também não aceita o rompimento do trato feito (ofensa ao direito adquirido e ao ato jurídico perfeito).

Aumento por mudança de faixa etária

Os aumentos por mudança de faixa etária, que prejudicam especialmente os idosos, foram legalizados. A lei só proíbe os reajustes por idade para os conveniados com mais de sessenta anos de idade e com contrato há mais de dez anos na mesma empresa ou na sucessora (caso a empresa tenha sido adquirida por outra). No entanto, se o conveniado mudar de empresa, perde esse direito. Se acontecer uma simples alteração de categoria de plano dentro da mesma empresa ou da empresa sucessora, o benefício continua valendo. Mas, lembre-se: você só terá esse benefício se o seu contrato for novo ou adaptado para as novas regras. (Veja Recomendações e alertas do Idec – Para todos, especialmente para idosos.)

Para os contratos novos e para os que foram adaptados, o Consu fixou sete faixas etárias. A passagem de uma para a outra dá à operadora o direito de efetuar reajuste da mensalidade além do aumento anual normal:
- até 17 anos;
- de 18 a 29 anos;
- de 30 a 39 anos;
- de 40 a 49 anos;
- de 50 a 59 anos;
- de 60 a 69 anos;
- de 70 anos em diante.

O Consu também determinou que a variação de preço entre a primeira faixa (de 0 a 17 anos) e a última (de 70 anos em diante) pode ser de, no máximo, seis vezes. Além disso, o Consu liberou para as empresas a possibilidade de distribuir como quiser os percentuais de aumento, inclusive permitindo manter valores iguais em faixas etárias diferentes. Na prática, isto quer dizer que a empresa pode dar aumentos menores nas primeiras faixas etárias, deixando os percentuais maiores para as mais avançadas. Essa prática é ilegal, de acordo com o Código de Defesa do Consumidor (artigos 4º, I, VI, 6º, IV, 51, XV, §1º, I a III), e também inconstitucional, por ser nitidamente discriminatória. Caso você perceba isso no contrato, reclame à sua empresa e à ANS, órgão do governo responsável por coibir os abusos das empresas de saúde (veja modelo de carta nº 9); se não resolver, procure os órgãos de defesa do consumidor, como o Idec (se for associado), ou acione a Justiça.

É fundamental prestar bastante atenção neste item para evitar futuras frustrações. O contrato inicial, tanto para quem está adquirindo um novo plano como para quem está adaptando o antigo, deve registrar quais os percentuais de reajuste para cada mudança de faixa etária – é proibido à empresa informar sobre "novos aumentos" por faixa etária com um adendo contratual. Assim, antes de assinar, leia no contrato o percentual de aumento que vai incidir em cada mudança de faixa etária. Faça a projeção do valor inicial para verificar se será possível pagar o plano lá na frente. Se não for, é melhor recorrer a outro plano.

Se o seu contrato é antigo e você não pretende adaptá-lo às novas normas, a lei lhe confere esse direito. É bom lembrar que a maioria dos contratos antigos não prevê aumento por mudança de faixa etária ou, quando prevê, é de maneira genérica, sem fixação das faixas e dos percentuais – não obstante as empresas imponham o aumento. Esse é o principal argumento para discutir a ilegalidade da cobrança, já que nada que não estiver explícito e claro no contrato obriga o consumidor. Sendo o seu contrato novo ou antigo, o Código de Defesa do Consumidor (CDC) garante que o aumento só poderá ocorrer se estiver previamente estipulado no contrato (veja modelo de carta nº 8). Além disso, existe outra norma, a Portaria nº 3/99 do Ministério da Justiça, que considera abusiva a cobrança de aumento por mudança de faixa etária sem previsão expressa e definida nos contratos. Dessa forma, quem não adaptou seu contrato às novas regras poderá se defender desse aumento especialmente com base no CDC, já que grande parte dos contratos antigos – confira o que diz o seu – não estabelece faixas etárias e os respectivos percentuais de aumento.

Uma Medida Provisória determinou que os contratos antigos que estabelecerem reajustes por mudança de faixa etária com início em 60 anos ou mais deverão incluir cláusula de repactuação, estabelecendo que a porcentagem desses reajustes será dividida pelo número de anos que a nova faixa etária abranger (no mínimo, dez anos) até atingir o total. Por exemplo: se a empresa estipulou que todos aqueles que chegarem numa determinada faixa etária terão um aumento de mensalidade de 20%, de acordo com a nova regra trazida pela MP o consumidor deverá ser aumentado em percentual úni-

FIQUE ATENTO!
Se não estiver claramente escrito no contrato o percentual de aumento a título de mudança de faixa etária, não poderá, sob hipótese alguma, ser proposta a repactuação por parte da empresa, porque não estarão atendidos os critérios previstos no Código de Defesa do Consumidor nem na Lei 9.656/98, alterada pela Medida Provisória.

co dividido igualmente em dez anos, de modo a totalizar os 20% no final desse período. Mas, atenção: a cláusula de repactuação só será aplicada nos casos em que a mudança de faixa etária ocorreu ou ocorrer após a vigência da lei, ou seja, a partir de janeiro de 1999. É obrigação da empresa enviar a cláusula de repactuação ao consumidor, juntamente com o boleto de cobrança, assim que se verificar a mudança de faixa etária. Deverá vir explicado o valor total do aumento previsto no contrato, o valor repactuado e o percentual de reajuste anual fixo, esclarecendo ainda que o pagamento formalizará esta repactuação. (Veja modelos de cartas nº 11 e 12.). Caso a empresa pressione o consumidor a aceitá-la e não haja previsão contratual, o Idec entende que a repactuação fere os direitos estabelecidos no CDC, porque nesse caso a mudança de preço é uma forma de alteração unilateral do contrato e, por isso, pode ser discutida judicialmente.

Doenças preexistentes

Grande parte dos contratos assinados antes de 4 de janeiro de 1999 não cobre as doenças preexistentes (leia a definição no Glossário), entre as quais, além de casos como desvio de septo e doenças congênitas, as empresas tentam incluir outras como câncer e aids, cujo início é geralmente difícil de identificar. Por causa do enorme número de conflitos com os consumidores, já existem inúmeras decisões judiciais considerando ilegal essa cláusula contratual.

A lei, nesse caso, seguiu os passos da Justiça e declarou que essa prática comum das empresas é um abuso e, portanto, está proibida. O único problema que o consumidor pode ter de enfrentar decorre de uma brecha deixada pelo texto legal, que estabelece que:
1. durante os dois primeiros anos do contrato,
2. se a empresa provar a preexistência da doença e
3. provar também o conhecimento prévio do consumidor, poderá negar o atendimento.

Observe que a cobertura só pode ser negada se forem verificadas todas as condições (1, 2 e 3). Além disso, não são todas as coberturas que podem ser negadas: apenas procedimentos de alta complexidade, eventos cirúrgicos e leitos de alta tecnologia, se relacionados à doença ou lesão preexistente, serão passíveis de exclusão pelo período de 24 meses.

E quais são os procedimentos de alta complexidade? Não há uma definição técnica (médica) para esse termo. A ANS criou então uma relação de procedimentos considerados de alta complexidade (encontrada na resolução 68) e, portanto, passíveis de exclusão, caso se trate de uma doença preexistente. Ao todo, são mais de 300 procedimentos, entre os quais se incluem: quimioterapia, hemodiálise, mamografia acoplada à punção, alguns tipos de tomografia computadorizada e alguns de cateterismo, entre muitos outros. Essa lista foi objeto de duras críticas por parte do Conselho Federal de Medicina e da Associação Médica Brasileira, além do Idec, dos Procons, do Fórum Nacional dos Portadores de Deficiências e Patologias e de outras organizações de defesa dos consumidores. Na opinião do Idec, a grande maioria dos procedimentos listados pela ANS, caso sejam negados, podem ser passíveis de discussão na Justiça por não caracterizarem complexidade.

Um exemplo: se uma pessoa contratar um plano e, após meses de pagamento, já vencidas as carências, descobrir que tem câncer, precisará de tratamento de quimioterapia; ela só não será atendida se a empresa provar que a pessoa já possuía aquela doença quando adquiriu o plano e que sabia do fato. Enquanto não houver essa comprovação, o atendimento não pode ser suspenso.

Ao regulamentar esse item, o Consu determinou que o consumidor é obrigado a informar à empresa "a condição sabida de doença ou lesão preexistente, previamente à assinatura do contrato". Ou seja, ao adquirir um plano, a pessoa, caso possua alguma doença, terá de declará-la. Se omitir ou negar que possui alguma moléstia, será acusado de fraude e poderá ter o contrato suspenso ou cancelado, a critério da empresa. Para fazer essa declaração, o Consu criou o seguinte procedimento: o consumidor deve escolher, na rede credenciada ou apresentada pela empresa, um médico para realizar uma "entrevista qualificada", que resultará no preenchimento de um formulário de declaração de saúde. Esse formulário será elaborado pela própria empresa e servirá para relacionar as eventuais doenças das quais o consumidor tenha conhecimento em relação a ele próprio e aos seus dependentes. Nessa ocasião, a lei manda que "o médico atue como orientador", esclarecendo todas as questões quanto às doenças que podem ser classificadas como preexistentes, as alternativas de coberturas e as conseqüências para o consumidor que omitir dados sobre a sua saúde. Se preferir, o consumidor poderá escolher um médico não-credenciado, de sua confiança, mas terá de pagar a entrevista.

Caso exista uma doença preexistente que "possa gerar necessidade de eventos cirúrgicos, de uso de leitos de alta tecnologia e procedimentos de alta complexidade", a empresa terá de oferecer para o consumidor a possibilidade de optar, por escrito, por uma das duas alternativas seguintes:

a. cobertura parcial temporária – aguardar 24 meses, a partir da assinatura do contrato, para receber atendimento quanto aos eventos e procedimentos acima referidos e relacionados àquela doença, arcando com os seus gastos durante esse período;

ou

b. agravo – pagar mais caro desde o início do contrato para ter direito ao atendimento sem precisar esperar os 24 meses. O oferecimento do agravo por parte das empresas passou a ser obrigatório a partir do dia 3 de dezembro de 1999, por meio da Resolução nº 17 do Consu.

Se a opção for pela cobertura parcial temporária, a empresa só poderá suspender (durante os 24 meses) evento cirúrgico, uso de leito de alta tecnologia e procedimentos de alta complexidade relacionados diretamente àquela doença preexistente específica. E nos casos de urgência e emergência envolvendo essa moléstia, durante os 24 meses, o atendimento deverá ser obrigatoriamente assegurado. (Veja mais explicações no próximo item – Casos de urgência e emergência.)

Se optar pelo agravo, o consumidor terá o direito de receber proposta da empresa com o esclarecimento dos valores "agravados" em comparação com os demais planos equivalentes para avaliar se a opção vale a pena. Só poderá haver agravo relativo à patologia que requeira evento cirúrgico, uso de leitos de alta tecnologia e/ou procedimentos de alta complexidade e se forem relacionados exclusivamente àquela doença. A empresa deve manter à disposição do Ministério da Saúde a demonstração do cálculo das despesas que geram o agravo e a metodologia utilizada para o cálculo – convém ressaltar que, por lei, tem de ser considerada em tal cômputo "a diluição do impacto econômico-financeiro pelo universo de consumidores assistidos pelo plano ou seguro".

A cobertura parcial temporária e o agravo não valem para os planos coletivos com mais de cinqüenta participantes (veja a seção As novas regras – Contratos coletivos).

Crianças nascidas de mães com cobertura de parto estão livres de agravo, cobertura parcial ou qualquer outra carência, desde que sejam inscritas no plano até o trigésimo dia de vida.

De acordo com o Consu, se o consumidor apresentar uma doença preexistente durante os primeiros 24 meses do contrato (por exemplo, se for descoberto um tumor), a empresa pode tentar provar que ele teria conhecimento prévio dessa enfermidade e a omitiu, mesmo após ter sido feita a "entrevista qualificada" e declaração da inexistência de doença preexistente. Neste caso, o consumidor deverá ser imediatamente informado. Se não tinha conhecimento da moléstia, ele não deve concordar com a alegação da empresa. Ao contrário, deve manifestar sua discordância por escrito tanto à empresa de plano de saúde como ao Ministério da Saúde/ANS, para que a Agência proceda a um julgamento administrativo. Enquanto pender o julgamento, o contrato não poderá ser suspenso nem as coberturas negadas, sob nenhuma alegação. Quando sair o resultado do julgamento, se o Ministério da Saúde concordar com a empresa, o consumidor será obrigado a pagar as despesas relacionadas com a doença preexistente desde o momento em que foi comunicado pela empresa e seu contrato poderá até mesmo ser rescindido, tendo em vista que a fraude é uma das exceções que permitem a rescisão unilateral. Apesar do julgamento administrativo, se o consumidor estiver com a razão, poderá recorrer à Justiça para tentar provar seu direito, isto é, que não tinha conhecimento da doença quando assinou o contrato e que portanto tem direito às coberturas previstas na lei e no seu contrato.

Segundo o Consu, a empresa somente será proibida de alegar a doença preexistente se, após entrevista qualificada, for realizada perícia médica. Mas o Idec entende que estas regras do Consu não são válidas, pois contrariam a Lei 9.656/98, segundo a qual apenas pode haver negativa de cobertura para doença que o consumidor saiba ser possuidor à data da contratação do plano. Portanto, depois de exigir uma "entrevista qualificada", a empresa não poderá mais negar atendimento, sob nenhuma hipótese, nem poderá tentar provar o conhecimento prévio do consumidor, uma vez que os critérios da entrevista são elaborados pela própria empresa. Submeter o consumidor a uma perícia médica antes da assinatura do contrato representa um desrespeito à finalidade da lei, uma violação ao princípio da boa-fé e, mais que isso, a violação da intimidade da pessoa, que é protegida pela Constituição Federal.

Passados os 24 meses da assinatura do contrato, a empresa não pode alegar mais nada sobre preexistência de doença, nem negar-lhe atendimento, passando a cobertura a ser integral, de acordo com o tipo de plano contratado, não cabendo mais nenhum tipo de agravo.

Vale ressaltar que, se você decidiu ficar com seu contrato antigo e tiver problemas com sua empresa de saúde devido à alegação de doença preexistente, deve se valer do Código de Defesa do Consumidor. Na hipótese de o contrato prever "exclusão", você pode recorrer à Justiça, porque o CDC considera esse tipo de cláusula abusiva e, portanto, nula. Se, ao contrário, não houver no contrato nenhuma previsão de "exclusão", com mais razão você pode e deve discutir judicialmente a questão.

As doenças preexistentes para quem já tem plano e quer adaptá-lo

O Consu baixou uma série de regras para regulamentar o atendimento às doenças preexistentes quando houver a opção pela adaptação dos planos adquiridos antes de 4 de janeiro de 1999. Veja onde se encaixa o seu caso:

- seu contrato não tem cláusula de exclusão de doenças preexistentes, de doenças específicas ou de coberturas previstas no plano-referência – você estará livre de "carências" (cobertura parcial temporária) ou reajustes devido à doença preexistente;
- seu contrato já tem cinco anos ou mais – você poderá adaptá-lo às novas regras e ficar isento da cobertura parcial ou do agravo;
- seu contrato exclui a cobertura de doenças preexistentes e tem menos de cinco anos e mais de dezoito meses – se você quiser adaptá-lo às novas regras, poderá ser submetido a um período máximo de seis meses de cobertura parcial temporária;

Isso é o que determinou o Consu em suas resoluções, mas a lei diz que não pode haver recontagem de carência para quem fizer a atualização do contrato antigo, o que leva ao seguinte raciocínio: se o seu plano já tem dois anos, a carência de 24 meses para doenças preexistentes já estará cumprida. Para o Idec, prazos maiores são ilegais. Caberá à Justiça dar a palavra final.

Em qualquer caso, após o cumprimento do prazo, o preço da mensalidade deve ser idêntico ao praticado para os contratos do mesmo tipo (ambulatorial, hospitalar, etc.). Deve-se mencionar ainda que o Consu não permitiu o agravo da mensalidade em função da existência de doença ou lesão preexistente nos casos de adaptação de contrato antigo às novas regras, ou seja, nesses casos, a empresa não poderá cobrar mais sob a alegação de estar dando cobertura a doenças preexistentes.

Casos de urgência e emergência

A lei estabelece que, em situação de urgência ou emergência (veja o Glossário para entender a diferença), o atendimento deve ser imediato, desde que já tenham decorrido as primeiras 24 horas da contratação do plano. Essa medida visa cobrir o consumidor quanto aos riscos imediatos de vida ou de lesões irreparáveis, inclusive os resultantes de acidentes pessoais e de complicações na gravidez.

Em casos assim, se você estiver em outro local e não houver possibilidade de ser atendido pela rede credenciada, poderá recorrer a outro profissional, sendo, depois, reembolsado pela empresa. Mas convém alertar que o reembolso pode não ser integral, já que a lei estabelece que o reembolso será feito dentro dos limites das obrigações contratuais, de acordo com a relação de preços de serviços médicos e hospitalares praticados pela empresa. Esse reembolso deve ser feito pela empresa no máximo em trinta dias, contados a partir da entrega da documentação necessária.

Após realizado o atendimento de urgência ou emergência, se o médico decidir que não há recursos disponíveis para dar continuidade ao caso ou se o consumidor precisar de internação e possuir apenas plano ambulatorial, caberá à empresa cobrir a remoção do paciente para uma unidade do SUS que disponha dos recursos necessários para o prosseguimento da assistência. Mas, se o próprio paciente, ou quem por ele for responsável, não desejar a remoção para o SUS – intenção esta que deve ser formalizada em termo de responsabilidade –, terá de arcar com os custos da remoção que, então, deixará de ser incumbência da empresa.

Ao regulamentar o atendimento de urgência e emergência (Resolução nº 13), o Consu cometeu várias ilegalidades. Veja quais são:

- **plano ambulatorial** – quem tiver este plano somente terá atendimento em caso de urgência ou emergência durante as 12 primeiras horas e apenas em nível ambulatorial. Se for preciso a internação, não haverá cobertura;
- **plano hospitalar** – se o atendimento de emergência ocorrer durante os períodos de carência previstos no plano, apenas a cobertura ambulatorial estará garantida e somente durante as primeiras 12 horas. Isso quer dizer que, mesmo após 24 horas de vigência do contrato e mesmo que o plano possua cobertura para internações, os casos de emergência sofrerão essas restrições. A única ressalva é para o atendimento de urgência decorrente de acidente pessoal, que estará assegurado sem nenhuma restrição após as primeiras 24 horas de vigência do contrato;
- **plano-referência** – o plano-referência, por ser o mais completo, possui cobertura ambulatorial, hospitalar e obstétrica. A Resolução nº 13 estabeleceu para este plano que o atendimento de urgência ou emergência não sofrerá as limitações acima referidas, ainda que o consumidor esteja cumprindo carências; mas em diversos planos-referência analisados pelo Idec foram detectadas essas restrições;
- **gestantes** – todas, mesmo as que possuam plano hospitalar com cobertura obstétrica, que ainda não tenham completado os dez meses de carência para o parto só terão direito ao atendimento de urgência e emergência durante 12 horas e, ainda assim, somente em nível de ambulatório. Isso pode deixar fora da cobertura casos de aborto e outras complicações da gestação que exigem internação;
- **doença preexistente** – se o consumidor tiver optado pela cobertura parcial temporária no plano hospitalar ou mesmo no plano-referência, os atendimentos de urgência e emergência relativos à doença preexistente ficarão restritos às primeiras 12 horas em ambulatório.

Como essas regras restringem o que determina a lei – que está acima das resoluções –, o Idec entende que essas disposições são ilegais e podem ser questionadas na Justiça. Se você passar por uma situação dessas, recomenda-se, quando for possível, pagar na hora e depois ingressar na Justiça para reivindicar a restituição do dinheiro. Mas, não havendo condições financeiras, também é possível pleitear uma liminar à Justiça para garantir a cobertura.

Transplantes, só dois

Aqui, o Consu impôs uma séria limitação. De acordo com a Resolução nº 12, os planos que cobrem transplantes – referência e hospitalar – estão obrigados a cobrir apenas dois deles: o de rim e o de córnea. Essa cobertura inclui todas as despesas necessárias à realização do transplante, como os medicamentos utilizados durante a internação, o acompanhamento clínico no pós-operatório, as despesas com captação, transporte e preservação dos órgãos e as despesas assistenciais com doadores vivos. Mas o Consu deixou de fora da cobertura obrigatória os medicamentos usados após o transplante para evitar a rejeição e, mais grave, excluiu todos os outros transplantes, como os de fígado, coração e medula óssea.

OS CINCO PLANOS DA LEI

A principal característica da lei 9.656/98 é a fragmentação da assistência à saúde. A lei criou um plano abrangente, chamado **plano-referência**, que não obstante contém algumas exceções e limitações. Este plano, obrigatoriamente, deve ser oferecido por todas as empresas, a partir de 3 de dezembro de 1999, aos antigos e novos conveniados. Portanto, se você já tinha um contrato antes dessa data tem o direito de receber em casa uma proposta da empresa para adaptação do seu contrato às novas regras (leia Ficar com o velho ou mudar para um novo? antes de avaliar a opção). Isto não significa que você terá de mudar de plano, mas que a empresa tem a obrigação de lhe oferecer o plano-referência.

Se você tem um plano antigo, poderá substituí-lo pelo plano-referência ou por outro tipo. Além do plano-referência, a lei criou quatro subplanos, chamados pela imprensa de **planos mínimos**, cada qual buscando cobrir uma parte da assistência à saúde. São os planos **ambulatorial, hospitalar, hospitalar com obstetrícia e odontológico**, cujos nomes já definem a cobertura oferecida. Juntos, esses planos, com exceção do plano odontológico, formam o plano-referência.

Embora o plano-referência seja de oferta obrigatória – ele constitui apenas uma referência, como diz o nome –, as empresas poderão vender planos ou seguros com coberturas menores ou maiores do que as fixadas pela lei. Por outro lado, os planos mínimos, como diz o nome, representam realmente a cobertura mínima. Se você adquirir um plano ambulatorial, por exemplo, ele terá de oferecer, no mínimo, a cobertura no âmbito de ambulatório das doenças que estão na lista da OMS – Organização Mundial de Saúde (veja A lista da OMS).

Os planos mínimos também podem ser vendidos agrupados, formando planos mistos. Isto é, a empresa pode vender um plano composto pelos segmentos ambulatorial + hospitalar, ou ambulatorial + hospitalar com obstetrícia, ou ambulatorial + odontológico, etc.

Na verdade, as empresas oferecem uma grande variedade de planos com diferentes coberturas. Como a lei autoriza a entrada de capital estrangeiro no mercado de planos de saúde, não se sabe exatamente qual será o resultado prático dessas mudanças, sobretudo no que diz respeito aos preços.

A Resolução nº 67 da ANS indica todos os procedimentos que devem ser obrigatoriamente cobertos, enquanto outra resolução, a Resolução nº 81, divide os procedimentos por tipo de plano. Vale a pena conferir a relação no site da Agência (www.ans.gov.br), antes de optar por um dos planos.

Antes de adquirir um plano, convém entender bem o que cada um deles garante para evitar futuras frustrações. Vejamos alguns exemplos:

• O conveniado sente dores intensas na coluna e resolve fazer uma consulta. Os exames solicitados pelo médico constatam um problema mais grave e o usuário precisa ser internado. De acordo com a lei, para que nosso consumidor-exemplo tenha cobertura, precisará ter ou um plano-referência ou um plano ambulatorial + hospitalar, pois cada um destes contempla uma cobertura limitada.

• Uma mulher que pretende ter um filho e possui um plano hospitalar, se não estiver atenta poderá acabar sem cobertura, pois esse plano não contempla os procedimentos obstétricos. Por isso, ela terá de adquirir um plano específico para gravidez e parto – o chamado plano hospitalar com obstetrícia ou o plano-referência.

Tantas possibilidades e limitações exigem o conhecimento e a atenção do consumidor para fazer a melhor opção. Vejamos a seguir o que cada um desses planos garante.

Plano-referência

É o mais completo, consistindo de uma junção dos planos ambulatorial, hospitalar e obstétrico – só não inclui o atendimento odontológico. Segundo a lei, o plano-referência deve cobrir:
• todas as doenças relacionadas pela Organização Mundial de Saúde – ou seja, este plano não exclui doenças (veja A lista da OMS);
• consultas e exames sem limitação de valor ou quantidade;
• partos;
• atendimento com padrão de enfermaria ou centro de terapia intensiva, ou similar, quando for necessária a internação hospitalar, sendo proibidos as limitações de prazo, valor máximo e quantidade de internações.

O plano-referência não exclui doenças, mas procedimentos e tratamentos, sim. Veja os eventos que podem ser excluídos dos contratos:
• tratamento clínico ou cirúrgico experimental;
• procedimentos clínicos ou cirúrgicos para fins estéticos, bem como órteses e próteses para o mesmo fim;
• inseminação artificial;
• tratamento de rejuvenescimento ou de emagrecimento com finalidade estética;
• fornecimento de medicamentos importados não-nacionalizados;
• fornecimento de medicamentos para tratamento domiciliar;
• fornecimento de próteses, órteses e seus acessórios não ligados ao ato cirúrgico;
• tratamentos ilícitos ou antiéticos, assim definidos do ponto de vista médico ou não reconhecidos pelas autoridades competentes;
• casos decorrentes de cataclismos, entre estes, acidentes com gases e produtos radioativos e ionizantes, guerras e comoções internas, quando declarados pela autoridade competente;
• transplantes, com exceção de rim e córnea.

A carência máxima para esse plano é de 180 dias, com exceção de partos, em que a carência é de trezentos dias, e de emergências ou urgências, em que a carência cai para 24 horas, contadas a partir da contratação do plano. Há ainda uma carência de 24 meses para procedimentos de alta complexidade listados pela ANS, eventos cirúrgicos e leitos de alta tecnologia relacionados diretamente com doenças preexistentes (veja A lei e seus problemas – Doenças preexistentes).

Plano ambulatorial

Qualquer plano que oferecer atendimento ambulatorial, isoladamente ou em combinação, terá de garantir consultas médicas, exames e outras coberturas no âmbito de ambulatório. Contratando apenas esse plano, você não terá direito, por exemplo, à internação hospitalar, para o que precisará de outro plano. Mesmo os procedimentos para fins de diagnóstico ou terapia que exijam apoio de estrutura hospitalar por período superior a 12 horas (por exemplo, recuperação pós-anestésica) não são cobertos por esse plano. Com o plano ambulatorial, o consumidor tem direito somente à cobertura de:

- consultas médicas em número ilimitado em clínicas básicas e especializadas, inclusive obstétricas para o pré-natal, reconhecidas pelo Conselho Federal de Medicina. Há limitações para as consultas em caso de doença mental (veja As novas regras – Cobertura de saúde mental);
- serviços de apoio ao diagnóstico e ao tratamento (exames);
- demais procedimentos ambulatoriais solicitados pelo médico, entre os quais se incluem os primeiros-socorros e as suturas. Procedimentos cirúrgicos ambulatoriais, mesmo se realizados em ambiente hospitalar, desde que não ultrapassem 12 horas;
- urgências e emergências (veja A lei e seus problemas – Casos de urgência e emergência);
- remoção, quando necessário;
- hemodiálise e diálise peritonial;
- quimioterapia ambulatorial;
- radioterapia (megavoltagem, cobaltoterapia, cesioterapia, eletronterapia, etc.);
- hemoterapia ambulatorial;
- cirurgias oftalmológicas ambulatoriais (como a extração de catarata, por exemplo).

Estão excluídos desse plano os seguintes procedimentos:
- procedimentos diagnósticos e terapêutica em hemodinâmica (caso da cineangiografia, mais conhecida como cateterismo);
- procedimentos que exijam forma de anestesia diversa da anestesia local, sedação ou bloqueio, como as cirurgias que requerem anestesia geral;
- quimioterapia intratecal (aquela que injeta substância via coluna) ou as que demandam internação;
- radiomoldagens, darioimplantes e braquiterapias, que são procedimentos terapêuticos indicados para determinados tumores;

- nutrição enteral e parenteral;
- embolizações e radiologia intervencionista (esta é solicitada em casos onde há suspeita de tumor cerebral grave).

A carência máxima para os procedimentos cobertos pelo plano ambulatorial é de 180 dias, com exceção de emergências ou urgências, em que a carência cai para 24 horas, contadas a partir da contratação do plano. O Consu estabeleceu ainda uma carência de 24 meses para o atendimento dos eventos relacionados a doenças preexistentes (veja A lei e seus problemas – Doenças preexistentes).

Plano hospitalar

Qualquer plano que oferecer atenção hospitalar, isoladamente ou em combinação, terá de garantir atendimento aos casos que requerem internação em hospitais, inclusive cirurgias ou outros procedimentos mais complexos. Esse plano deve cobrir:
- internação hospitalar, inclusive em UTI. É proibida a limitação de prazo, valor máximo e quantidade de internações;
- despesas de médicos, serviços de enfermagem e alimentação durante a internação;
- exames complementares necessários, medicamentos, anestésicos, gases medicinais, transfusões e sessões de quimioterapia e radioterapia durante a internação;
- toda e qualquer taxa da sala de cirurgia e materiais utilizados, inclusive para remoção do paciente;
- despesas de acompanhante, em caso de menores de dezoito anos ou maiores de sessenta e cinco anos;
- cirurgias odontológicas buco-maxilo-faciais que necessitem de ambiente hospitalar;
- transplantes somente de córnea e de rim.

Além dessas, o Consu determinou a cobertura dos seguintes procedimentos: hemodiálise e diálise peritonial; quimioterapia; radioterapia, incluindo radiomoldagem, radioimplante e braquiterapia; hemoterapia; nutrição parenteral ou enteral; procedimentos diagnósticos e terapêuticos em hemodinâmica; embolizações e radiologia intervencionista; exames pré-anestésicos ou pré-cirúrgicos; fisioterapia; e acompanhamento no pós-operatório dos transplantes de córnea e rim (com exceção da medicação de manutenção, que ficou de fora).

Nesse plano, assim como no plano-referência, o grande avanço trazido pela lei foi a proibição do limite de dias de internação e do valor. Ou seja, se você for internado, será obrigatória a cobertura de toda a in-

ternação, mesmo que o custo ultrapasse o valor máximo fixado na apólice. Por outro lado, o Consu excluiu desse plano os seguintes procedimentos:
- tratamentos em clínicas de emagrecimento (exceto para tratamento de obesidade mórbida);
- clínicas de repouso, estâncias hidrominerais, clínicas para acolhimento de idosos e internações que não necessitem de cuidados médicos em ambiente hospitalar;
- transplantes, com exceção de córnea e rim;
- consultas ambulatoriais e domiciliares;
- atendimento pré-natal e parto, quando o contrato não incluir a cobertura obstétrica.

A carência máxima pode ser de 180 dias, caindo para 24 horas nos casos de emergência ou urgência, contadas a partir da contratação do plano. Se houver alguma doença preexistente, poderá haver suspensão da cobertura durante os primeiros 24 meses (veja A lei e seus problemas – Doenças preexistentes).

Plano hospitalar com obstetrícia

É o plano mais indicado para a mulher em idade fértil. Ele contém todas as coberturas citadas no plano hospitalar, mais as seguintes:
- procedimentos relativos ao pré-natal;
- assistência ao parto;
- cobertura do recém-nascido durante os primeiros trintas dias após o parto;
- inscrição no plano sem carências para o filho natural ou adotivo, desde que a aquisição ocorra em até trinta dias depois do nascimento;
- eventuais complicações pós-parto da mãe.

Parto prematuro – se ocorrer parto prematuro, a empresa não poderá deixar de cobrir, pois a lei estabelece que a carência máxima de trezentos dias é para parto a termo (que completa os nove meses de gestação). Ou seja, se o parto não for a termo em razão de algum imprevisto, a empresa terá de cumprir seu dever de prestar assistência. Além disso, complicações no processo gestacional, como um parto prematuro, são enquadradas como situação de urgência (veja definição no Glossário) e, por isso mesmo, cobertas.

A empresa também terá de arcar com os custos de berçário de médio ou alto risco, se necessário para o atendimento do bebê. Mas a mãe terá de inscrever o bebê no plano antes de ele completar trinta dias de vida, e poderá ter de pagar um valor adicional para ele – mas só se isso estiver previsto no contrato.

Segundo a lei, a carência máxima desse plano é de trezentos dias para parto a termo, caindo para 24 horas em caso de urgência ou emergência. Nestas hipóteses, o Consu impôs algumas restrições (veja A lei e seus problemas – Casos de urgência e emergência/Gestantes), que na opinião do Idec são ilegais, e por isso podem ser questionadas judicialmente.

A lista da OMS

A Classificação Estatística Internacional de Doenças e Problemas Relacionados com a Saúde da Organização Mundial de Saúde abrange, além das doenças tradicionais, um amplo capítulo sobre doenças mentais e comportamentais, incluindo desde problemas relacionados a retardamento mental – e mesmo os decorrentes do uso de substâncias químicas, cigarro e álcool –, até transtornos específicos de desenvolvimento da fala e da linguagem. Lesões autoprovocadas intencionalmente, como tentativa de suicídio, também estão na relação e, portanto, não poderão ficar de fora dos novos contratos. Doenças relacionadas ao vírus da aids, assim como outras resultantes de moléstias infecto-contagiosas, constam igualmente da lista. A Lei 9.656/98 manda que todos os planos cubram as doenças constantes dessa lista, o que é um grande avanço, pois a maioria dos contratos anteriores a essa lei exclui tratamentos psicológicos, fonoaudiológicos e para dependentes de drogas, entre outros. Mas há dois problemas: o primeiro é que cada plano atenderá somente dentro de seu segmento; o segundo é que, para curar uma doença, necessita-se geralmente de um tratamento, e muitos tipos de tratamento foram excluídos ou tiveram a cobertura limitada, em caso de doenças ou lesões preexistentes, pelas resoluções do Consu que tratam do assunto e especialmente pela Resolução nº 68 da ANS.

Plano odontológico

Qualquer plano que oferecer atendimento odontológico, isoladamente ou em combinação, terá de garantir todos os procedimentos odontológicos realizados em consultório, incluindo:
- consultas e exames clínicos;
- radiologia;
- procedimentos preventivos, de dentística e de endodontia;
- periodontia;
- cirurgias orais menores (somente aquelas realizadas em ambulatório, que não exigem aplicação de anestesia geral).

Tome cuidado com essa confusão: de acordo com a Resolução nº 10 do Consu, os procedimentos buco-maxilares e aqueles passíveis de realização em consultório mas que, por imperativo clínico, necessitam de internação hospitalar, somente estariam cobertos pelos planos hospitalar e referência. Mas, como a lei foi alterada posteriormente por uma medida provisória que excluiu do plano-referência o atendimento odontológico, certamente a aplicação desse direito poderá se complicar. Se for preciso, consulte mais de um especialista. A Resolução nº 21 da ANS traz a lista de todos os procedimentos que devem ser cobertos por esse plano (veja Resoluções da Agência Nacional de Saúde).

A carência máxima no plano odontológico pode ser de até 180 dias, sendo que os casos de urgência e emergência têm carência limite de 24 horas, contadas a partir da contratação.

RECOMENDAÇÕES E ALERTAS

Dentre as alternativas que, sem exceção, não satisfazem adequadamente as necessidades dos consumidores, a "menos ruim" é o plano-referência. Afinal, você nunca sabe quando vai precisar de assistência mais cara e complexa, seja hospitalar ou ambulatorial. A exceção fica por conta dos homens com contratos individuais (não-familiares) e famílias sem mulher em idade fértil, em que a cobertura obstétrica se torna dispensável.

Para escolher qual o melhor plano para você, leve em conta o seu perfil (sexo, idade, pretensões e possibilidades, o histórico familiar de doenças, a qualidade do SUS na sua comunidade, etc.), faça uma análise dos custos e trate de pesquisar bastante. Se você tem um plano anterior a janeiro de 1999, deverá escolher entre ficar com este antigo ou mudar para um novo, entre as diversas opções possíveis. Veja a seguir algumas indicações que o ajudarão a decidir.

1. Para quem já tem um plano

Antes de qualquer coisa, leia com atenção o contrato do seu plano atual. Esse documento é a primeira referência para você fazer comparações. Analise o que o plano oferece e quanto você paga. Caso a empresa não tenha dado uma cópia do contrato, é hora de exigi-la. Você tem direito de conhecer o seu conteúdo (veja o modelo de carta nº 1).

Se achar melhor substituir o plano antigo por outro que siga a nova legislação, lembre-se de que está proibida a recontagem de carências (a não ser no caso de novas coberturas ou para as doenças preexistentes, em que existe um complicado mecanismo de adaptação (veja A lei e seus problemas – Doenças preexistentes). Além disso, é preciso saber que a eventual ampliação de coberturas resultante dessa atualização poderá significar também um reajuste na mensalidade. Nesse caso, preste atenção para evitar abuso de preço que a empresa tente lhe impor: exija a justificativa para o percentual de aumento pretendido, conforme garante a lei.

2. Para quem quer adquirir um plano ou adaptar o antigo

• **exija tudo por escrito:** para obter informações sobre os diversos planos, procure entrar em contato diretamente com a empresa e, se isso não for possível, com um corretor de sua confiança, ou com pessoas que já foram atendidas por ele. Existem corretores que tentam decidir pelo consumidor qual a melhor empresa ou modalidade de plano ou seguro-saúde, o que pode não significar a melhor opção para o seu caso. Além disso, o consumidor deve estar muito atento às promessas dos corretores. O Código de Defesa do Consumidor é claro: a oferta vincula o fornecedor, ou seja, prometeu tem de cumprir, mesmo a promessa do corretor, pois ele é o representante da empresa e foi autorizado por ela a vender seus produtos. O consumidor deve exigir que todas as explicações e promessas feitas pelos corretores ou atendentes sejam feitas por escrito, pois, mais tarde, se necessário, será mais fácil fazer valer os seus direitos.

• **pesquise:** a pesquisa informal junto a amigos e parentes é uma boa maneira de colher informações sobre a qualidade do serviço médico e hospitalar, o atendimento ao consumidor em caso de reclamações, a prática de aumento de preços e as condições contratuais das várias empresas do mercado. É muito importante também verificar a lista de reclamações no Procon. Fuja das campeãs de reclamações, principalmente das que não as atenderam. É um meio de prevenir dores de cabeça no futuro.

• **conheça a diferença:** outro importante aspecto é considerar a diferença entre plano de saúde e seguro-saúde. Basicamente, as regras são as mesmas, mas os planos só atendem pela rede credenciada, enquanto os seguros funcionam pelo sistema de livre escolha com reembolso, nos limites estabelecidos no contrato.

• **as doenças preexistentes:** um dos principais aspectos para determinar a cobertura do contrato é a verificação de doenças preexistentes. Pela nova lei, é preciso preencher uma "declaração médica", em que constam perguntas sobre o estado de saúde. Uma pesquisa do Idec, porém, detectou que algumas perguntas são inadequadas à finalidade do questionário e podem servir a restrições indevidas. Por exemplo, há questões genéricas sobre a condição atual e passada de sua saúde, exigindo que qualquer intervenção médica ou internação seja mencionada – a partir daí, uma simples fratura ou pneumonia ocorrida 15 anos atrás pode ser suficiente para a empresa alegar uma doença preexistente e restringir a cobertura do contrato. Se isso acontecer, saiba que essa restrição é ilegal, que você tem direito ao atendimento sem cumprir carências (cobertura parcial temporária) ou pagar mais (agravo). O caminho é reclamar seu direito à cobertura junto à ANS e aos órgãos de defesa do consumidor. Para evitar esses transtornos, aconselhamos que você esteja acompanhado de um médico quando for preencher a "declaração médica". Se optar por um médico de sua confiança, que não pertença à rede credenciada, você terá de arcar com o pagamento da consulta, mas pode valer a pena.

- **o risco do plano ambulatorial:** o plano ambulatorial é pouco vantajoso se não estiver acompanhado de um plano hospitalar. Afinal, ninguém está a salvo de necessitar subitamente de uma temporada no hospital e é na internação que os gastos são maiores. De qualquer modo, avalie a qualidade do atendimento hospitalar do SUS em sua comunidade, pois em alguns locais ele é satisfatório.

3. Para todos

As orientações dadas nesse item servem para todos os consumidores que têm plano de assistência à saúde, seja contrato antigo, seja novo, pois são fundamentadas tanto no Código de Defesa do Consumidor (lei aplicável a todos os contratos), como na nova legislação de assistência privada à saúde.

- **comprovante de pagamento não é obrigatório:** muitas vezes, quando vamos marcar um exame ou uma consulta, somos surpreendidos com a pergunta: "Você tem o comprovante do último pagamento?". E se não o temos em mãos no momento, o atendimento é negado ou somos obrigados a correr em busca dele. Para evitar esse constrangimento, saiba que a empresa não pode negar atendimento por falta desse comprovante. Afinal, mesmo que você esteja atrasado com o seu pagamento, o atendimento não pode ser suspenso a não ser no caso de atraso por mais de 60 dias, quando então poderá haver a suspensão ou até mesmo o cancelamento do contrato, desde que o consumidor seja devidamente informado até o 50º dia de atraso (veja As novas regras – Proibido o cancelamento do contrato pela empresa).

- **a responsabilidade da empresa:** em muitos contratos as empresas estabelecem que não são responsáveis pelos serviços prestados, nem mesmo pela rede própria ou credenciada, o que não é correto. De acordo com o Código de Defesa do Consumidor, as empresas são co-responsáveis pelos serviços prestados pela rede própria ou credenciada, pois coube a ela definir o rol dos prestadores. Por isso, se você sofrer algum problema decorrente da má prestação de serviço ou mesmo da falta de qualidade (por exemplo, falta de higiene ou outras condições sanitárias inadequadas) pode reclamar seus direitos junto ao prestador de serviço e também junto à empresa com a qual tem contrato.
- **as exclusões ilegais:** algumas empresas negam atendimento a procedimentos alegando, por exemplo, que demandam a utilização de novas tecnologias, ou que estão cobertos somente os relacionados na lista da Associação Médica Brasileira (AMB) de determinado ano. Esta exclusão contraria a nova lei e o CDC: você tem direito ao atendimento, ainda que precise exigi-lo por meio de um órgão de defesa do consumidor, da ANS ou da Justiça. Se a empresa não cobrir, configura-se exclusão ilegal de cobertura, pois o atendimento só pode ser negado se a lei permitir e o contrato estabelecer expressamente a restrição.
- **nova tecnologia não é motivo para aumento:** algumas empresas usam a "absorção de novas tecnologias" como justificativa para aumentar as mensalidades. Isso também é ilegal, pois se trata de uma conseqüência inevitável do avanço científico e tecnológico, que pode, inclusive, representar redução de custos, já que avanços tecnológicos podem proporcionar diagnósticos e tratamentos menos custosos.
- **médico que pede um procedimento não precisa obrigatoriamente pertencer à rede credenciada:** a empresa de assistência médica não pode negar a realização de procedimentos (como exames ou cirurgia) pelo fato exclusivo de o médico solicitante não pertencer à rede própria ou credenciada.
- **urgência e emergência:** nos casos de urgência ou emergência, não pode ser exigida a apresentação de documentos (autorização prévia da empresa, comprovante de pagamento, etc.), ainda que o contrato assim estabeleça. O atendimento, nesses casos, nunca poderá ser negado ou

dificultado, especialmente porque está em risco algum órgão, membro ou até mesmo a vida do consumidor. Evidentemente, depois de passada a situação de urgência ou emergência, o consumidor deverá cumprir as formalidades devidas.

• **abrangência geográfica do plano:** esta é uma recomendação para todos, mas principalmente para quem viaja com freqüência: é bom verificar qual a abrangência geográfica do plano que você pretende adquirir, pois alguns só servem à cidade onde são contratados, outros ao Estado, outros abrangem todo o território nacional e outros, ainda, têm âmbito internacional. Um casal de idosos, por exemplo, que nunca viaja para lugar algum, não precisa pagar por um plano de cobertura internacional, bastando um de cobertura local ou regional.

4. Para quem tem plano familiar

• **morte do titular:** em caso de morte do titular, nem sempre a empresa de plano de saúde oferece a possibilidade de os dependentes continuarem no plano. O Idec entende que todos aqueles que participavam do plano familiar têm direito de manter o vínculo com a empresa, mediante um contrato que preveja as mesmas regras daquele que vigorava até então, inclusive no que diz respeito aos preços das mensalidades e reajustes, sendo proibida a recontagem de carências. Vale lembrar que deverá haver um abatimento proporcional do preço da mensalidade, já que o número de participantes do plano diminuiu.

• **perda da condição de dependente:** o mesmo acontecerá quando os dependentes perderem esta condição, o que pode ocorrer quando completam a maioridade, casam-se ou em virtude de outra data-limite estipulada no contrato. Aquele que não pode ser mais considerado dependente tem o direito de firmar um contrato individual com a empresa de plano de saúde nos mesmos moldes do contrato familiar do qual era beneficiário. Também não poderá haver cobrança de novas carências e o preço deve ser equivalente ao que já se pagava, pois a relação continua igual.

• **doenças degenerativas ou hereditárias:** se uma família tem tendência a moléstias como Alzheimer, câncer de mama ou diabetes, isso significa que é maior a probabilidade de um de seus membros desenvolver a doença, enquanto os demais familiares continuarão sãos. Discuta com seu médico o significado e os riscos de alguma doença comum na sua família. E, se for adquirir um plano, é bom se precaver com, no mínimo, uma composição de plano ambulatorial e hospitalar.

5. Para todos, especialmente idosos

Dois aspectos muito importantes devem ser lembrados. O primeiro são os aumentos por faixa etária (veja A lei e seus problemas – Aumento por mudança de faixa etária). Leia o novo contrato com atenção para saber se você suportará os aumentos previstos. Se você tiver mais de sessenta anos de idade e estiver há mais de dez anos na mesma empresa de plano de saúde ou sucessora, a opção pela atualização do seu plano significará o fim dos aumentos por faixa etária, o que pode ser um bom motivo para decidir-se pela substituição – mas também não quer dizer que você esteja livre de outros reajustes, como aquele devido ao aumento da amplitude de cobertura do novo plano. Se você entender que é mais vantajoso manter-se no contrato atual, redigido antes da entrada em vigor da lei, confira o que o contrato prevê sobre aumento em razão de mudança de faixa etária. Se não estiverem claros no contrato as idades e os respectivos percentuais de aumento pretendidos pela empresa, qualquer aumento que você receber a título de alteração da idade pode e deve ser questionado judicialmente, pois o CDC garante que aumento unilateral (isto é, praticado pela empresa sem previsão expressa em contrato e sem anuência do consumidor) é ilegal.

O outro aspecto importante é a cobertura dos exames necessários para o seu caso (por exemplo, exames específicos para cardíacos, *check-ups* preventivos, etc.). As duas maiores causas de morte no Brasil são doenças cardiovasculares e câncer, que freqüentemente requerem exames e internação. Portanto, quem sofre desses males, entre outros, deve substituir o plano antigo (se não cobrir essas doenças) por um novo que, por lei, terá que garantir a cobertura (veja A lei e seus problemas – As doenças preexistentes para quem já tem plano e vai adaptá-lo). Porém, se a opção for ficar com o contrato antigo que não tenha cobertura, o caso pode ser levado à Justiça, com base no Código de Defesa do Consumidor.

> **FIQUE ATENTO!**
> Se você é idoso e o seu plano é anterior à lei, mas tem ampla cobertura, a melhor escolha é mantê-lo como está, sem adaptação. Se você precisar de uma internação, a lei garante cobertura sem limite de tempo ou de custo, mesmo para o contrato antigo. Por outro lado, há menos probabilidade de cirurgias e procedimentos de alta complexidade. Isso porque o organismo do idoso geralmente é mais debilitado e procedimentos mais agressivos (como as cirurgias, a quimioterapia, etc.) podem ser menos indicados ou utilizados.

6. Para mulheres, especialmente as jovens

Se existe a intenção ou mesmo a longínqua possibilidade de ter um filho, não bastará ter um plano hospitalar, pois este não cobre os procedimentos obstétricos. No Brasil, quase metade dos nascimentos não é planejada. O melhor seria adquirir um plano hospitalar que inclua o atendimento obstétrico, para que lhe seja garantida a atenção necessária ao longo da gravidez, parto e período pós-parto, bem como a cobertura ao recém-nascido. E, como ninguém está imune à necessidade de consultas e exames por razões não ligadas à gestação, ficar sem um plano ambulatorial a deixará parcialmente sem cobertura. Portanto, o plano-referência, que abrange os planos ambulatorial e hospitalar com parto, é o mais adequado para esse caso.

7. Para portadores de doenças preexistentes

É importante verificar se o contrato atual exclui doenças preexistentes (isto é, aquelas já diagnosticadas como crônicas, infecciosas ou de outros tipos). Se não excluir, mas apenas impuser carências, e se o prazo já estiver cumprido, mesmo que altere o contrato para se adaptar à lei, o consumidor terá direito a usar imediatamente os serviços necessários. No entanto, caso o contrato antigo exclua a cobertura de doenças preexistentes – apesar de o CDC considerar ilegal essa exclusão e, portanto, você ter como buscar seus direitos –, pode ser interessante substituir o plano antigo por um novo, pois imediatamente, mediante o pagamento de um agravo, ou após dois anos de carência (leia mais em A lei e seus problemas – Doenças preexistentes), a empresa será obrigada a cobrir os gastos com doenças crônicas, congênitas, infecciosas, etc. Fique atento quanto ao prazo de dois anos da cobertura parcial temporária que, dependendo do tempo de vigência de seu contrato antigo, pode ser menor (veja A lei e seus problemas – As doenças preexistentes para quem já tem plano e vai adaptá-lo).

Convém ainda verificar se o plano tem as coberturas que provavelmente serão necessárias. Não basta adquirir apenas um plano hospitalar. É comum nessa situação as pessoas deixarem de fazer os controles regulares ambulatoriais (consultas e exames) por causa do custo e terminarem no hospital com diabetes ou hipertensão descontroladas, por exemplo. É claro que o custo de um plano misto (ambulatorial e hospitalar) será maior, mas é indispensável. Isto considerando que o consumidor seja homem ou idoso (independentemente do sexo); para a mulher em idade fértil, deve-se conjugar essa orientação com a cobertura ao parto e aos demais procedimentos obstétricos.

8. Para portadores de deficiência

Esse consumidor não pode ser excluído, mas a empresa pode tentar não cobrir procedimentos cirúrgicos ou de alta complexidade relacionados à deficiência durante os primeiros dois anos do contrato, alegando que se trata de doença preexistente. Se a deficiência implicar necessidade de órtese (por exemplo, cadeira de rodas ou muletas) ou prótese (como uma válvula cardíaca), você deve procurar saber se a empresa dá cobertura a esse item. Infelizmente, a lei permitiu a exclusão de órteses e próteses não ligadas à cirurgia, mesmo nos planos-referência. Você vai ter de avaliar o que é mais vantajoso: adquirir a prótese por conta própria ou pagar um plano mais abrangente que não tenha essa exclusão. Consultas, internações sem cirurgia e serviços de reabilitação devem ser cobertos pelos planos ambulatoriais, desde que o tratamento seja indicado pelo médico.

9. Para crianças e adolescentes

Para filho recém-nascido (natural ou adotivo) somente é garantida a cobertura pelos primeiros 30 dias se a mãe tem um plano de cobertura obstétrica ou referência. A inscrição do filho deve ser solicitada até 30 dias depois do nascimento para que ele tenha direito às coberturas previstas no contrato dos pais, isento do cumprimento de carências.

Também é garantida a inscrição dos filhos menores de 12 anos (natural ou adotivo) aproveitando-se as carências já cumpridas pelos pais.

Geralmente, os filhos, naturais ou adotivos, estão incluídos no plano dos pais (o chamado plano familiar). De qualquer modo, se os pais optarem por um plano exclusivo para o filho, terão de fazer uma escolha. Normalmente as crianças usam o plano apenas para controles preventivos e acidentes próprios da idade, como fraturas, entorses, cortes que necessitam de suturas, etc. Para esses eventos, o plano ambulatorial é relativamente satisfatório. Mas ninguém, não importa a idade, está a salvo de ser acometido de alguma doença grave ou acidente mais sério, que leve a uma internação. Mesmo crianças podem desenvolver doenças graves, como câncer ou meningite, que requerem internação e podem significar gastos elevados. Por isso, talvez o mais recomendável seja adquirir um plano ambulatorial e hospitalar para cobrir os gastos previsíveis e os imprevisíveis.

10. Para quem tem plano coletivo

Como esses planos abrangem uma coletividade, o seu custo chega a ser mais suportável e, geralmente, os benefícios são mais amplos. Todo plano coletivo conta com a participação de um representante dos empregados, sindicalizados ou associados que, junto com o empregador (ou o presidente do sindicato ou da associação) e o representante da empresa de assistência médica, participa da escolha do plano que vai ser adquirido ou de suas possíveis alterações. Antes de fazer a opção, procure conhecer e comparar os vários planos do mercado e ofereça esse levantamento ao representante dos empregados.

Profissões de alto risco ou com alto grau de periculosidade: esta recomendação vale para todos os trabalhadores, mas principalmente para aqueles que estão no exercício de profissões de alto risco ou com alto grau de periculosidade. Como a Resolução nº 15 do Consu desobriga a cobertura dos acidentes de trabalho, moléstias profissionais e procedimentos relacionados com a saúde ocupacional (leia As novas regras – Planos coletivos), é importante um acordo com o empregador para que este faça constar do contrato coletivo a assistência para esses casos. Vale a pena se organizar e reivindicar da empresa um contrato coletivo que garanta cobertura para esse tipo de acidentes, doenças e lesões; caso contrário, você e seus colegas ficarão descobertos nesses itens. Mas a Justiça é sempre uma alternativa, uma vez que a restrição imposta pelo Consu é incompatível com a lei.

Cuidado com a exclusão injusta: se você sair da empresa, do sindicato ou da associação, tome cuidado para não ser excluído injustamente do contrato coletivo do qual participava como funcionário, sindicalizado ou associado. Mesmo que o contrato seja custeado integralmente pela empresa, você tem o direito de manter o plano que já possuía. Isto porque indiretamente você pagava para usufruir desse benefício (leia As novas regras – Aposentados e desempregados). Pode ser que a empresa queira romper o vínculo alegando uma mudança na lei, mas essa mudança é ilegal e o jeito será reclamar junto à empresa (veja modelo de carta nº 28), à ANS ou recorrer à Justiça.

Aposentados e desempregados: se você participava de plano coletivo, saiba que tem o direito de mantê-lo, desde que manifeste esse interesse (leia As novas regras – Aposentados e desempregados). Mas a empresa pode separar os contratos coletivos em dois blocos: ativos e inativos, o que não significa que os contratos de assistência dos inativos tenha menos benefícios. Aliás, todos os novos benefícios incorporados aos contratos dos ativos devem se estender aos inativos.

A sua saúde

As empresas que vendem planos e seguros-saúde desejam sempre ampliar seu mercado, e muitas vezes tentam pintar o mundo como um grande campo minado de riscos, dos quais você será protegido apenas se comprar o serviço vendido por elas. Nessa situação, é bom lembrar que a pessoa mais importante para garantir a sua saúde não é o médico nem o segurador – é você mesmo. Tome os devidos cuidados com a alimentação, trabalho, exercício, lazer, no uso de automóveis e de substâncias como álcool e fumo. Assim você evitará muitas doenças e acidentes e dispensará o uso de muitos serviços.

Sua família também merece os mesmos cuidados. Mas preste atenção, porque em certos momentos você pode precisar de diferentes serviços de saúde:

• atenção para doenças passageiras e para a assistência preventiva. Estes cuidados geralmente custam pouco e podem ser previstos no orçamento da família. Podem ainda ajudar a evitar gastos maiores;

• atenção para doenças crônicas, como diabetes, hipertensão, doenças mentais, etc. Estes problemas são mais freqüentes com o aumento da idade, mas também podem acometer pessoas mais jovens. São custosos e requerem internação e atenção médica com certa freqüência;

• atenção para gravidez e parto. Mesmo que você não planeje engravidar e use algum método anticoncepcional, ainda é bastante freqüente a visita inesperada da cegonha. No setor privado, o custo de atendimento a gravidez e parto pode chegar a mais de R$ 2.000,00. Se houver complicações para a mãe ou para o bebê, as contas aumentarão bastante;

• atenção para doenças ou acidentes graves. São mais freqüentes nos idosos, mas podem acontecer com qualquer um. Alguns exemplos são a ocorrência de câncer, acidente vascular cerebral, traumatismo em acidentes e aids. Os custos para a família são insuportáveis se não há acesso a serviços públicos ou cobertura para serviços privados.

Como a lei tratou a saúde como se fosse um cardápio de produtos promocionais em vez de uma característica integral do bem-estar do ser humano, você será obrigado a avaliar quais as suas prioridades na hora de adquirir um plano ou seguro-saúde. Todo cidadão brasileiro tem direito a receber gratuitamente do Sistema Único de Saúde (SUS) atenção integral à sua saúde, inclusive para procedimentos caros e complexos como transplantes, hemodiálise, tratamento de câncer ou de aids.

No entanto, sabemos que a precariedade do SUS na maior parte do país tem estimulado a corrida para os planos privados. Mas a verdade é que, em muitos casos, a assistência prestada pelos serviços públicos é de melhor qualidade que a dos privados, embora muitas vezes o acesso seja difícil e a comodidade, pouca.

Por isso, vale a pena avaliar sempre como estão os serviços do SUS na sua cidade; se estão funcionando bem, a assistência privada à saúde pode ser dispensável. Se não estão funcionando, então lute para que melhorem – assim os planos privados e este guia se tornarão desnecessários e os impostos que você paga cumprirão o seu papel.

Direitos do paciente

A preocupação com o direito das pessoas em relação à saúde, à medicina praticada sempre em benefício do ser humano e o respeito ao sigilo e à autonomia do paciente vem desde a era hipocrática. A sociedade desde então vem reformulando e aperfeiçoando seus vários modos de organização, direitos e deveres; conseqüentemente, suas normas e códigos.

No Brasil, no início deste novo século, vários são os dispositivos ao alcance do cidadão em relação à prestação de serviços na área da saúde como leis federal e estadual, o Código de Defesa do Consumidor e o próprio Código de Ética Médica que dedica vários artigos e capítulos sobre o direito do paciente.

A complexidade atual dos serviços de saúde e diferenças entre o setor público e privado têm gerado inúmeras questões nesta área. No entanto, os pontos mencionados a seguir são fundamentais para orientar o paciente/consumidor em relação aos seus direitos quanto ao atendimento na área da saúde:

- o paciente tem o direito de decidir livremente sobre a sua pessoa ou seu bem-estar;
- qualquer procedimento médico para ser efetuado deverá ser esclarecido e consentido previamente pelo paciente, salvo em perigo de vida;
- o paciente tem direito de decidir livremente sobre o tipo de exames e tratamentos que irá realizar;
- nos casos de urgência, direito de obter primeiros-socorros em qualquer tipo de serviço, até remoção para o mais adequado;
- obter todas as informações do médico em relação ao diagnóstico e prognóstico da moléstia, bem como os riscos e objetivos do tratamento; quando não é possível fazer diretamente ao paciente, a comunicação deverá ser feita ao responsável legal;
- direito à conferência médica, opinião de outros médicos, sobre o diagnóstico e tratamento da doença;
- decidir livremente sobre os métodos contraceptivos ou conceptivos no seu planejamento familiar;
- ter o prontuário médico individualizado e de fácil acesso sempre que solicitado ao médico e/ou instituição;
- obter atestado médico de toda e qualquer consulta, constando as informações encontradas e as recomendações necessárias;
- receber laudo médico, quando solicitado, na alta, encaminhamento ou transferência para fins de continuidade do tratamento;
- obter atestado de óbito do médico que vinha prestando assistência ao paciente, salvo quando houver indícios de morte violenta;
- direito ao sigilo médico sobre quaisquer informações ou dados produzidos no atendimento, salvo autorização expressa do paciente ou dever legal;
- ajustar previamente com o médico os custos prováveis dos procedimentos que serão realizados;
- obter todos os esclarecimentos e fornecer consentimento por escrito quando se submeter a pesquisa médica.

As questões acima nem de longe tiveram a pretensão de esgotar o assunto, mas apenas de orientar sobre dúvidas e queixas mais freqüentes, com o objetivo de se obter melhor qualidade na prestação dos serviços.

(Este texto é de Regina Ribeiro Parizi Carvalho, Presidente do Conselho Regional de Medicina de São Paulo – Cremesp.)

400

300

A Legislação

REGULAMENTAÇÃO DOS PLANOS PRIVADOS DE ASSISTÊNCIA À SAÚDE

Lei 9.656, de 3 de junho de 1998, com as alterações introduzidas pela Medida Provisória nº 2.177-44, de 24 de agosto de 2001. Dispõe sobre os planos e seguros privados de assistência à saúde. Obs.: As alterações e acréscimos feitos por meio de medidas provisórias estão indicados no texto.

O Presidente da República faço saber que o Congresso Nacional decreta e eu sanciono a seguinte Lei:

Art. 1º – Submetem-se às disposições desta Lei as pessoas jurídicas de direito privado que operam planos de assistência à saúde, sem prejuízo do cumprimento da legislação específica que rege a sua atividade, adotando-se, para fins de aplicação das normas aqui estabelecidas, as seguintes definições:
I – Plano Privado de Assistência à Saúde: prestação continuada de serviços ou cobertura de custos assistenciais a preço pré ou pós-estabelecido, por prazo indeterminado, com a finalidade de garantir, sem limite financeiro, a assistência à saúde, pela faculdade de acesso e atendimento por profissionais ou serviços de saúde, livremente escolhidos, integrantes ou não de rede credenciada, contratada ou referenciada, visando a assistência médica, hospitalar e odontológica, a ser paga integral ou parcialmente às expensas da operadora contratada, mediante reembolso ou pagamento direto ao prestador, por conta e ordem do consumidor;
II – Operadora de Plano de Assistência à Saúde: pessoa jurídica constituída sob a modalidade de sociedade civil ou comercial, cooperativa, ou entidade de autogestão, que opere produto, serviço ou contrato de que trata o inciso I deste artigo;
III – Carteira: o conjunto de contratos de cobertura de custos assistenciais ou de serviços de assistência à saúde em qualquer das modalidades de que tratam o inciso I e o § 1º deste artigo, com todos os direitos e obrigações nele contidos.
§ 1º – Está subordinada às normas e à fiscalização da Agência Nacional de Saúde Suplementar – ANS qualquer modalidade de produto, serviço e contrato que apresente, além da garantia de cobertura financeira de riscos de assistência médica, hospitalar e odontológica, outras características que o diferencie de atividade exclusivamente financeira, tais como:
a) custeio de despesas;

b) oferecimento de rede credenciada ou referenciada;
c) reembolso de despesas;
d) mecanismos de regulação;
e) qualquer restrição contratual, técnica ou operacional para a cobertura de procedimentos solicitados por prestador escolhido pelo consumidor; e
f) vinculação de cobertura financeira à aplicação de conceitos ou critérios médico-assistenciais.
§ 2º – Incluem-se na abrangência desta Lei as cooperativas que operem os produtos de que tratam o inciso I e o § 1º deste artigo, bem assim as entidades ou empresas que mantêm sistemas de assistência à saúde, pela modalidade de autogestão ou de administração.
§ 3º – As pessoas físicas ou jurídicas residentes ou domiciliadas no exterior podem constituir ou participar do capital, ou do aumento do capital, de pessoas jurídicas de direito privado constituídas sob as leis brasileiras para operar planos privados de assistência à saúde.
§ 4º – É vedada às pessoas físicas a operação dos produtos de que tratam o inciso I e o § 1º deste artigo.
(o artigo 1º e seus parágrafos foram alterados pela medida provisória)

Art. 2º – (revogado pela medida provisória)

Art. 3º – (revogado pela medida provisória)

Art. 4º – (revogado pela medida provisória)

Art. 5º – (revogado pela medida provisória)

Art. 6º – (revogado pela medida provisória)

Art. 7º – (revogado pela medida provisória)

Art. 8º – Para obter a autorização de funcionamento, as operadoras de planos privados de assistência à saúde devem satisfazer os seguintes requisitos, independentemente de outros que venham a ser determinados pela ANS:
I – registro nos Conselhos Regionais de Medicina e Odontologia, conforme o caso, em cumprimento ao disposto no art. 1º da Lei n. 6.839, de 30 de outubro de 1980;
II – descrição pormenorizada dos serviços de saúde próprios oferecidos e daqueles a serem prestados por terceiros;

III – descrição de suas instalações e equipamentos destinados a prestação de serviços;
IV – especificação dos recursos humanos qualificados e habilitados, com responsabilidade técnica de acordo com as leis que regem a matéria;
V – demonstração da capacidade de atendimento em razão dos serviços a serem prestados;
VI – demonstração da viabilidade econômico-financeira dos planos privados de assistência à saúde oferecidos, respeitadas as peculiaridades operacionais de cada uma das respectivas operadoras;
VII – especificação da área geográfica coberta pelo plano privado de assistência à saúde.

§ 1º – São dispensadas do cumprimento das condições estabelecidas nos incisos VI e VII deste artigo as entidades ou empresas que mantêm sistemas de assistência privada à saúde na modalidade de autogestão, citadas no § 2º do art. 1º.

§ 2º – A autorização de funcionamento será cancelada caso a operadora não comercialize os produtos de que tratam o inciso I e o § 1º do art. 1º desta Lei, no prazo máximo de cento e oitenta dias a contar do seu registro na ANS.

§ 3º – As operadoras privadas de assistência à saúde poderão voluntariamente requerer autorização para encerramento de suas atividades, observando os seguintes requisitos, independentemente de outros que venham a ser determinados pela ANS:

a) comprovação da transferência da carteira sem prejuízo para o consumidor, ou a inexistência de beneficiários sob sua responsabilidade;
b) garantia da continuidade da prestação de serviços dos beneficiários internados ou em tratamento;
c) comprovação da quitação de suas obrigações com os prestadores de serviço no âmbito da operação de planos privados de assistência à saúde;
d) informação prévia à ANS, aos beneficiários e aos prestadores de serviço contratados, credenciados ou referenciados, na forma e nos prazos a serem definidos pela ANS.

(o caput do artigo 8º e seus parágrafos foram alterados pela medida provisória)

Art. 9º – Após decorridos cento e vinte dias de vigência desta Lei, para as operadoras, e duzentos e quarenta dias, para as administradoras de planos de assistência à saúde, e até que sejam definidas pela ANS, as normas gerais de registro, as pessoas jurídicas que operam os produtos de que tratam o inciso I e o § 1º do art. 1º desta Lei, e observado o que dispõe o art. 19, só poderão comercializar estes produtos se:

I – as operadoras e administradoras estiverem provisoriamente cadastradas na ANS; e
II – os produtos a serem comercializados estiverem registrados na ANS.
§ 1º – O descumprimento das formalidades previstas neste artigo, além de configurar infração, constitui agravante na aplicação de penalidades por infração das demais normas previstas nesta Lei.
§ 2º – A ANS poderá solicitar informações, determinar alterações e promover a suspensão do todo ou de parte das condições dos planos apresentados.
§ 3º – A autorização de comercialização será cancelada caso a operadora não comercialize os planos ou os produtos de que tratam o inciso I e o § 1º do art. 1º desta Lei, no prazo máximo de cento e oitenta dias a contar do seu registro na ANS.
§ 4º – A ANS poderá determinar a suspensão temporária da comercialização de plano ou produto caso identifique qualquer irregularidade contratual, econômico-financeira ou assistencial.
(o artigo 9º e seus parágrafos foram alterados pela medida provisória)

Art. 10 – É instituído o plano-referência de assistência à saúde, com cobertura assistencial médico-ambulatorial e hospitalar, compreendendo partos e tratamentos, realizados exclusivamente no Brasil, com padrão de enfermaria, centro de terapia intensiva, ou similar, quando necessária a internação hospitalar, das doenças listadas na Classificação Estatística Internacional de Doenças e Problemas Relacionados com a Saúde, da Organização Mundial de Saúde, respeitadas as exigências mínimas estabelecidas no art. 12 desta Lei, exceto:
I – tratamento clínico ou cirúrgico experimental;
II – procedimentos clínicos ou cirúrgicos para fins estéticos, bem como órteses e próteses para o mesmo fim;
III – inseminação artificial;
IV – tratamento de rejuvenescimento ou de emagrecimento com finalidade estética;
V – fornecimento de medicamentos importados não nacionalizados;
VI – fornecimento de medicamentos para tratamento domiciliar;
VII – fornecimento de próteses, órteses e seus acessórios não ligados ao ato cirúrgico;
VIII – (revogado pela medida provisória)
IX – tratamentos ilícitos ou antiéticos, assim definidos sob o aspecto médico, ou não reconhecidos pelas autoridades competentes;
X – casos de cataclismos, guerras e comoções internas, quando declarados pela autoridade competente.

§ 1º – As exceções constantes dos incisos deste artigo serão objeto de regulamentação pela ANS.

§ 2º – As pessoas jurídicas que comercializam produtos de que tratam o inciso I e o § 1º do art. 1º desta Lei oferecerão, obrigatoriamente, a partir de 3 de dezembro de 1999, o plano-referência de que trata este artigo a todos os seus atuais e futuros consumidores.

§ 3º – Excluem-se da obrigatoriedade a que se refere o § 2º deste artigo as pessoas jurídicas que mantêm sistemas de assistência à saúde pela modalidade de autogestão e as pessoas jurídicas que operem exclusivamente planos odontológicos.

§ 4º – A amplitude das coberturas, inclusive de transplantes e de procedimentos de alta complexidade, será definida por normas editadas pela ANS.

(o artigo 10 e seus parágrafos foram alterados pela medida provisória)

Art. 11 – É vedada a exclusão de cobertura às doenças e lesões preexistentes à data de contratação dos produtos de que tratam o inciso I e o § 1º do art. 1º desta Lei após vinte e quatro meses de vigência do aludido instrumento contratual, cabendo à respectiva operadora o ônus da prova e da demonstração do conhecimento prévio do consumidor ou beneficiário.

Parágrafo único. É vedada a suspensão da assistência à saúde do consumidor ou beneficiário, titular ou dependente, até a prova de que trata o caput, na forma da regulamentação a ser editada pela ANS.

(o artigo 11 e seu parágrafo único forma alterados pela medida provisória)

Art. 12 – São facultadas a oferta, a contratação e a vigência dos produtos de que tratam o inciso I e o § 1º do art. 1º desta Lei, nas segmentações previstas nos incisos I a IV deste artigo, respeitadas as respectivas amplitudes de cobertura definidas no plano-referência de que trata o art. 10, segundo as seguintes exigências mínimas:

I – quando incluir atendimento ambulatorial:

a) cobertura de consultas médicas, em número ilimitado, em clínicas básicas e especializadas, reconhecidas pelo Conselho Federal de Medicina;

b) cobertura de serviços de apoio diagnóstico, tratamentos e demais procedimentos ambulatoriais, solicitados pelo médico assistente;

II – quando incluir internação hospitalar:

a) cobertura de internações hospitalares, vedada a limitação de prazo, valor máximo e quantidade, em clínicas básicas e especializadas, reconhecidas pelo Conselho Federal de Medicina, admitindo-se a exclusão

dos procedimentos obstétricos;
b) cobertura de internações hospitalares em centro de terapia intensiva, ou similar, vedada a limitação de prazo, valor máximo e quantidade, a critério do médico assistente;
c) cobertura de despesas referentes a honorários médicos, serviços gerais de enfermagem e alimentação;
d) cobertura de exames complementares indispensáveis para o controle da evolução da doença e elucidação diagnóstica, fornecimento de medicamentos, anestésicos, gases medicinais, transfusões e sessões de quimioterapia e radioterapia, conforme prescrição do médico assistente, realizados ou ministrados durante o período de internação hospitalar;
e) cobertura de toda e qualquer taxa, incluindo materiais utilizados, assim como da remoção do paciente, comprovadamente necessária, para outro estabelecimento hospitalar, dentro dos limites de abrangência geográfica previstos no contrato, em território brasileiro; e
f) cobertura de despesas de acompanhante, no caso de pacientes menores de dezoito anos;
III – quando incluir atendimento obstétrico:
a) cobertura assistencial ao recém-nascido, filho natural ou adotivo do consumidor, ou de seu dependente, durante os primeiros trinta dias após o parto;
b) inscrição assegurada ao recém-nascido, filho natural ou adotivo do consumidor, como dependente, isento do cumprimento dos períodos de carência, desde que a inscrição ocorra no prazo máximo de trinta dias do nascimento ou da adoção;
IV – quando incluir atendimento odontológico:
a) cobertura de consultas e exames auxiliares ou complementares, solicitados pelo odontólogo assistente;
b) cobertura de procedimentos preventivos, de dentística e endodontia;
c) cobertura de cirurgias orais menores, assim consideradas as realizadas em ambiente ambulatorial e sem anestesia geral;
V – quando fixar períodos de carência:
a) prazo máximo de trezentos dias para partos a termo;
b) prazo máximo de cento e oitenta dias para os demais casos;
c) prazo máximo de vinte e quatro horas para a cobertura dos casos de urgência e emergência;
VI – reembolso, em todos os tipos de produtos de que tratam o inciso I e o § 1º do art. 1º desta Lei, nos limites das obrigações contratuais, das despesas efetuadas pelo beneficiário com assistência à saúde, em casos de urgência ou emergência, quando não for possível a utilização dos serviços próprios, contratados, credenciados ou referenciados pelas opera-

doras, de acordo com a relação de preços de serviços médicos e hospitalares praticados pelo respectivo produto, pagáveis no prazo máximo de trinta dias após a entrega da documentação adequada;
VII – inscrição de filho adotivo, menor de doze anos de idade, aproveitando os períodos de carência já cumpridos pelo consumidor adotante.
§ 1º – Após cento e vinte dias da vigência desta Lei, fica proibido o oferecimento de produtos de que tratam o inciso I e o § 1º do art. 1º desta Lei fora das segmentações de que trata este artigo, observadas suas respectivas condições de abrangência e contratação.
§ 2º – A partir de 3 de dezembro de 1999, da documentação relativa à contratação de produtos de que tratam o inciso I e o § 1º do art. 1º desta Lei, nas segmentações de que trata este artigo, deverá constar declaração em separado do consumidor, de que tem conhecimento da existência e disponibilidade do plano referência, e de que este lhe foi oferecido.
§ 3º – (revogado pela medida provisória)
(o artigo 12 e seus parágrafos foram alterados pela medida provisória)

Art. 13 – Os contratos de produtos de que tratam o inciso I e o § 1º do art. 1º desta Lei têm renovação automática a partir do vencimento do prazo inicial de vigência, não cabendo a cobrança de taxas ou qualquer outro valor no ato da renovação.
Parágrafo único. Os produtos de que trata o caput, contratados individualmente, terão vigência mínima de um ano, sendo vedadas:
I – a recontagem de carências;
II – a suspensão ou a rescisão unilateral do contrato, salvo por fraude ou não-pagamento da mensalidade por período superior a sessenta dias, consecutivos ou não, nos últimos doze meses de vigência do contrato, desde que o consumidor seja comprovadamente notificado até o qüinquagésimo dia de inadimplência; e
III – a suspensão ou a rescisão unilateral do contrato, em qualquer hipótese, durante a ocorrência de internação do titular.
(o artigo 13 e seu parágrafo único foram alterados pela MP)

Art. 14 – Em razão da idade do consumidor, ou da condição de pessoa portadora de deficiência, ninguém pode ser impedido de participar de planos privados de assistência à saúde.
(o artigo 14 foi alterado pela medida provisória)

Art. 15 – A variação das contraprestações pecuniárias estabelecidas nos contratos de produtos de que tratam o inciso I e o § 1º do art. 1º desta

Lei, em razão da idade do consumidor, somente poderá ocorrer caso estejam previstas no contrato inicial as faixas etárias e os percentuais de reajustes incidentes em cada uma delas, conforme normas expedidas pela ANS, ressalvado o disposto no art. 35-E.
Parágrafo único. É vedada a variação a que alude o caput para consumidores com mais de sessenta anos de idade, que participarem dos produtos de que tratam o inciso I e o § 1º do art. 1º, ou sucessores, há mais de dez anos.
(o artigo 15 e seus parágrafos foram alterados pela medida provisória)

Art. 16 – Dos contratos, regulamentos ou condições gerais dos produtos de que tratam o inciso I e o § 1º do art. 1º desta Lei devem constar dispositivos que indiquem com clareza:
I – as condições de admissão;
II – o início da vigência;
III – os períodos de carência para consultas, internações, procedimentos e exames;
IV – as faixas etárias e os percentuais a que alude o caput do art. 15;
V – as condições de perda da qualidade de beneficiário;
VI – os eventos cobertos e excluídos;
VII – o regime, ou tipo de contratação:
a) individual ou familiar;
b) coletivo empresarial; ou
c) coletivo por adesão;
VIII – a franquia, os limites financeiros ou o percentual de co-participação do consumidor ou beneficiário, contratualmente previstos nas despesas com assistência médica, hospitalar e odontológica;
IX – os bônus, os descontos ou os agravamentos da contraprestação pecuniária;
X – a área geográfica de abrangência;
XI – os critérios de reajuste e revisão das contraprestações pecuniárias.
XII – número de registro na ANS.
Parágrafo único. A todo consumidor titular de plano individual ou familiar será obrigatoriamente entregue, quando de sua inscrição, cópia do contrato, do regulamento ou das condições gerais dos produtos de que tratam o inciso I e o § 1º do art. 1º, além de material explicativo que descreva, em linguagem simples e precisa, todas as suas características, direitos e obrigações.
(o artigo 16 e seu parágrafo único foram alterados pela medida provisória)

Art. 17 – A inclusão como contratados, referenciados ou credenciados

dos produtos de que tratam o inciso I e o § 1º do art. 1º desta Lei, de qualquer entidade hospitalar, implica compromisso para com os consumidores quanto à sua manutenção ao longo da vigência dos contratos.

§ 1º – É facultada a substituição de entidade hospitalar, a que se refere o caput deste artigo, desde que por outro equivalente e mediante comunicação aos consumidores e à ANS com trinta dias de antecedência, ressalvados desse prazo mínimo os casos decorrentes de rescisão por fraude ou infração das normas sanitárias e fiscais em vigor.

§ 2º – Na hipótese de a substituição do estabelecimento hospitalar a que se refere o § 1º ocorrer por vontade da operadora durante período de internação do consumidor, o estabelecimento obriga-se a manter a internação e a operadora, a pagar as despesas até a alta hospitalar, a critério médico, na forma do contrato.

§ 3º – Excetuam-se do previsto no § 2º os casos de substituição do estabelecimento hospitalar por infração às normas sanitárias em vigor, durante período de internação, quando a operadora arcará com a responsabilidade pela transferência imediata para outro estabelecimento equivalente, garantindo a continuação da assistência, sem ônus adicional para o consumidor.

§ 4º – Em caso de redimensionamento da rede hospitalar por redução, as empresas deverão solicitar à ANS autorização expressa para tanto, informando:

I – nome da entidade a ser excluída;
II – capacidade operacional a ser reduzida com a exclusão;
III – impacto sobre a massa assistida, a partir de parâmetros definidos pela ANS, correlacionando a necessidade de leitos e a capacidade operacional restante; e
IV – justificativa para a decisão, observando a obrigatoriedade de manter cobertura com padrões de qualidade equivalente e sem ônus adicional para o consumidor.

(o artigo 17 e seus parágrafos foram alterados pela medida provisória)

Art. 18 – A aceitação, por parte de qualquer prestador de serviço ou profissional de saúde, da condição de contratado, credenciado ou cooperado de uma operadora de produtos de que tratam o inciso I e o § 1º do art. 1º desta Lei, implicará as seguintes obrigações e direitos:

I – o consumidor de determinada operadora, em nenhuma hipótese e sob nenhum pretexto ou alegação, pode ser discriminado ou atendido de forma distinta daquela dispensada aos clientes vinculados a outra operadora ou plano;
II – a marcação de consultas, exames e quaisquer outros procedimentos

deve ser feita de forma a atender às necessidades dos consumidores, privilegiando os casos de emergência ou urgência, assim como as pessoas com mais de sessenta e cinco anos de idade, as gestantes, lactantes, lactentes e crianças até cinco anos;

III – a manutenção de relacionamento de contratação, credenciamento ou referenciamento com número ilimitado de operadoras, sendo expressamente vedado às operadoras, independente de sua natureza jurídica constitutiva, impor contratos de exclusividade ou de restrição à atividade profissional.

Parágrafo único. A partir de 3 de dezembro de 1999, os prestadores de serviço ou profissionais de saúde não poderão manter contrato, credenciamento ou referenciamento com operadoras que não tiverem registros para funcionamento e comercialização conforme previsto nesta Lei, sob pena de responsabilidade por atividade irregular.

(o artigo 18 e seu parágrafo único foram alterados pela medida provisória)

Art. 19 – Para requerer a autorização definitiva de funcionamento, as pessoas jurídicas que já atuavam como operadoras ou administradoras dos produtos de que tratam o inciso I e o § 1º do art. 1º desta Lei, terão prazo de cento e oitenta dias, a partir da publicação da regulamentação específica pela ANS.

§ 1º – Até que sejam expedidas as normas de registro, serão mantidos registros provisórios das pessoas jurídicas e dos produtos na ANS, com a finalidade de autorizar a comercialização ou operação dos produtos a que alude o caput, a partir de 2 de janeiro de 1999.

§ 2º – Para o registro provisório, as operadoras ou administradoras dos produtos a que alude o caput deverão apresentar à ANS as informações requeridas e os seguintes documentos, independentemente de outros que venham a ser exigidos:

I – registro do instrumento de constituição da pessoa jurídica;
II – nome fantasia;
III – CNPJ;
IV – endereço;
V – telefone, fax e e-mail; e
VI – principais dirigentes da pessoa jurídica e nome dos cargos que ocupam.

§ 3º – Para registro provisório dos produtos a serem comercializados, deverão ser apresentados à ANS os seguintes dados:

I – razão social da operadora ou da administradora;
II – CNPJ da operadora ou da administradora;
III – nome do produto;

IV – segmentação da assistência (ambulatorial, hospitalar com obstetrícia, hospitalar sem obtetrícia, odontológica e referência);
V – tipo de contratação (individual/familiar, coletivo empresarial e coletivo por adesão);
VI – âmbito geográfico de cobertura;
VII – faixas etárias e respectivos preços;
VIII – rede hospitalar própria por Município (para segmentações hospitalar e referência);
IX – rede hospitalar contratada ou referenciada por Município (para segmentações hospitalar e referência);
X – outros documentos e informações que venham a ser solicitados pela ANS.
§ 4º – Os procedimentos administrativos para registro provisório dos produtos serão tratados em norma específica da ANS.
§ 5º – Independentemente do cumprimento, por parte da operadora, das formalidades do registro provisório, ou da conformidade dos textos das condições gerais ou dos instrumentos contratuais, ficam garantidos, a todos os usuários de produtos a que alude o caput, contratados a partir de 2 de janeiro de 1999, todos os benefícios de acesso e cobertura previstos nesta Lei e em seus regulamentos, para cada segmentação definida no art. 12.
§ 6º – O não-cumprimento do disposto neste artigo implica o pagamento de multa diária no valor de R$ 10.000,00 (dez mil reais) aplicada às operadoras dos produtos de que tratam o inciso I e o § 1º do art. 1º.
§ 7º – As pessoas jurídicas que forem iniciar operação de comercialização de planos privados de assistência à saúde, a partir de 8 de dezembro de 1998, estão sujeitas aos registros de que trata o § 1º deste artigo.
(o artigo 19 e seus parágrafos foram alterados pela medida provisória)

Art. 20 – As operadoras de produtos de que tratam o inciso I e o § 1º do art. 1º desta Lei são obrigadas a fornecer, periodicamente, à ANS todas as informações e estatísticas relativas as suas atividades, incluídas as de natureza cadastral, especialmente aquelas que permitam a identificação dos consumidores e de seus dependentes, incluindo seus nomes, inscrições no Cadastro de Pessoas Físicas dos titulares e Municípios onde residem, para fins do disposto no art. 32.
§ 1º – Os agentes, especialmente designados pela ANS, para o exercício das atividades de fiscalização e nos limites por ela estabelecidos, têm livre acesso às operadoras, podendo requisitar e apreender processos, contratos, manuais de rotina operacional e demais documentos, relativos aos produtos de que tratam o inciso I e o § 1º do art. 1º desta Lei.

§ 2º – Caracteriza-se como embaraço à fiscalização, sujeito às penas previstas na lei, a imposição de qualquer dificuldade à consecução dos objetivos da fiscalização, de que trata o § 1º deste artigo.
(o artigo 20 e seus parágrafos foram alterados pela medida provisória)

Art. 21 – É vedado às operadoras de planos privados de assistência à saúde realizar quaisquer operações financeiras:
I – com seus diretores e membros dos conselhos administrativos, consultivos, fiscais ou assemelhados, bem como com os respectivos cônjuges e parentes até o segundo grau, inclusive;
II – com empresa de que participem as pessoas a que se refere o inciso I, desde que estas sejam, em conjunto ou isoladamente, consideradas como controladoras da empresa.
(o artigo 21 foi alterado pela medida provisória)

Art. 22 – As operadoras de planos privados de assistência à saúde submeterão suas contas a auditores independentes, registrados no respectivo Conselho Regional de Contabilidade e na Comissão de Valores Mobiliários – CVM, publicando, anualmente, o parecer respectivo, juntamente com as demonstrações financeiras determinadas pela Lei nº 6.404, de 15 de dezembro de 1976.
§ 1º A auditoria independente também poderá ser exigida quanto aos cálculos atuariais, elaborados segundo diretrizes gerais definidas pelo CONSU.
§ 2º – As operadoras com número de beneficiários inferior a vinte mil usuários ficam dispensadas da publicação do parecer do auditor e das demonstrações financeiras, devendo, a ANS, dar-lhes publicidade.
(o artigo 22 e seus parágrafos foram alterados pela medida provisória)

Art. 23 – As operadoras de planos privados de assistência à saúde não podem requerer concordata e não estão sujeitas à falência ou insolvência civil, mas tão-somente ao regime de liquidação extrajudicial.
§ 1º – As operadoras sujeitar-se-ão ao regime de falência ou insolvência civil quando, no curso da liquidação extrajudicial, forem verificadas uma das seguintes hipóteses:
I – o ativo da massa liquidanda não for suficiente para o pagamento de pelo menos a metade dos créditos quirografários;
II – o ativo realizável da massa liquidanda não for suficiente, sequer, para o pagamento das despesas administrativas e operacionais inerentes ao regular processamento da liquidação extrajudicial; ou
III – nas hipóteses de fundados indícios de condutas previstas nos arts.

186 a 189 do Decreto-Lei no 7.661, de 21 de junho de 1945.

§ 2º – Para efeito desta Lei, define-se ativo realizável como sendo todo ativo que possa ser convertido em moeda corrente em prazo compatível para o pagamento das despesas administrativas e operacionais da massa liquidanda.

§ 3º – À vista do relatório do liquidante extrajudicial, e em se verificando qualquer uma das hipóteses previstas nos incisos I, II ou III do § 1º deste artigo, a ANS poderá autorizá-lo a requerer a falência ou insolvência civil da operadora.

§ 4º – A distribuição do requerimento produzirá imediatamente os seguintes efeitos:

I – a manutenção da suspensão dos prazos judiciais em relação à massa liquidanda;

II – a suspensão dos procedimentos administrativos de liquidação extrajudicial, salvo os relativos à guarda e à proteção dos bens e imóveis da massa;

III – a manutenção da indisponibilidade dos bens dos administradores, gerentes, conselheiros e assemelhados, até posterior determinação judicial; e

IV – prevenção do juízo que emitir o primeiro despacho em relação ao pedido de conversão do regime.

§ 5º – A ANS, no caso previsto no inciso II do § 1º deste artigo, poderá, no período compreendido entre a distribuição do requerimento e a decretação da falência ou insolvência civil, apoiar a proteção dos bens móveis e imóveis da massa liquidanda.

§ 6º – O liquidante enviará ao juízo prevento o rol das ações judiciais em curso cujo andamento ficará suspenso até que o juiz competente nomeie o síndico da massa falida ou o liquidante da massa insolvente.

(o artigo 23 e seus parágrafos foram alterados pela medida provisória)

Art. 24 – Sempre que detectadas nas operadoras sujeitas à disciplina desta Lei insuficiência das garantias do equilíbrio financeiro, anormalidades econômico-financeiras ou administrativas graves que coloquem em risco a continuidade ou a qualidade do atendimento à saúde, a ANS poderá determinar a alienação da carteira, o regime de direção fiscal ou técnica, por prazo não superior a trezentos e sessenta e cinco dias, ou a liquidação extrajudicial, conforme a gravidade do caso.

§ 1º – O descumprimento das determinações do diretor-fiscal ou técnico, e do liquidante, por dirigentes, administradores, conselheiros ou empregados da operadora de planos privados de assistência à saúde acarretará o imediato afastamento do infrator, por decisão da ANS, sem prejuízo das sanções penais cabíveis, assegurado o direito ao contraditório, sem que isto implique efeito suspensivo da decisão administrativa que determinou o afastamento.

§ 2º – A ANS, ex officio ou por recomendação do diretor técnico ou fiscal ou do liquidante, poderá, em ato administrativo devidamente motivado, determinar o afastamento dos diretores, administradores, gerentes e membros do conselho fiscal da operadora sob regime de direção ou em liquidação.

§ 3º – No prazo que lhe for designado, o diretor-fiscal ou técnico procederá à análise da organização administrativa e da situação econômico-financeira da operadora, bem assim da qualidade do atendimento aos consumidores, e proporá à ANS as medidas cabíveis.

§ 4º – O diretor-fiscal ou técnico poderá propor a transformação do regime de direção em liquidação extrajudicial.

§ 5º – A ANS promoverá, no prazo máximo de noventa dias, a alienação da carteira das operadoras de planos privados de assistência à saúde, no caso de não surtirem efeito as medidas por ela determinadas para sanar as irregularidades ou nas situações que impliquem risco para os consumidores participantes da carteira.

(o artigo 24 e seus parágrafos foram alterados pela medida provisória)

Art. 24-A – Os administradores das operadoras de planos privados de assistência à saúde em regime de direção fiscal ou liquidação extrajudicial, independentemente da natureza jurídica da operadora, ficarão com todos os seus bens indisponíveis, não podendo, por qualquer forma, direta ou indireta, aliená-los ou onerá-los, até apuração e liquidação final de suas responsabilidades.

§ 1º – A indisponibilidade prevista neste artigo decorre do ato que decretar a direção fiscal ou a liquidação extrajudicial e atinge a todos aqueles que tenham estado no exercício das funções nos doze meses anteriores ao mesmo ato.

§ 2º – Na hipótese de regime de direção fiscal, a indisponibilidade de bens a que se refere o caput deste artigo poderá não alcançar os bens dos administradores, por deliberação expressa da Diretoria Colegiada da ANS.

§ 3º – A ANS, ex officio ou por recomendação do diretor fiscal ou do liquidante, poderá estender a indisponibilidade prevista neste artigo:

I – aos bens de gerentes, conselheiros e aos de todos aqueles que tenham concorrido, no período previsto no § 1º, para a decretação da direção fiscal ou da liquidação extrajudicial;

II – aos bens adquiridos, a qualquer título, por terceiros, no período previsto no § 1º, das pessoas referidas no inciso I, desde que configurada fraude na transferência.

§ 4º – Não se incluem nas disposições deste artigo os bens considerados inalienáveis ou impenhoráveis pela legislação em vigor.

§ 5º – A indisponibilidade também não alcança os bens objeto de contrato de alienação, de promessa de compra e venda, de cessão ou promessa de cessão de direitos, desde que os respectivos instrumentos tenham sido levados ao competente registro público, anteriormente à data da decretação da direção fiscal ou da liquidação extrajudicial.

§ 6º – Os administradores das operadoras de planos privados de assistência à saúde respondem solidariamente pelas obrigações por eles assumidas durante sua gestão até o montante dos prejuízos causados, independentemente do nexo de causalidade.
(o artigo 24-A foi introduzido pela medida provisória)

Art. 24-B – A Diretoria Colegiada definirá as atribuições e competências do diretor técnico, diretor fiscal e do responsável pela alienação de carteira, podendo ampliá-las, se necessário.
(o artigo 24-B foi introduzido pela medida provisória)

Art. 24-C – Os créditos decorrentes da prestação de serviços de assistência privada à saúde preferem a todos os demais, exceto os de natureza trabalhista e tributários.
(o artigo 24-C foi introduzido pela medida provisória)

Art. 24-D – Aplica-se à liquidação extrajudicial das operadoras de planos privados de assistência à saúde e ao disposto nos arts. 24-A e 35-I, no que couber com os preceitos desta Lei, o disposto na Lei no 6.024, de 13 de março de 1974, no Decreto-Lei no 7.661, de 21 de junho de 1945, no Decreto-Lei no 41, de 18 de novembro de 1966, e no Decreto-Lei no 73, de 21 de novembro de 1966, conforme o que dispuser a ANS.
(o artigo 24-D foi introduzido pela media provisória)

Art. 25 – As infrações dos dispositivos desta Lei e de seus regulamentos, bem como aos dispositivos dos contratos firmados, a qualquer tempo, entre operadoras e usuários de planos privados de assistência à saúde, sujeitam a operadora dos produtos de que tratam o inciso I e o § 1º do art. 1º desta Lei, seus administradores, membros de conselhos administrativos, deliberativos, consultivos, fiscais e assemelhados às seguintes penalidades, sem prejuízo de outras estabelecidas na legislação vigente:

I – advertência;

II – multa pecuniária;
III – suspensão do exercício do cargo;
IV – inabilitação temporária para exercício de cargos em operadoras de planos de assistência à saúde;
V – inabilitação permanente para exercício de cargos de direção ou em conselhos das operadoras a que se refere esta Lei, bem como em entidades de previdência privada, sociedades seguradoras, corretoras de seguros e instituições financeiras.
VI – cancelamento da autorização de funcionamento e alienação da carteira da operadora.
(o artigo 25 foi alterado pela medida provisória)

Art. 26 – Os administradores e membros dos conselhos administrativos, deliberativos, consultivos, fiscais e assemelhados das operadoras de que trata esta Lei respondem solidariamente pelos prejuízos causados a terceiros, inclusive aos acionistas, cotistas, cooperados e consumidores de planos privados de assistência à saúde, conforme o caso, em conseqüência do descumprimento de leis, normas e instruções referentes às operações previstas na legislação e, em especial, pela falta de constituição e cobertura das garantias obrigatórias.
(o artigo 26 foi alterado pela medida provisória)

Art. 27 – A multa de que trata o art. 25 será fixada e aplicada pela ANS no âmbito de suas atribuições, com valor não inferior a R$ 5.000,00 (cinco mil reais) e não superior a R$ 1.000.000,00 (um milhão de reais) de acordo com o porte econômico da operadora ou prestadora de serviço e a gravidade da infração, ressalvado o disposto no § 6º do art. 19.)
Parágrafo único. (revogado pela medida provisória)
(o artigo 27 foi alterado pela medida provisória

Art. 28 – (revogado pela medida provisória)

Art. 29 – As infrações serão apuradas mediante processo administrativo que tenha por base o auto de infração, a representação ou a denúncia positiva dos fatos irregulares, cabendo à ANS dispor sobre normas para instauração, recursos e seus efeitos, instâncias e prazos.
§ 1º – O processo administrativo, antes de aplicada a penalidade, poderá, a título excepcional, ser suspenso, pela ANS, se a operadora ou prestadora de serviço assinar termo de compromisso de ajuste de conduta, perante a diretoria colegiada, que terá eficácia de título executivo extrajudicial, obrigando-se a:

I – cessar a prática de atividades ou atos objetos da apuração; e
II – corrigir as irregularidades, inclusive indenizando os prejuízos delas decorrentes.

§ 2º – O termo de compromisso de ajuste de conduta conterá, necessariamente, as seguintes cláusulas:
I – obrigações do compromissário de fazer cessar a prática objeto da apuração, no prazo estabelecido;
II – valor da multa a ser imposta no caso de descumprimento, não inferior a R$ 5.000,00 (cinco mil reais) e não superior a R$ 1.000.000,00 (um milhão de reais) de acordo com o porte econômico da operadora ou da prestadora de serviço.

§ 3º – A assinatura do termo de compromisso de ajuste de conduta não importa confissão do compromissário quanto à matéria de fato, nem reconhecimento de ilicitude da conduta em apuração.

§ 4º – O descumprimento do termo de compromisso de ajuste de conduta, sem prejuízo da aplicação da multa a que se refere o inciso II do § 2º, acarreta a revogação da suspensão do processo.

§ 5º – Cumpridas as obrigações assumidas no termo de compromisso de ajuste de conduta, será extinto o processo.

§ 6º – Suspende-se a prescrição durante a vigência do termo de compromisso de ajuste de conduta.

§ 7º – Não poderá ser firmado termo de compromisso de ajuste de conduta quando tiver havido descumprimento de outro termo de compromisso de ajuste de conduta nos termos desta Lei, dentro do prazo de dois anos.

§ 8º – O termo de compromisso de ajuste de conduta deverá ser publicado no Diário Oficial da União.

§ 9º – A ANS regulamentará a aplicação do disposto nos §§ 1º a 7º deste artigo.

(o artigo 29 e seus parágrafos foram alterados pela medida provisória)

Art. 29-A – A ANS poderá celebrar com as operadoras termo de compromisso, quando houver interesse na implementação de práticas que consistam em vantagens para os consumidores, com vistas a assegurar a manutenção da qualidade dos serviços de assistência à saúde.

§ 1º – O termo de compromisso referido no caput não poderá implicar restrição de direitos do usuário.

§ 2º – Na definição do termo de que trata este artigo serão considerados os critérios de aferição e controle da qualidade dos serviços a serem oferecidos pelas operadoras.

§ 3º – O descumprimento injustificado do termo de compromisso po-

derá importar na aplicação da penalidade de multa a que se refere o inciso II, § 2º, do art. 29 desta Lei.
(o artigo 29-A e seus parágrafos foram introduzidos pela medida provisória)

Art. 30 – Ao consumidor que contribuir para produtos de que tratam o inciso I e o § 1º do art. 1º desta Lei, em decorrência de vínculo empregatício, no caso de rescisão ou exoneração do contrato de trabalho sem justa causa, é assegurado o direito de manter sua condição de beneficiário, nas mesmas condições de cobertura assistencial de que gozava quando da vigência do contrato de trabalho, desde que assuma o seu pagamento integral.

§ 1º – O período de manutenção da condição de beneficiário a que se refere o caput será de um terço do tempo de permanência nos produtos de que tratam o inciso I e o § 1º do art. 1º, ou sucessores, com um mínimo assegurado de seis meses e um máximo de vinte e quatro meses.

§ 2º – A manutenção de que trata este artigo é extensiva, obrigatoriamente, a todo o grupo familiar inscrito quando da vigência do contrato de trabalho.

§ 3º – Em caso de morte do titular, o direito de permanência é assegurado aos dependentes cobertos pelo plano ou seguro privado coletivo de assistência à saúde, nos termos do disposto neste artigo.

§ 4º – O direito assegurado neste artigo não exclui vantagens obtidas pelos empregados decorrentes de negociações coletivas de trabalho.

§ 5º – A condição prevista no caput deste artigo deixará de existir quando da admissão do consumidor titular em novo emprego.

§ 6º – Nos planos coletivos custeados integralmente pela empresa, não é considerada contribuição a co-participação do consumidor, única e exclusivamente, em procedimentos, como fator de moderação, na utilização dos serviços de assistência médica ou hospitalar.

(o artigo 30 e seus parágrafos foram alterados pela medida provisória)

Art. 31 – Ao aposentado que contribuir para produtos de que tratam o inciso I e o § 1º do art. 1º desta Lei, em decorrência de vínculo empregatício, pelo prazo mínimo de dez anos, é assegurado o direito de manutenção como beneficiário, nas mesmas condições de cobertura assistencial de que gozava quando da vigência do contrato de trabalho, desde que assuma o seu pagamento integral.

§ 1º – Ao aposentado que contribuir para planos coletivos de assistência à saúde por período inferior ao estabelecido no caput é assegurado o direito de manutenção como beneficiário, à razão de um ano para cada ano de contribuição, desde que assuma o pagamento integral do mesmo.

§ 2º – Para gozo do direito assegurado neste artigo, observar-se-ão as mesmas condições estabelecidas nos §§ 2º, 3º, 4º, 5º e 6º do art. 30.
(o artigo 31 e seus artigos foram alterados pela medida provisória)

Art. 32 – Serão ressarcidos pelas operadoras dos produtos de que tratam o inciso I e o § 1º do art. 1º desta Lei, de acordo com normas a serem definidas pela ANS, os serviços de atendimento à saúde previstos nos respectivos contratos, prestados a seus consumidores e respectivos dependentes, em instituições públicas ou privadas, conveniadas ou contratadas, integrantes do Sistema Único de Saúde – SUS.

§ 1º – O ressarcimento a que se refere o caput será efetuado pelas operadoras à entidade prestadora de serviços, quando esta possuir personalidade jurídica própria, e ao SUS, mediante tabela de procedimentos a ser aprovada pela ANS.

§ 2º – Para a efetivação do ressarcimento, a ANS disponibilizará às operadoras a discriminação dos procedimentos realizados para cada consumidor.

§ 3º – A operadora efetuará o ressarcimento até o décimo quinto dia após a apresentação da cobrança pela ANS, creditando os valores correspondentes à entidade prestadora ou ao respectivo fundo de saúde, conforme o caso.

§ 4º – O ressarcimento não efetuado no prazo previsto no § 3º será cobrado com os seguintes acréscimos:
I – juros de mora contados do mês seguinte ao do vencimento, à razão de um por cento ao mês ou fração;
II – multa de mora de dez por cento.

§ 5º – Os valores não recolhidos no prazo previsto no § 3º serão inscritos em dívida ativa da ANS, a qual compete a cobrança judicial dos respectivos créditos.

§ 6º – O produto da arrecadação dos juros e da multa de mora serão revertidos ao Fundo Nacional de Saúde.

§ 7º – A ANS fixará normas aplicáveis ao processo de glosa ou impugnação dos procedimentos encaminhados, conforme previsto no § 2º deste artigo.

§ 8º – Os valores a serem ressarcidos não serão inferiores aos praticados pelo SUS e nem superiores aos praticados pelas operadoras de produtos de que tratam o inciso I e o § 1º do art. 1º desta Lei.
(o artigo 32 e seus parágrafos foram alterados pela medida provisória)

Art. 33 – Havendo indisponibilidade de leito hospitalar nos estabelecimentos próprios ou credenciados pelo plano, é garantido ao consumidor o acesso à acomodação, em nível superior, sem ônus adicional.

Art. 34 – As pessoas jurídicas que executam outras atividades além das abrangidas por esta Lei deverão, na forma e no prazo definidos pela ANS, constituir pessoas jurídicas independentes, com ou sem fins lucrativos, especificamente para operar planos privados de assistência à saúde, na forma da legislação em vigor e em especial desta Lei e de seus regulamentos.
(o artigo 34 foi alterado pela medida provisória)

Art. 35 – Aplicam-se as disposições desta Lei a todos os contratos celebrados a partir de sua vigência, assegurada aos consumidores com contratos anteriores, bem como àqueles com contratos celebrados entre 2 de setembro de 1998 e 1º de janeiro de 1999, a possibilidade de optar pela adaptação ao sistema previsto nesta Lei.
§ 1º – Sem prejuízo do disposto no art. 35-E, a adaptação dos contratos de que trata este artigo deverá ser formalizada em termo próprio, assinado pelos contratantes, de acordo com as normas a serem definidas pela ANS.
§ 2º – Quando a adaptação dos contratos incluir aumento de contraprestação pecuniária, a composição da base de cálculo deverá ficar restrita aos itens correspondentes ao aumento de cobertura, e ficará disponível para verificação pela ANS, que poderá determinar sua alteração quando o novo valor não estiver devidamente justificado.
§ 3º – A adaptação dos contratos não implica nova contagem dos períodos de carência e dos prazos de áquisição dos benefícios previstos nos arts. 30 e 31 desta Lei, observados, quanto aos últimos, os limites de cobertura previstos no contrato original.
§ 4º – Nenhum contrato poderá ser adaptado por decisão unilateral da empresa operadora.
§ 5º – A manutenção dos contratos originais pelos consumidores não-optantes tem caráter personalíssimo, devendo ser garantida somente ao titular e a seus dependentes já inscritos, permitida inclusão apenas de novo cônjuge e filhos, e vedada a transferência da sua titularidade, sob qualquer pretexto, a terceiros.
§ 6º – Os produtos de que tratam o inciso I e o § 1º do art. 1º desta Lei, contratados até 1º de janeiro de 1999, deverão permanecer em operação, por tempo indeterminado, apenas para os consumidores que não optarem pela adaptação às novas regras, sendo considerados extintos

para fim de comercialização.

§ 7º – Às pessoas jurídicas contratantes de planos coletivos, não-optantes pela adaptação prevista neste artigo, fica assegurada a manutenção dos contratos originais, nas coberturas assistenciais neles pactuadas.

§ 8º – A ANS definirá em norma própria os procedimentos formais que deverão ser adotados pelas empresas para a adatação dos contratos de que trata este artigo.

(o artigo 35 e seus parágrafos foram alterados pela medida provisória)

Art. 35-A – Fica criado o Conselho de Saúde Suplementar – CONSU, órgão colegiado integrante da estrutura regimental do Ministério da Saúde, com competência para:

I – estabelecer e supervisionar a execução de políticas e diretrizes gerais do setor de saúde suplementar;
II – aprovar o contrato de gestão da ANS;
III – supervisionar e acompanhar as ações e o funcionamento da ANS;
IV – fixar diretrizes gerais para implementação no setor de saúde suplementar sobre:
a) aspectos econômico-financeiros;
b) normas de contabilidade, atuariais e estatísticas;
c) parâmetros quanto ao capital e ao patrimônio líquido mínimos, bem assim quanto às formas de sua subscrição e realização quando se tratar de sociedade anônima;
d) critérios de constituição de garantias de manutenção do equilíbrio econômico-financeiro, consistentes em bens, móveis ou imóveis, ou fundos especiais ou seguros garantidores;
e) criação de fundo, contratação de seguro garantidor ou outros instrumentos que julgar adequados, com o objetivo de proteger o consumidor de planos privados de assistência à saúde em caso de insolvência de empresas operadoras;
V – deliberar sobre a criação de câmaras técnicas, de caráter consultivo, de forma a subsidiar suas decisões.

Parágrafo único. A ANS fixará as normas sobre as matérias previstas no inciso IV deste artigo, devendo adequá-las, se necessário, quando houver diretrizes gerais estabelecidas pelo CONSU.

(o artigo 35-A foi introduzido pela medida provisória)

Art.35-B – O CONSU será integrado pelos seguintes Ministros de Estado:

I – Chefe da Casa Civil da Presidência da República, na qualidade de Presidente;

II – da Saúde;
III – da Fazenda;
IV – da Justiça; e
V – do Planejamento, Orçamento e Gestão.

§ 1º – O Conselho deliberará mediante resoluções, por maioria de votos, cabendo ao Presidente a prerrogativa de deliberar nos casos de urgência e relevante interesse, ad referendum dos demais membros.

§ 2º – Quando deliberar ad referendum do Conselho, o Presidente submeterá a decisão ao Colegiado na primeira reunião que se seguir àquela deliberação.

§ 3º – O Presidente do Conselho poderá convidar Ministros de Estado, bem assim outros representantes de órgãos públicos, para participar das reuniões, não lhes sendo permitido o direito de voto.

§ 4º – O Conselho reunir-se-á sempre que for convocado por seu Presidente.

§ 5º – O regimento interno do CONSU será aprovado por decreto do Presidente da República.

§ 6º – As atividades de apoio administrativo ao CONSU serão prestadas pela ANS.

§ 7º – O Presidente da ANS participará, na qualidade de Secretário, das reuniões do CONSU.

(o artigo 35-B foi introduzido pela medida provisória)

Art. 35-C – É obrigatória a cobertura do atendimento nos casos:
I – de emergência, como tal definidos os que implicarem risco imediato de vida ou de lesões irreparáveis para o paciente, caracterizada em declaração do médico assistente; e
II – de urgência, assim entendidos os resultantes de acidentes pessoais ou de complicações no processo gestacional.
Parágrafo único. A ANS fará publicar normas regulamentares para o disposto neste artigo, observados os termos de adaptação previstos no art. 35.
(o artigo 35-C foi introduzido pela medida provisória)

Art. 35-D – As multas a serem aplicadas pela ANS em decorrência da competência fiscalizadora e normativa estabelecida nesta Lei e em seus regulamentos serão recolhidas à conta daquela Agência, até o limite de R$ 1.000.000,00 (um milhão de reais) por infração, ressalvado o disposto no § 6º do art. 19 desta Lei.
(o artigo 35-D foi introduzido pela medida provisória)

Art. 35-E – A partir de 5 de junho de 1998, fica estabelecido para os contratos celebrados anteriormente à data de vigência desta Lei que:
I – qualquer variação na contraprestação pecuniária para consumidores com mais de sessenta anos de idade estará sujeita à autorização prévia da ANS;
II – a alegação de doença ou lesão preexistente estará sujeita à prévia regulamentação da matéria pela ANS;
III – é vedada a suspensão ou a rescisão unilateral do contrato individual ou familiar de produtos de que tratam o inciso I e o § 1º do art. 1º desta Lei por parte da operadora, salvo o disposto no inciso II do parágrafo único do art. 13 desta Lei;
IV – é vedada a interrupção de internação hospitalar em leito clínico, cirúrgico ou em centro de terapia intensiva ou similar, salvo a critério do médico assistente.
§ 1º – Os contratos anteriores à vigência desta Lei, que estabeleçam reajuste por mudança de faixa etária com idade inicial em sessenta anos ou mais, deverão ser adaptados, até 31 de outubro de 1999, para repactuação da cláusula de reajuste, observadas as seguintes disposições:
I – a repactuação será garantida aos consumidores de que trata o parágrafo único do art. 15, para as mudanças de faixa etária ocorridas após a vigência desta Lei, e limitar-se-á à diluição da aplicação do reajuste anteriormente previsto, em reajustes parciais anuais, com adoção de percentual fixo que, aplicado a cada ano, permita atingir o reajuste integral no início do último ano da faixa etária considerada;
II – para aplicação da fórmula de diluição, consideram-se de dez anos as faixas etárias que tenham sido estipuladas sem limite superior;
III – a nova cláusula, contendo a fórmula de aplicação do reajuste, deverá ser encaminhada aos consumidores, juntamente com o boleto ou título de cobrança, com a demonstração do valor originalmente contratado, do valor repactuado e do percentual de reajuste anual fixo, esclarecendo, ainda, que o seu pagamento formalizará esta repactuação;
IV – a cláusula original de reajuste deverá ter sido previamente submetida à ANS;
V – na falta de aprovação prévia, a operadora, para que possa aplicar reajuste por faixa etária a consumidores com sessenta anos ou mais de idade e dez anos ou mais de contrato, deverá submeter à ANS as condições contratuais acompanhadas de nota técnica, para, uma vez aprovada a cláusula e o percentual de reajuste, adotar a diluição prevista neste parágrafo.
§ 2º – Nos contratos individuais de produtos de que tratam o inciso I e o § 1º do art. 1º desta Lei, independentemente da data de sua celebra-

ção, a aplicação de cláusula de reajuste das contraprestações pecuniárias dependerá de prévia aprovação da ANS.

§ 3º – O disposto no art. 35 desta Lei aplica-se sem prejuízo do estabelecido neste artigo.

(o artigo 35-E foi introduzido pela medida provisória)

Art. 35-F – A assistência a que alude o art. 1º desta Lei compreende todas as ações necessárias à prevenção da doença e à recuperação, manutenção e reabilitação da saúde, observados os termos desta Lei e do contrato firmado entre as partes.

(o artigo 35-F foi introduzido pela medida provisória)

Art. 35-G – Aplicam-se subsidiariamente aos contratos entre usuários e operadoras de produtos de que tratam o inciso I e o § 1º do art. 1º desta Lei as disposições da Lei nº 8.078, de 1990.

(o artigo 35-G foi introduzido pela medida provisória)

Art. 35-H – Os expedientes que até esta data foram protocolizados na SUSEP pelas operadoras de produtos de que tratam o inciso I e o § 1º do art. 1º desta Lei e que forem encaminhados à ANS em conseqüência desta Lei, deverão estar acompanhados de parecer conclusivo daquela Autarquia.

(o artigo 35-H foi introduzido pela medida provisória)

Art. 35-I – Responderão subsidiariamente pelos direitos contratuais e legais dos consumidores, prestadores de serviço e fornecedores, além dos débitos fiscais e trabalhistas, os bens pessoais dos diretores, administradores, gerentes e membros de conselhos da operadora de plano privado de assistência à saúde, independentemente da sua natureza jurídica.

(o artigo 35-I foi introduzido pela medida provisória)

Art. 35-J – O diretor técnico ou fiscal ou o liquidante são obrigados a manter sigilo relativo às informações da operadora às quais tiverem acesso em razão do exercício do encargo, sob pena de incorrer em improbidade administrativa, sem prejuízo das responsabilidades civis e penais.

(o artigo 35-J foi introduzido pela medida provisória)

Art. 35-L – Os bens garantidores das provisões técnicas, fundos e provisões deverão ser registrados na ANS e não poderão ser alienados, pro-

metidos a alienar ou, de qualquer forma, gravados sem prévia e expressa autorização, sendo nulas, de pleno direito, as alienações realizadas ou os gravames constituídos com violação deste artigo.
Parágrafo único. Quando a garantia recair em bem imóvel, será obrigatoriamente inscrita no competente Cartório do Registro Geral de Imóveis, mediante requerimento firmado pela operadora de plano de assistência à saúde e pela ANS.
(o artigo 35-L e seu parágrafo único foram introduzidos pela medida provisória)

Art. 35-M – As operadoras de produtos de que tratam o inciso I e o § 1º do art. 1º desta Lei poderão celebrar contratos de resseguro junto às empresas devidamente autorizadas a operar em tal atividade, conforme estabelecido na Lei nº 9.932, de 20 de dezembro de 1999, e regulamentações posteriores.
(o artigo 35-M foi introduzido pela medida provisória)

Art. 36 – Esta Lei entra em vigor noventa dias após a data de sua publicação.

Brasília, 3 de junho de 1.998; 177º da Independência e 110º da República.

Fernando Henrique Cardoso
José Gregori
José Serra
Pedro Parente

RESOLUÇÕES DO CONSELHO NACIONAL DE SAÚDE SUPLEMENTAR – CONSU

A legislação que regulamenta este setor é bastante complicada, em parte devido às constantes alterações. Dessa forma, é importante sempre lembrar que algumas resoluções foram modificadas ou até mesmo revogadas por outras mais recentes editadas tanto pelo próprio CONSU como pela Agência Nacional de Saúde Suplementar – ANS, órgão atualmente responsável pela regulamentação do setor. Para facilitar a sua compreensão, segue abaixo um quadro elaborado pelo Idec com os assuntos relevantes para o consumidor, tratados por mais de uma resolução. Adiante, estão mais duas tabelas: a primeira contendo todas as indicações de resoluções CONSU e a outra com as resoluções da ANS. Você também pode se orientar pelo índice remissivo.

Doenças e lesões preexistentes:
Resoluções CONSU 2, CONSU 4, CONSU 15 e CONSU 17, ANS 68
Fiscalização das operadoras e aplicação de penalidades:
Resoluções CONSU 3, CONSU 15, CONSU 18, CONSU 1/2000, ANS 24 e 55
Cobertura Resoluções:
CONSU 10, CONSU 11, CONSU 12, CONSU 13, CONSU 15, ANS 7, ANS 21, ANS 67, ANS 68 e ANS 81
Problemas financeiros / "quebra" das operadoras:
ANS 25, 40, 43, 47, 82 e 84
Reajustes:
CONSU 6, CONSU 15, ANS 27 e ANS 66
Planos coletivos:
CONSU 5, CONSU 14, CONSU 15, CONSU 16, CONSU 19, CONSU 20 e CONSU 21

Do que trata cada resolução do CONSU

Resolução CONSU n.º 01
Regimento Interno do CONSU.

Resolução CONSU n.º 02
Dispõe sobre a definição de cobertura às doenças e lesões preexistentes previstas no inciso XII do art. 35º e no art.11 da Lei nº 9.656/98.

Resolução CONSU nº 03
Dispõe sobre a fiscalização da atuação das operadoras de planos e seguros privados de assistência à saúde.

Resolução CONSU nº 04
Dispõe sobre as condições e prazos previstos para adaptações dos contratos em vigor à data de vigência da legislação específica.

Resolução CONSU nº 05
Dispõe sobre a caracterização de autogestão mediante a Lei nº 9.656/98 e dentro do segmento supletivo de assistência à saúde no Brasil.

Resolução CONSU nº 06
Dispõe sobre critérios e parâmetros de variação das faixas etárias dos consumidores para efeito de cobrança diferenciada, bem como de limite máximo de variação de valores entre as faixas etárias definidas para planos e seguros de assistência à saúde.

Resolução CONSU nº 07
Dispõe sobre informações a serem disponibilizadas ao Ministério da Saúde por todas as operadoras, inclusive as de autogestão, previstas no art.1º da Lei nº 9.656/98.

Resolução CONSU nº 08
Dispõe sobre mecanismos de regulação nos Planos e Seguros Privados de Assistência à Saúde.

Resolução CONSU nº 09
Dispõe sobre o ressarcimento dos serviços de atendimento à saúde prestados a usuários de plano ou seguro de saúde por instituições públicas ou privadas integrantes do Sistema Único de Saúde – SUS.

Resolução CONSU nº 10
Dispõe sobre a elaboração do rol de procedimentos e eventos em saúde que constituirão referência básica e fixa as diretrizes para a cobertura assistencial.

Resolução CONSU nº 11
Dispõe sobre a cobertura aos tratamentos de todos os transtornos psiquiátricos codificados na Classificação Estatística Internacional de Doenças e Problemas Relacionados à Saúde.

Resolução CONSU nº 12
Dispõe sobre a cobertura de transplante e seus procedimentos por parte das operadoras de planos e seguros privados de assistência à saúde.

Resolução CONSU nº 13
Dispõe sobre a cobertura do atendimento nos casos de urgência e emergência.

Resolução CONSU nº 14
Dispõe sobre a definição das modalidades de planos ou seguros sob o regime de contratação individual ou coletiva, e regulamenta a pertinência das coberturas às doenças e lesões preexistentes e a exigibilidade dos prazos de carência nessas modalidades.

Resolução CONSU nº 15
Dispõe sobre as alterações nas Resoluções CONSU, publicadas no D.O.U de 4 de novembro de 1998.

Resolução CONSU nº 16
Dispõe sobre a desobrigação, ou isenção parcial da segmentação de cobertura de planos de assistência à saúde perante a Lei 9.656/98, no mercado supletivo de assistência à saúde.

Resolução CONSU nº 17
Dispõe sobre os agravos a que se refere a Resolução CONSU nº 2, de 3.11.1998.

Resolução CONSU nº 18
Dispõe sobre o rito e prazos do processo administrativo para apuração de infrações e aplicação de penalidades previstas na Lei 9.656/98.

Resolução CONSU nº 19
Dispõe sobre a absorção do universo de consumidores pelas operadoras de planos ou seguros de assistência à saúde que operam ou administram planos coletivos que vierem a ser liquidados ou encerrados.

Resolução CONSU nº 20
Dispõe sobre a regulamentação do art. 30 da Lei nº 9.656/98.

Resolução CONSU nº 21
Dispõe sobre a regulamentação do art. 31 da Lei nº 9.656/98.

Resolução CONSU nº 22
Altera as Resoluções CONSU nº 7 e nº 9/98, que dispõem sobre informações ao MS, ressarcimento dos serviços de atendimento à saúde prestados a beneficiários de plano privado de assistência à saúde, por instituições públicas ou privadas integrantes do SUS.

Resolução CONSU nº 23
Dispõe sobre a Tabela Única Nacional de Equivalência de Procedimentos –TUNEP para fins de ressarcimento dos atendimentos prestados aos beneficiários de plano privado de assistência à saúde, por instituições públicas ou privadas integrantes do SUS.

Resoluções do CONSU – 2000

Resolução CONSU nº 01
Dispõe sobre as sanções aplicáveis aos procedimentos e atividades lesivas a assistência de saúde suplementar, delega competência à ANS para atos que menciona, e dá outras providências.

Resolução CONSU nº 02
Aprova o Contrato de Gestão a ser celebrado entre o Ministério da Saúde e a Agência Nacional de Saúde Suplementar – ANS.

Anexo da Resolução CONSU nº 1
(publicado no D.O.U nº 211, de 4.11.98)

Dispõe sobre o Regimento Interno

capítulo I – da natureza e finalidade
Art. 1º – O Conselho de Saúde Suplementar (CONSU), órgão colegiado deliberativo, de natureza permanente, criado pela Lei nº 9.656 de 3 de junho de 1998, tem por finalidade atuar na definição, regulamentação e controle das ações relacionadas com a prestação de serviços de saúde suplementar nos seus aspectos médico, sanitário e epidemiológico.

capítulo II – competência
Art. 2º – Compete ao Conselho de Saúde Suplementar:
I – regulamentar as atividades das operadoras de planos e seguros privados de assistência à saúde no que concerne aos conteúdos e modelos

assistenciais, adequação e utilização de tecnologias em saúde;
II – elaborar o rol de procedimentos e eventos em saúde que constituirão referência básica para fins do disposto na Lei 9.656 de 3 de junho de 1998;
III – fixar as diretrizes para a cobertura assistencial;
IV – fixar critérios para os procedimentos de credenciamento e descredenciamento de prestadores de serviço às operadoras;
V – estabelecer parâmetros e indicadores de qualidade e de cobertura em assistência à saúde para os serviços próprios e de terceiros oferecidos pelas operadoras;
VI – fixar, no âmbito de sua competência, as normas de fiscalização, controle e aplicação de penalidades previstas na Lei 9.656 de 3 de junho de 1998;
VII – estabelecer normas para intervenção técnica nas operadoras;
VIII – estabelecer as condições mínimas, de caráter técnico-operacional dos serviços de assistência à saúde;
IX – estabelecer normas para ressarcimento ao Sistema Único de Saúde;
X – estabelecer normas relativas à adoção e utilização, pelas empresas de assistência médica suplementar, de mecanismos de regulação do uso dos serviços de saúde;
XI – deliberar sobre a criação de câmaras técnicas, de caráter consultivo, de forma a subsidiar suas decisões;
XII – normatizar os conceitos de doença e lesão preexistente;
XIII – qualificar, para fins de aplicação desta Lei, as operadoras de planos privados de saúde;
XIV – outras questões relativas à saúde suplementar.

capítulo III – composição
Art. 3º – O Conselho de Saúde Suplementar será integrado pelos seguintes membros:
I – Ministro de Estado da Saúde;
II – Ministro de Estado da Fazenda;
III – Ministro de Estado da Justiça;
IV – Superintendente da SUSEP;
V – Secretário de Assistência à Saúde do Ministério da Saúde;
VI – Secretário de Políticas de Saúde do Ministério da Saúde.
§ 1º – O Presidente do CONSU poderá convidar outros Ministros de Estado, bem como representantes de entidades públicas ou privadas, para participar de reuniões, não lhes sendo permitido, porém, o direito de voto.
§ 2º – A Câmara de Saúde Suplementar de caráter permanente e consul-

tivo, criada pela Lei 9.656, de 3.6.98 e alterada pela Medida Provisória nº 1.685-4, de 27 de setembro de 1998, será integrada:
a) por um representante de cada ministério a seguir indicado:
1. Ministério da Saúde, na qualidade de seu Presidente;
2. Ministério da Fazenda;
3. Ministério da Previdência Social;
4. Ministério do Trabalho;
5. Ministério da Justiça;
b) pelo Secretário de Assistência à Saúde, ou seu representante, na qualidade de Secretário;
c) pela SUSEP, ou seu representante;
d) pelo representante dos seguintes órgãos:
1. Conselho Nacional de Saúde;
2. Conselho Nacional dos Secretários Estaduais de Saúde;
3. Conselho Nacional dos Secretários Municipais de Saúde;
4. Conselho Federal de Medicina;
5. Conselho Federal de Odontologia;
6. Federação Brasileira de Hospitais;
7. Confederação Nacional de Saúde, Hospitais, Estabelecimentos e Serviços;
e) por um representante escolhido pelas seguintes entidades:
1. de defesa do consumidor;
2. de representação de associações de consumidores de planos e seguros privados de assistência à saúde;
3. de representação das empresas de seguro de saúde;
4. de representação do segmento de auto-gestão de assistência à saúde;
5. de representação das empresas de medicina de grupo;
6. de representação das cooperativas de serviços médicos que atuem na saúde suplementar;
7. de representação das cooperativas de serviços odontológicos que atuem na saúde suplementar;
8. de representação das instituições filantrópicas de assistência à saúde;
9. de representação das empresas de odontologia de grupo.
§ 3.º Os membros da Câmara de Saúde Suplementar serão designados pelo Ministro de Estado da Saúde.

capítulo IV – funcionamento
Art. 4º – A Presidência do CONSU será exercida pelo Ministro de Estado da Saúde e, na sua ausência, pelo Secretário Executivo do Ministério.
§ 1º – O Presidente do CONSU terá, além do voto ordinário, o de qua-

lidade, cabendo-lhe, ainda, a prerrogativa de deliberar, nos casos de urgência e relevante interesse, ad referendum do Conselho.
§ 2º – Quando deliberar ad referendum do Conselho, o Presidente submeterá seu ato à ratificação, na primeira reunião subseqüente.

Art. 5º – São atribuições do Presidente do CONSU:
I – representar o CONSU perante os órgãos dos Poderes Públicos e Entidades Privadas;
II – marcar a data para as Sessões e convocar as reuniões extraordinárias;
III – abrir as Sessões, presidi-las e suspendê-las;
IV – determinar a Ordem do Dia;
V – determinar o destino do expediente lido nas reuniões;
VI – nomear relator para emitir parecer sobre o assunto submetido à apreciação do CONSU, sugerir encaminhamento à Câmara de Saúde Suplementar ou, se for o caso, sugerir a criação de câmara técnica, de caráter consultivo, para subsidiar a decisão;
VII – conceder a palavra aos membros do CONSU;
VIII – conceder vista de processos em pauta;
IX – decidir as questões de ordem;
X – anunciar o resultado das votações;
XI – resolver sobre a conveniência de divulgação das matérias tratadas nas sessões;
XII – assinar o expediente do CONSU, endereçado a Ministros de Estado, Governadores e Prefeitos;
XIII – cumprir e fazer cumprir este Regimento.

Art. 6º – O Secretário de Assistência à Saúde do Ministério da Saúde, exercerá a função de Secretário do Conselho.

Art. 7º – O CONSU reunir-se-á, ordinariamente, de dois em dois meses e, extraordinariamente, sempre que for convocado por seu Presidente ou a requerimento de, pelo menos, três de seus membros.
Parágrafo único – Os membros que não puderem comparecer deverão ser representados por seus substitutos legais.

Art. 8º – Excepcionalmente, a requerimento de qualquer membro, o CONSU poderá decidir pela discussão de determinado assunto em caráter reservado.

Art. 9º – O CONSU, por intermédio de seu Presidente, poderá convidar para comparecer às suas sessões representantes de entidades públicas ou privadas ou técnicos em assuntos ligados a suas atividades, quando necessário ao esclarecimento de matérias ali tratadas.

Art. 10 – Os trabalhos nas reuniões do CONSU, cuja seqüência poderá ser alterada quando o colegiado julgar conveniente, serão propostos da seguinte forma:
I – Expediente;
II – Ordem do Dia.
§ 1º – O Expediente constará de:
a) leitura, votação, eventual correção e assinatura da ata da sessão anterior;
b) citação e distribuição do expediente;
c) apresentação de proposições, indicações, requerimentos, noções ou comunicações.
§ 2º – A Ordem do dia constará de discussão e votação das matérias em pauta.

Art. 11 – Qualquer membro do CONSU poderá:
I – apresentar proposições, indicações, requerimentos ou comunicações, durante o expediente;
II – manifestar-se sobre a matéria em debate;
III – encaminhar votação;
IV – apresentar explicação pessoal.

Art. 12 – Salvo deliberação majoritária em contrário, os assuntos de que trata o inciso I do artigo precedente serão discutidos e votados na sessão em que forem apresentados.
Parágrafo único – Quando a matéria não estiver suficientemente esclarecida, os assuntos poderão ser encaminhados:
a) aos órgãos competentes do Ministério da Saúde, para instrução;
b) ao relator, à Câmara de Saúde Suplementar ou às câmaras técnicas, na forma do Art. 5º, inciso VI.

Art. 13 – Os debates sobre a Ordem do Dia deverão ser apresentados em resumo oral feito pelo autor ou por relator quando houver esta designação, com as considerações que julgar necessárias.
Parágrafo único – O relator ou o presidente da Câmara, conforme o caso, terão prazo preestabelecido para elaborar seu estudo e conseqüente relatório, que deverá ser encaminhado à Secretaria do CONSU.

Art. 14 – O Presidente poderá conceder vista do processo ao conselheiro que o solicitar, antes de iniciada a votação, salvo se o plenário discordar da concessão.

Parágrafo único – O Conselheiro revisor do processo devolvê-lo-á, impreterivelmente, na reunião seguinte.

Art. 15 – Havendo um segundo pedido de vista, este, se acatado, será concedido em caráter coletivo e derradeiro, e por igual prazo.

Art. 16 – Encerrada a discussão, a proposição será submetida à votação, cabendo ao plenário decidir se deve ser global ou destacada, bem como a ordem de votação dos assuntos.

§1º – O plenário poderá deferir, a requerimento de qualquer membro:
a) o destaque de emendas;
b) a discussão e votação de projetos;
c) a preferência na votação dos assuntos.

§ 2º – Não será concedida preferência com prejuízo de proposição já recebida em regime de urgência.

Art. 17 – Não poderá haver voto por delegação.

Art. 18 – É facultado aos membros do CONSU fazer declaração de voto, que deverá constar da ata de reunião.

Art. 19 – Quando o assunto não estiver suficientemente esclarecido, poderá ser solicitado, por qualquer dos conselheiros, o adiamento da respectiva votação, que dependerá de aprovação do plenário.

Art. 20 – Das reuniões do CONSU serão lavradas atas sucintas, que informarão o local e a data da reunião, nome dos membros presentes, assuntos apresentados e debatidos e as deliberações tomadas.

Art. 21 – No início da sessão, será lida e submetida à discussão e votação a ata da reunião anterior.

§1º – Quando a cópia da ata houver sido distribuída com a antecedência prévia mínima de 48 horas, o que usualmente deverá ocorrer, sua leitura poderá ser dispensada, a requerimento de qualquer membro do Conselho.

§ 2º – As retificações de atas solicitadas pelos Conselheiros deverão constar de ata imediatamente posterior.

Art. 22 – As atas serão datilografadas em folhas soltas com as emendas

admitidas e receberão as assinaturas do Presidente, de todos os membros presentes e do Secretário.
Parágrafo único – As atas serão encadernadas anualmente, para arquivo e consulta.

Art. 23 – O CONSU tomará as suas decisões através de Resoluções quando exprimirem deliberação de interesse geral relativo à prestação de serviços de saúde suplementar, ou de Atos, quando exprimirem delibe-rações que forem julgadas, pelo plenário, de interesse restrito.
Parágrafo único – As Resoluções e os Atos terão numeração em separado, para cada ano, em ordem cronológica.

Art. 24 – A redação final de cada projeto de Resolução será submetida pelo Secretário da reunião ao Presidente do conselho, logo após a aprovação da matéria pelo plenário.
§ 1º – Tratando-se de matéria que implique em texto extenso ou complexo de Resolução, o Secretário a submeterá ao Presidente dentro das quarenta e oito horas que se seguirem ao término da sessão.
§ 2º – A critério do Presidente do Conselho, e em se tratando de matéria especializada, a redação final da Resolução poderá ser solicitada a um dos membros do Conselho, o qual disporá do mesmo prazo mencionado no item anterior para submetê-la à aprovação.

Art. 25 – Em casos especiais e de urgência, a critério do Presidente, o CONSU poderá deliberar sobre o assunto que signifique disposição de interesse restrito, ou interlocutório de caráter geral, dispensada a formalidade de inclusão da matéria em pauta de sessão plenária, desde que observado o mínimo de assinaturas de 3 (três) dos Conselheiros.
Parágrafo único – A matéria de que trata este artigo será apreciada na sessão ordinária mais próxima que se realizar, constando em ata, menção ao processo e à deliberação tomada.

Art. 26 – As Resoluções e Atos serão assinados pelo Presidente do CONSU e publicados no Diário Oficial da União.

capítulo V – assessoramento
Art. 27 – Os órgãos de assessoramento do CONSU, nos termos da MP nº 1.685, são a Secretaria de Assistência à Saúde do Ministério da Saúde, a Câmara de Saúde Suplementar e as Câmaras Técnicas.

Art. 28 – A Secretaria do CONSU será exercida pela Secretaria de Assistência à Saúde.

Art. 29 – Cabe à Secretaria do CONSU:
I – orientar, coordenar e controlar as atividades da Secretaria;
II – traçar as normas de execução dos serviços internos;
III – preparar a pauta das Sessões do Conselho e secretariar as reuniões;
IV – transmitir aos conselheiros as convocações para as sessões feitas pelo Presidente do CONSU;
V – elaborar as atas das sessões do conselho e submetendo-as aos Conselheiros presentes, sempre que possível, com a antecedência de quarenta e oito horas da reunião em que devam ser submetidas à aprovação;
VI – distribuir aos conselheiros cópias dos trabalhos e relatórios referentes aos assuntos constantes da pauta das sessões, com antecedência mínima de 48 (quarenta e oito) horas da reunião correspondente;
VII – comunicar aos conselheiros relatores e aos membros das Câmaras as tarefas de que se acham incumbidos, os prazos para apresentação dos respectivos relatórios, fornecendo os subsídios de que o conselho dispõe para a apreciação do assunto;
VIII – enviar aos Conselheiros, Relatores e Revisores de processos, bem como às Câmaras Consultivas, todos os expedientes que se façam necessários ao bom desempenho dos trabalhos;
IX – manter em dia todo o expediente do CONSU;
X – elaborar, anualmente, o Plano de Trabalho do CONSU para o exercício seguinte, a ser submetido ao plenário;
XI – elaborar, anualmente, o Relatório das atividades do CONSU relativo ao exercício anterior, para ser submetido ao plenário.

Art. 30 – O Secretário de Assistência à Saúde designará os funcionários para a execução dos trabalhos de Secretaria do CONSU.

Art. 31 – O CONSU poderá criar, em caso de justificada necessidade, câmaras técnicas de caráter consultivo para o estudo e assessoramento em assuntos específicos, para subsidiar sua decisões.
Parágrafo único – As Câmaras apresentarão relatório sobre a matéria que lhe for solicitada, dentro do prazo que lhes for designado pelo CONSU.

Art. 32 – No encaminhamento de assuntos à Câmara de Saúde Suplementar ou às Câmaras Técnicas, o CONSU identificará os aspectos que deverão ser considerados no relatório a ser apresentado em resposta e quando for o caso, as informações que nele deverão estar contidas, com indicação da fonte dos dados.

Art. 33 – A Câmara de Saúde Suplementar instituída pelo § 2º do art. 3º terá seus membros designados a partir de indicação formal dos órgãos e entidades que a compõem, e funcionará de acordo com as seguintes normas:

I – os órgãos e entidades singulares serão representados por seu dirigente máximo ou por seu substituto legal, ou, ainda por representante formalmente indicado e nomeado pelo Ministro da Saúde;

II – as demais representações deverão ser formalmente indicadas, com o respectivo suplente para períodos de um ano de representação vedada a participação por mais de dois períodos consecutivos;

III – a Câmara contará com uma Secretaria Executiva que funcionará sob direção do Secretário de que trata o item "b" do § 2º do art. 3º deste regimento;

IV – a estrutura operacional da Secretaria da Câmara de Saúde Suplementar será constituída com recursos da Secretaria de Assistência à Saúde do Ministério da Saúde;

V – no encaminhamento de assuntos à Câmara de Saúde suplementar, o CONSU identificará os aspectos que deverão ser considerados no relatório a ser apresentado em resposta e, quando for o caso, as informações que nele deverão estar contidas, com indicação da fonte de dados;

VI – o pronunciamento da Câmara terá caráter consultivo, e será suplementar para o entendimento das questões e formação de opinião dos membros do CONSU;

VII – deverão ser rigorosamente observados os prazos de que trata o art. 13 deste regimento;

VIII – havendo divergência na avaliação dos assuntos levados a exame esta será registrada nas atas de reunião e nos relatórios encaminhados ao CONSU;

IX – caberá ao Secretário da Câmara de Saúde Suplementar:
a) convocar os demais membros para as reuniões de trabalho;
b) orientar, coordenar e controlar as atividades da Secretaria Executiva da Câmara;
c) traçar normas de execução dos serviços internos;
d) preparar a pauta das reuniões de trabalho;
e) elaborar as atas das reuniões para assinatura na reunião subsequente, ou em caso de ata de aprovação de relatório final, com antecedência, sempre que possível de 48 (quarenta e oito) horas da reunião de apresentação ao CONSU;

f) distribuir as cópias dos trabalhos e relatórios referentes aos assuntos constantes das pautas das reuniões de trabalho com 48 (quarenta e oito) horas de antecedência;
g) comunicar aos membros da Câmara as tarefas de que se acham incumbidos e os prazos para apresentação de relatório fornecendo os subsídios de que dispõe para apreciação do assunto.

Art. 34 – Este regimento entra em vigor a partir de sua publicação.

José Serra

Resolução CONSU nº 2
(publicada no D.O.U. nº 211, de 4.11.98)

Dispõe sobre a definição de cobertura às doenças e lesões preexistentes previstas no inciso XII do art. 35-A e no art. 11 da Lei nº 9.656/98.
Obs: o inciso II do art. 2º e o art. 4º e seus parágrafos foram alterados pela Resolução nº 15.

O Presidente do Conselho de Saúde Suplementar – CONSU, instituído pela Lei nº 9.656, de 3 de junho de 1998, no uso de suas atribuições legais e regimentais, de acordo com a competência normativa que lhe foi conferida para dispor sobre a regulamentação do regime de contratação e prestação de serviços de saúde suplementar, resolve:

Art. 1º – Definir que doenças e lesões preexistentes são aquelas que o consumidor ou seu responsável saiba ser portador ou sofredor, à época da contratação de planos ou seguros privados de assistência à saúde, de acordo com o artigo 11 e o inciso XII do artigo 35A da Lei nº 9.656/98 e as diretrizes estabelecidas nesta Resolução.

Art. 2º – Para efeitos desta Resolução, entende-se como:
I – "segmentação", cada um dos tipos de planos de que trata o Art. 12 da Lei nº 9.656/98;
II – "cobertura parcial temporária", aquela que admite num prazo determinado a suspensão da cobertura de eventos cirúrgicos, leitos de alta tecnologia e procedimentos de alta complexidade, relacionados às exclusões estabelecidas em contrato e relativas às alíneas abaixo, cumulativamente ou não:
– quaisquer doenças específicas;

– coberturas previstas nos artigos 10 e 12 da Lei n° 9.656/98, conforme regulamentações específicas;
– doenças e lesões preexistentes;
III – "agravo"– qualquer acréscimo no valor da contraprestação paga ao plano ou seguro de saúde.

Art. 3° – Nos planos ou seguros individuais ou familiar de assistência à saúde contratados após a regulamentação da Lei n° 9.656/98, fica o consumidor obrigado a informar à contratada, quando expressamente solicitado na documentação contratual, a condição sabida de doença ou lesão preexistente, previamente à assinatura do contrato, sob pena de imputação de fraude, sujeito à suspensão ou denúncia do contrato, conforme o disposto no inciso II do parágrafo único do artigo 13 da Lei n° 9.656/98.

§ 1° – Será escolhido pelo consumidor, um médico para proceder à uma entrevista qualificada, pertencente à lista de profissionais médicos da rede de prestadores credenciados ou referenciados pela contratada, sem qualquer ônus para o consumidor.

§ 2° – Caso o consumidor opte por ser orientado por médico não pertencente à lista de profissionais da rede assistencial da contratada, poderá fazê-lo, desde que assuma o ônus dessa entrevista.

§ 3° – A entrevista qualificada se constitui no preenchimento de um formulário de declaração de saúde, elaborado pela operadora, e terá como objetivo principal relacionar, se for o caso, todas as doenças de conhecimento prévio do consumidor em relação a ele próprio e a todos os dependentes integrantes de seu contrato ou apólice.

§ 4° – O médico escolhido atuará como orientador, esclarecendo, no momento do preenchimento do formulário, todas as questões relativas às principais doenças ou lesões passíveis de serem classificadas como preexistentes, as alternativas de coberturas e demais conseqüências em relação a sua omissão.

§ 5° – Fica definida a proibição de alegação de doença preexistente após a entrevista qualificada se porventura for realizado qualquer tipo de exame ou perícia no consumidor.

Art. 4° – Sendo constatada pela operadora por perícia, ou na entrevista através de declaração expressa do consumidor, a existência de lesão ou doença, que possa gerar impacto nos custos, será obrigatório o oferecimento das alternativas previstas nesta regulamentação, ou seja: a cobertura parcial temporária e agravo do contrato.

Parágrafo único – A escolha de uma das alternativas constantes do caput deste artigo dependerá exclusivamente de decisão do consumidor por meio de declaração expressa.

Art. 5º – A cobertura parcial temporária dar-se-á de acordo com a definição do inciso II do artigo 2º desta Resolução e terá prazo máximo de 24 (vinte e quatro) meses da data de assinatura do contrato.

§ 1º – Os atendimentos caracterizados como urgência e emergência relacionados à doença ou lesão preexistente terão cobertura igual àquela assegurada na segmentação ambulatorial, independente do contrato firmado.

§ 2º – Findo o prazo do caput deste artigo, a cobertura passará a ser integral constante da segmentação contratada e prevista na Lei nº 9.656/98, não cabendo qualquer tipo de agravo.

§ 3º – Não haverá exclusão por doenças e lesões preexistentes no caso de contratos coletivos empresarial ou por adesão, de empresas, já definidos em regulamentação específica.

Art. 6º – Nos casos em que o consumidor optar expressamente pela alternativa de agravo do contrato, a operadora deverá oferecer proposta esclarecendo a diferença de valores envolvidos em comparação com os demais planos da mesma segmentação.

Parágrafo único – À operadora caberá efetuar os estudos de agravo possíveis e, quando solicitado pelo Ministério da Saúde, comprovar os valores resultantes.

Art. 7º – A operadora poderá comprovar o conhecimento prévio do consumidor sobre sua condição quanto à existência de doença e lesão, durante o período de 24 (vinte e quatro) meses previsto no artigo 11 da Lei nº 9.656/98, podendo a omissão dessa informação ser caracterizada como comportamento fraudulento.

§ 1º – À operadora caberá o ônus da prova.

§ 2º – A operadora poderá utilizar-se de qualquer documento legal para fins da comprovação acima.

§ 3º – Alegada a existência de doença ou lesão não declarada por ocasião da contratação do plano ou seguro, o consumidor terá que ser comunicado imediatamente pela operadora.

§ 4º – Caso o consumidor não concorde com a alegação, a operadora deverá encaminhar a documentação pertinente ao Ministério da Saúde, que efetuará o julgamento administrativo da procedência da alegação, após entrega efetiva de toda a documentação.

§ 5º – Se solicitado pelo Ministério da Saúde, o consumidor deverá remeter documentação necessária para instrução do processo.

§ 6º – Após julgamento e acolhida à alegação da operadora pelo Ministério da Saúde, o consumidor passa a ser responsável pelo pagamento das despesas efetuadas com a assistência médico-hospitalar prestada e que tenha relação com a doença ou lesão preexistente, desde a data da efetiva comunicação a que se refere o § 3º deste artigo.

§ 7º – Não será permitida, sob qualquer alegação, a suspensão do contrato até o resultado do julgamento pelo Ministério da Saúde.

Art. 8º – Às crianças nascidas de parto coberto pela operadora, não caberá qualquer alegação de doença ou lesão preexistente, sendo-lhes garantida a assistência durante os 30 (trinta) primeiros dias de vida dentro da cobertura do plano do titular, assim como estará garantida a sua inscrição na operadora sem a necessidade de cumprimento de qualquer período de carência ou de cobertura parcial temporária ou agravo.

Art. 9º – Aplicam-se as disposições desta Resolução aos contratos celebrados na vigência da Lei 9.656/98 e aos existentes anteriores a sua vigência, a partir das respectivas adaptações, bem como, no que couber, aos demais contratos vigentes.

Parágrafo único – A partir da data de publicação desta Resolução, os contratos de que trata o artigo 3º e que contenham cláusula de exclusão de doenças ou lesões preexistentes estão sujeitos à aplicação dos conceitos definidos nesta Resolução e ao julgamento administrativo da alegação por parte do Ministério da Saúde, na forma dos parágrafos 4º, 5º, 6º e 7º do artigo 7º.

Art. 10 – Esta Resolução entra em vigor na data da sua publicação, revogando as disposições em contrário.

José Serra

Resolução CONSU nº 03
(publicada no D.O.U. nº 211, de 4.11.98)

Dispõe sobre a fiscalização da atuação das operadoras de planos e seguros privados de assistência à saúde.
Obs.: o parágrafo único do art.11 foi alterado pela Resolução nº 15.
O Presidente do Conselho de Saúde Suplementar – CONSU –, instituído pela Lei nº 9.656 de 3 de junho de 1998, no uso de suas atribuições

legais e regimentais, de acordo com a competência normativa que lhe foi conferida para dispor sobre a regulamentação do regime de contratação e prestação de serviços de saúde suplementar, resolve:

Art. 1º – O Ministério da Saúde fiscalizará, em todo o território nacional, a atuação das operadoras de planos e seguros privados de assistência à saúde, observando o disposto no art. 35–C da Lei 9.656/98 e as disposições desta Resolução.
Parágrafo único – A ação fiscalizadora deverá garantir o cumprimento regular dos dispositivos legais e regulamentais incluindo a abrangência das coberturas de patologias e procedimentos, os aspectos sanitários e epidemiológicos e à garantia de rede assistencial compatível com a demanda estimada.

Art. 2º – A fiscalização de que trata esta Resolução abrangerá todas as pessoas jurídicas de direito privado que operam planos ou seguros privados de assistência à saúde, no território nacional, quaisquer que sejam suas modalidades de gestão e tipos de planos operados.

Art. 3º – Uma vez constatada infração às disposições legais e demais normas regulamentares pertinentes, a autoridade competente no Ministério da Saúde deverá:
I – lavrar o auto de infração indicando o dispositivo legal ou regulamentar transgredido, assinando o prazo de 10 (dez) dias para apresentação da defesa ou impugnação;
II – instaurar o competente processo administrativo;
III – proferir o julgamento aplicando a penalidade cabível de acordo com a natureza e a gravidade da infração cometida, as circunstâncias atenuantes e agravantes e os antecedentes do infrator;
IV – comunicar à Superintendência de Seguros Privados – SUSEP, os casos que dependerão de sua participação, de acordo com a Lei 9.656/98.

Art. 4º – Sem prejuízo das sanções de natureza fiscal, civil ou penal cabíveis, as infrações de que trata esta Resolução serão punidas, alternativa e cumulativamente, com as penalidades de:
I – advertência;
II – multa pecuniária;
III – suspensão do exercício do cargo;
IV – inabilitação temporária para exercício de cargos em operadoras de planos ou seguros privados de assistência à saúde;
V – inabilitação permanente para exercício de cargos de direção ou em

conselhos das operadoras a que se refere a Lei nº 9.656/98, bem como em entidades de previdência privada, sociedades seguradoras, corretoras de seguros e instituições financeiras;
VI – cancelamento providenciado pela Superintendência de Seguros Privados – SUSEP –, da autorização de funcionamento, ou de operação no ramo e alienação da carteira da operadora mediante leilão.

§ 1º– As penalidades serão aplicadas às operadoras, seus administradores, membros de conselhos administrativos e deliberativos, consultivos, fiscais e assemelhados.

§ 2º – Sempre que ocorrerem graves deficiências em relação aos parâmetros e indicadores de qualidade e de cobertura em assistência à saúde para os serviços próprios e de terceiros oferecidos pelas operadoras, o Ministério da Saúde poderá nomear um diretor-técnico com as atribuições a serem determinadas pelo CONSU.

§ 3º – A multa pecuniária de que trata o inciso II do caput deste artigo será aplicada com base nas seguintes variações:
I – nas infrações leves – de R$ 5.000,00 (cinco mil reais) a R$10.000,00 (dez mil reais);
II – nas infrações graves – de R$ 10.000,00 (dez mil reais) a R$25.000,00 (vinte e cinco mil reais);
III – nas infrações gravíssimas, de R$ 25.000,00 (vinte e cinco mil reais) a R$ 50.000,00 (cinqüenta mil reais).

Art. 5º – Para a aplicação das penalidades, a autoridade deverá considerar:
I – a gravidade do fato, tendo em vista o risco e as suas conseqüências para a saúde do usuário;
II – os antecedentes da operadora quanto à prestação de serviços de saúde suplementar.
III – as circunstâncias atenuantes e agravantes.

Art. 6º – São circunstâncias atenuantes:
I – a infração ter sido cometida diretamente pelo prestador de serviços contratado ou referenciado, sem concorrência de qualquer empregado ou representante da operadora;
II – não haver registros de punição anterior para a operadora e a falta cometida ser de natureza leve;
III – ter o infrator adotado espontaneamente as providências pertinentes para reparar a tempo, os efeitos da infração.
Art. 7º – São circunstâncias agravantes:
I – a reincidência;

II – a infração ter gerado vantagens financeiras diretas ou indiretas para a operadora ou seus prestadores;
III – ter a prática infrativa importado em risco ou em conseqüências danosas à saúde do usuário;
IV – deixar o infrator, tendo conhecimento do ato lesivo, de tomar as providências para evitar ou atenuar suas conseqüências;
V – ser a infração cometida mediante fraude ou má fé.
Parágrafo único – A reincidência específica torna o infrator passível de enquadramento na penalidade máxima.

Art. 8º – Havendo concurso de circunstâncias atenuantes e agravantes, a aplicação da pena será considerada em razão das que sejam preponderantes.

Art. 9º – As infrações de que trata esta Resolução serão classificadas, para fins de aplicação de penalidades, em:
I – leves, aquelas em que forem verificadas somente circunstâncias atenuantes;
II – graves, aquelas em que forem verificadas até duas circunstâncias agravantes;
III – gravíssimas, a reincidência específica e aquelas em que forem verificadas mais de duas circunstâncias agravantes.

Art. 10 – A não observância dos preceitos estabelecidos na Lei nº 9.656/98 e das normas estabelecidas pelo CONSU, será considerada prática infrativa, e em especial:
I – deixar de garantir a cobertura prevista nos planos ou seguros privados de assistência à saúde;
II – interromper a internação hospitalar do usuário do plano ou seguro privado de saúde, sem autorização do médico assistente;
III – exigir do usuário prestação excessiva, além dos limites estabelecidos na lei e no contrato do plano ou seguro;
IV – deixar de fornecer ao Ministério da Saúde as informações de natureza cadastral e dados estatísticos, conforme o estabelecido no art. 20 da Lei nº 9.656/98;
V – não atender, no prazo fixado, sem causa justificada, a diligência proposta pelo agente da fiscalização do Ministério da Saúde;
VI – obstruir ou dificultar o livre exercício das inspeções e fiscalização;
VII – sonegar documento ou informação, em inspeção ou fiscalização;
VIII – concorrer para deficiências em relação aos parâmetros e indicadores de qualidade e de cobertura em assistência à saúde para os servi-

ços próprios e de terceiros, oferecidos pela operadora de plano ou seguro privado de assistência à saúde;

IX – suspender ou denunciar unilateralmente o contrato individual ou familiar de plano ou seguro privado de assistência à saúde, salvo por não pagamento da mensalidade ou por fraude, conforme disposto na Lei n° 9.656/98;

X – deixar de fornecer, ao contratante, cópia do contrato, do regulamento ou das condições gerais do plano ou seguro de assistência à saúde, além do material explicativo que deverá ser feito em linguagem simples e precisa, com todas as suas características, direitos e obrigações, conforme dispõe o § 1° do art. 16 da Lei n° 9.656/98;

XI – recusar a participação em plano ou seguro privado de assistência à saúde, em razão da idade do proponente, ou por doença ou lesão preexistente, conforme dispõe o art. 14 da Lei n° 9.656/98 e regulamentação específica.

§ 1° – Caracterizado o concurso de infrações as penalidades serão aplicadas cumulativamente.

§ 2° – A prática continuada de procedimento definido como infração na Lei 9.656/98 ou nas resoluções do CONSU, deverá ser considerada caso a caso para fins de aplicação dos critérios de quantificação da penalidade.

Art. 11 – As infrações serão apuradas em processo administrativo próprio iniciado mediante:

I – lavratura de auto de infração;
II – denúncia ou reclamação encaminhada ao Ministério da Saúde;
III – solicitação, encaminhada por autoridade competente.

Parágrafo único – O Ministério da Saúde formalizará em ato próprio, dentro de trinta dias a partir da publicação desta Resolução, norma regulamentadora dispondo sobre:

a) instauração, instrução, trâmite e julgamento de infrações;
b) interposição, trâmite e julgamento de recursos;
c) definição e contagem de prazos processuais;
d) cálculo das multas a serem aplicadas dentro das faixas de valor e da classificação de infrações estabelecidas nesta Resolução;
e) recolhimento de multas;
f) cálculo dos prazos de duração das penalidades previstas nos incisos III, IV, e V do art. 25 da Lei 9.656/98.

Art. 12 – As infrações de que trata esta Resolução prescrevem em 5 (cinco) anos.

§ 1° – A prescrição interrompe-se pela notificação, ou outro ato da autoridade competente, que objetive a sua apuração e conseqüente imposição de pena.

Art. 13 – Esta Resolução entra em vigor na data da sua publicação, revogadas as disposições em contrário.

José Serra

Resolução CONSU n° 04
(publicada no D.O.U. n° 211, de 4.11.98)

Dispõe sobre as condições e prazos previstos para adaptações dos contratos em vigor à data de vigência da legislação específica.

O Presidente do Conselho de Saúde Suplementar – CONSU –, instituído pela Lei n° 9.656 de 3 de junho de 1998, no uso de suas atribuições legais e regimentais, de acordo com a competência normativa que lhe foi conferida, para dispor sobre a regulamentação do regime de contratação e prestação de serviços de saúde suplementar, resolve:

Art. 1° – Para efeitos desta regulamentação, entende-se como:
I – "segmentação" – cada um dos tipos de planos previstos nos incisos de I a IV do art. 12 da Lei n° 9.656/98;
II – "data base" ou "data de renovação do contrato"– data de aniversário do contrato;
III – "vigência do contrato"– a contagem de tempo desde a data inicial de assinatura do contrato, considerando cumulativamente os períodos de dois ou mais planos equivalentes, quando sucessivos numa mesma operadora, independente de eventual alteração em sua denominação social, controle empresarial, ou na sua administração, desde que caracterizada a sucessão;
IV – "cobertura parcial temporária"– aquela que admite num prazo determinado a suspensão da cobertura de eventos cirúrgicos, leitos de alta tecnologia e procedimentos de alta complexidade, relacionados às exclusões estabelecidas em contrato e relativas as alíneas abaixo:
a) quaisquer doenças específicas;
b) coberturas previstas nos artigos 10 e 12 da Lei n° 9.656/98, conforme regulamentações específicas;
c) doenças e lesões preexistentes.
V – "agravo"– qualquer acréscimo no valor da contraprestação paga ao

plano ou seguro de saúde.

Art. 2° – O prazo para adaptação dos contratos celebrados anteriormente à vigência da Lei n° 9.656/98, previsto no § 1° do art. 35, deverá ser o do vencimento da periodicidade do contrato quando de sua assinatura;

§ 1° – A critério do contratante, o contrato poderá ser renovado, mantidas as condições anteriores à Lei n° 9.656/98, desde que seu prazo de vigência seja, no máximo, até 02 de dezembro de 1999, conforme dispõe o § 1° do artigo 35 da referida Lei.

§ 2° – O prazo citado no caput deste artigo somente poderá ser antecipado por opção única e exclusiva do contratante, no caso de contratos individuais ou por opção da empresa contratante, no caso dos contratos coletivos.

§ 3° – O prazo limite para que o consumidor possa adaptar seu contrato à nova legislação com as garantias previstas no § 2° do artigo 35, obedecerá o previsto no § 1° do mesmo artigo da Lei n° 9.656/98 que expira em 2 de dezembro de 1999.

Art. 3° – Os contratos deverão ser adaptados às coberturas previstas em regulamentação específica para uma ou mais das segmentações de que trata o art.12 da Lei n° 9.656/98, inclusive adequando os valores das contraprestações em função de suas abrangências, observado os casos especiais tratados nesta regulamentação.

§ 1° – Aos preços dos contratos não é permitido agravo em função da cobertura à doenças e lesões preexistentes.

§ 2° – Os contratos em vigor há 5 (cinco) anos ou mais e os contratos que não possuem cláusula de exclusão de doenças e lesões preexistentes, doenças específicas e/ou coberturas estabelecidas nos artigos 10 e 12 da Lei n° 9.656/98 e suas regulamentações específicas, não são passíveis de exclusões e nem de cobertura parcial temporária.

Art. 4° – Os contratos em vigor há menos de 5 (cinco) anos, que possuam cláusula de exclusão de doenças específicas e/ou coberturas previstas nos artigos 10 e 12 da Lei n° 9.656/98, conforme regulamentações específicas e/ou doenças e lesões preexistentes, são passíveis de cláusula de cobertura parcial temporária.

Parágrafo único – os prazos para cobertura parcial temporária obedecerão o critério de tempo de vigência do contrato à data da sua adaptação na forma a seguir:

I – os contratos com 18 (dezoito) meses ou mais de vigência na data de sua adaptação, estarão sujeitos à cobertura parcial temporária definida no inciso IV do artigo 1º desta resolução, por um período máximo de 6 (seis) meses, devendo o valor da contraprestação pecuniária, após o cumprimento do prazo, ser idêntico ao praticado pela operadora para os contratos referente a segmentação;

II – os contratos com períodos inferiores a 18 (dezoito) meses de vigência na data de sua adaptação, estarão sujeitos à cobertura parcial temporária definida no inciso IV do artigo 1º desta resolução, por um período máximo de 24 (vinte e quatro) meses, contados a partir da vigência dos contratos, devendo o valor da contraprestação pecuniária, após o cumprimento do prazo, ser idêntico ao praticado pela operadora para os contratos referente a segmentação.

Art. 5º – Aplicam-se as disposições desta Resolução aos contratos existentes anteriores à vigência da Lei nº 9.656/98.

Art. 6º – Esta Resolução entra em vigor na data da sua publicação, revogando as disposições em contrário.

José Serra

Resolução CONSU nº 05
(publicada no D.O. U. no 211, de 4.11.98)

Dispõe sobre a caracterização de Autogestão mediante a Lei nº 9.656/98 e dentro do segmento supletivo de assistência à saúde no Brasil.
Obs.: O art.3º foi alterado pela Resolução nº 15.

O Presidente do Conselho de Saúde Suplementar – CONSU, instituído pela Lei nº 9.656, de 3 de junho de 1998, no uso de suas atribuições legais e regimentais, de acordo com a competência normativa que lhe foi conferida, para dispor sobre a regulamentação do regime de contratação e prestação de serviços de saúde suplementar resolve:

Art. 1º – Para fins de aplicação das disposições contidas na Lei nº 9.656/98, são caracterizados como sistemas de assistência à saúde na modalidade de autogestão aqueles destinados exclusivamente a empregados ativos, aposentados, pensionistas e ex-empregados, bem como seus respectivos grupos familiares definidos, de uma ou mais empresas, ou ainda a participantes e dependentes de associações, sindicatos ou entidades de classes profissionais.

Parágrafo único – O grupo familiar a que se refere o caput deste artigo está limitado ao terceiro grau de parentesco consangüíneo e afim.

Art. 2º – As autogestões deverão possuir gestão própria através de órgãos internos das empresas, entidades sindicais, ou através de entidade jurídica de direito privado, sem finalidade lucrativa, estabelecida precipuamente para este fim ou ainda através de fundações, sindicatos, caixas ou fundos de previdência fechada.

Art. 3º – A administração de seus recursos assistenciais próprios, de credenciados, de contratados e/ou referenciados deverá ser realizada de forma direta, não sendo permitida a terceirização, exceto através de convênios de reciprocidade com entidades congêneres, ou em regiões com dificuldade ou carência de contratação direta .

Art. 4º – Deverão constar da documentação legal de constituição e seu regulamento a participação financeira do usuário e da empresa ou provedora, se for o caso, as condições de ingresso e de exclusão, a forma de cálculo dos reajustes, as coberturas e exclusões assistenciais dentro dos parâmetros estabelecidos pelo CONSU, as carências, as franquias ou fatores moderadores e demais condições estabelecidas na Lei nº 9.656/98.
Parágrafo único – Quando a gestão não for através de órgãos da própria empresa, conforme previsto no artigo 2º desta resolução, deverá constar também da documentação, a eventual participação do usuário nos órgãos de administração.

Art. 5º – Os programas assistenciais existentes dentro da autogestão com fins específicos de promoção da saúde e prevenção de doenças, bem como os de gestão de custos para doenças crônicas e preexistentes, deverão ser protocolados no Ministério da Saúde.

Art. 6º – É de competência do Ministério da Saúde a concessão do registro de qualificação na categoria de autogestão, para fins de aplicação da legislação e normas em vigor para esta modalidade, na área de prestação de serviços de assistência à saúde.
§ 1º – Para fins de obtenção do registro referido no caput deste artigo, as empresas ou entidades deverão:
I – firmar, quando solicitado pelo Ministério da Saúde, sem ônus financeiro, ajuste ou convênio de parceria, ou de cooperação, em programas específicos de promoção da saúde e prevenção de doenças;
II – disponibilizar, sempre que solicitado pelo Ministério da Saúde e, em

prazo previamente acordado, informações de índices de desempenho, base de dados, custos e outros sobre gestão de saúde.

§ 2º – Na assinatura dos termos de ajuste ou convênios, poderão representar o Ministério da Saúde, os titulares da sua estrutura regimental, sendo objetivo deste artigo o estabelecimento de parâmetros para acompanhamento do mercado.

Art. 7º – Aplicam-se as disposições desta Resolução aos contratos celebrados na vigência da Lei 9.656/98, de 3 de junho de 1998, e aos existentes anteriores a sua vigência, a partir das respectivas adaptações.

Art. 8º – Esta Resolução entra em vigor na data da sua publicação, revogando as disposições em contrário.

José Serra

Resolução CONSU nº 06
(publicada no D.O.U. no 211, de 4.11.98)

Dispõe sobre critérios e parâmetros de variação das faixas etárias dos consumidores para efeito de cobrança diferenciada, bem como de limite máximo de variação de valores entre as faixas etárias definidas para planos e seguros de assistência médica.
Obs.: o art.1º, o art. 2º e seus parágrafos foram alterados pela Resolução nº 15.

O Presidente do Conselho de Saúde Suplementar – CONSU, instituído pela Lei nº 9.656 de 03 de junho de 1998, no uso de suas atribuições legais e regimentais, de acordo com a competência normativa que lhe foi conferida para dispor sobre a regulamentação do regime de contratação e prestação de serviços de saúde suplementar, e, considerando o disposto no art.15 da referida Lei, resolve:

Art. 1º – Para efeito do disposto no artigo 15 de Lei nº 9.656/98, as variações das contraprestações pecuniárias em razão da idade do usuário e de seus dependentes, obrigatoriamente, deverão ser estabelecidas nos contratos de planos ou seguros privados a assistência à saúde, observando-se o máximo de 7 (sete) faixas, conforme discriminação abaixo:
I – 0 (zero) a 17 (dezessete) anos de idade;
II – 18 (dezoito) a 29 (vinte e nove) anos de idade:

III – 30 (trinta) a 39 (trinta e nove) anos de idade;
IV – 40 (quarenta) a 49 (quarenta e nove) anos de idade;
V – 50 (cinqüenta) a 59 (cinqüenta e nove) anos de idade;
VI – 60 (sessenta) a 69 (sessenta e nove) anos de idade;
VII – 70 (setenta) anos de idade ou mais.

Art. 2° – As operadoras de planos e seguros privados de assistência à saúde poderão adotar por critérios próprios os valores e fatores de acréscimos das contraprestações entre as faixas etárias, desde que o valor fixado para a faixa etária prevista no inciso VII do art.1° desta Resolução, não seja superior a seis vezes o valor da faixa etária prevista no inciso I do art. 1° desta Resolução.

§ 1° – A variação de valor na contraprestação pecuniária não poderá atingir o usuário com mais de 60 (sessenta) anos de idade, que participa do um plano ou Seguro há mais de 10 (dez) anos, conforme estabelecido na Lei n° 9.656/98.

§ 2° – A contagem do prazo estabelecido no parágrafo anterior deverá considerar cumulativamente os períodos de dois ou mais planos ou seguros, quando sucessivos e ininterruptos, numa mesma operadora, independentemente de eventual alteração em sua denominação social, controle empresarial, ou na sua administração, desde que caracterizada a sucessão.

Art. 3° – É vedada a concessão de descontos ou vantagens especificamente delimitados em prazos contratuais ou em função de idade do consumidor.

Art. 4° – O valor atribuído de contraprestação para cada faixa etária dos titulares e dependentes, dentro do limite previsto nos artigos anteriores, deverá ser previamente esclarecido e constar expressamente do instrumento contratual.

Art. 5° – Na adaptação dos contratos em vigor aos critérios estabelecidos na Lei n° 9.656/98, observado o prazo previsto no § 1° do artigo 35 da referida Lei, fica vedado às operadoras de planos e seguros obterem receitas adicionais, mediante a readequação das contraprestações pecuniárias em decorrência da aplicação dos parâmetros e critérios de variação de faixa etária estabelecidos nesta Resolução.

Art. 6° – Aplicam-se as disposições desta Resolução aos contratos celebrados na vigência da Lei n° 9.656/98, de 3 de junho de 1998, e aos existentes anteriores a sua vigência, a partir das respectivas adaptações.

Art. 7º – Esta Resolução entra em vigor na data da sua publicação, revogando as disposições em contrário.

José Serra

Resolução CONSU nº 07
(publicada no D.O.U. no 211, de 4.11.98)

Dispõe sobre informações a serem disponibilizadas ao Ministério da Saúde por todas as operadoras, inclusive as de autogestão, previstas no artigo 1º da Lei nº 9.656/98.
Obs.: O art. 5º foi revogado pela Resolução nº 22.

O Presidente do Conselho de Saúde Suplementar – CONSU, instituído pela Lei nº 9.656, de 3 de junho de 1998, no uso de suas atribuições legais e regimentais, de acordo com a competência normativa que lhe foi conferida, para dispor sobre a regulamentação do regime de contratação e prestação de serviços de saúde suplementar, resolve:

Art. 1º – As informações de que trata o artigo 20 da Lei nº 9.656/98 deverão ser fornecidas ao Ministério da Saúde, por meio do Departamento de Saúde Suplementar da Secretaria de Assistência à Saúde.

Art. 2º – As informações que servirão de base para regulamentação, acompanhamento, avaliação e controle das atividades de contratação e prestação de serviços na área de saúde suplementar, deverão incluir, além dos dados de natureza cadastral citados no artigo 20 da Lei nº 9.656/98, dados que permitam a identificação de:
I – modelos de assistência;
II – capacidade de atendimento da rede assistencial;
III – forma de utilização de recursos de saúde;
IV – instrumentos diretos e indiretos de regulação do uso;
V – condições contratuais relativas aos usuários e aos prestadores de serviço;
VI – perfil epidemiológico da população atendida;
VII – demais informações que venham a ser definidas como necessárias pelo Ministério da Saúde, de acordo com sua competência normativa e fiscalizadora na área de saúde.

Art. 3º – Ministério da Saúde definirá, em norma própria, o conteúdo, os modelos de planilhas, com suas respectivas instruções de preenchimento, formatação dos campos, rotinas, prazos para fornecimento e atualização de dados.

Art. 4° – Os dados recebidos pelo Ministério da Saúde serão utilizados de forma a preservar a privacidade das informações de interesse comercial relevante e as situações de sigilo previstas em lei.

Art. 5° – Aplicam-se as disposições desta Resolução aos contratos celebrados na vigência da Lei n° 9.656/98, de 3 de junho de 1998, e aos existentes anteriores a sua vigência, a partir das respectivas adaptações.

Art. 6° – Esta Resolução entra em vigor na data da sua publicação, revogando as disposições em contrário.

José Serra

Resolução CONSU n° 08
(publicada no D.O.U. no 211, de 4.11.98)

Dispõe sobre mecanismos de regulação nos Planos e Seguros Privados de Assistência à Saúde.
Obs.: O art.1° e seus parágrafos e os incisos VI e IX do art. 2° foram alterados pela Resolução n° 15.

O Presidente do Conselho de Saúde Suplementar – CONSU, instituído pela Lei n° 9.656, de 3 de junho de 1998, no uso de suas atribuições legais e regimentais, de acordo com a competência normativa que lhe foi conferida para dispor sobre a regulamentação do regime de contratação e prestação de serviços de saúde suplementar, resolve:

Art.1° – O gerenciamento das ações de saúde poderá ser realizado pelas operadoras de que trata o art. 1° da Lei n° 9.656/98, através de ações de controle, ou regulação, tanto no momento da demanda quanto da utilização dos serviços assistenciais, em compatibilidade com o disposto nos códigos de éticas profissionais, na Lei n° 9.656/98 e de acordo com os critérios aqui estabelecidos.
§ 1° – As sistemáticas de gerenciamento das ações dos serviços de saúde poderão ser adotadas por qualquer operadora de planos ou seguros privados de assistência saúde e/ou operadora de plano odontológico, in-

dependentemente de sua classificação ou natureza jurídica.

§ 2º – Caberá ao Ministério da Saúde a avaliação nos casos de introdução pelas operadoras de novas sistemáticas de gerenciamento da atenção à saúde do consumidor.

Art. 2º – Para adoção de práticas referentes à regulação de demanda da utilização dos serviços de saúde, estão vedados:

I – qualquer atividade ou prática que infrinja o Código de Ética Médica ou o de Odontologia;

II – qualquer atividade ou prática que caracterize conflito com as disposições legais em vigor;

III – limitar a assistência decorrente da adoção de valores máximos ou teto de remuneração, no caso de cobertura a patologias ou eventos assistenciais, excetuando-se as previstas nos contratos com cláusula na modalidade de reembolso;

IV – estabelecer mecanismos de regulação diferenciados, por usuários, faixas etárias, graus de parentesco ou outras estratificações dentro de um mesmo plano;

V – utilizar mecanismos de regulação, tais como autorizações prévias, que impeçam ou dificultem o atendimento em situações caracterizadas como de urgência ou emergência;

VI – negar autorização de procedimento em razão do profissional solicitante não pertencer à rede própria, credenciada, cooperada ou referenciada da operadora;

VII – estabelecer co-participação ou franquia que caracterize financiamento integral do procedimento por parte do usuário, ou fator restritor severo ao acesso aos serviços;

VIII – estabelecer em casos de internação, fator moderador em forma de percentual por evento, com exceção das definições específicas em saúde mental.

Art. 3º – Para efeitos desta regulamentação, entende-se como:

I – "franquia", o valor estabelecido no contrato de plano ou seguro privado de assistência à saúde e/ou odontológico, até o qual a operadora não tem responsabilidade de cobertura, quer nos casos de reembolso ou nos casos de pagamento à rede credenciada ou referenciada;

II – "co-participação", a parte efetivamente paga pelo consumidor à operadora de plano ou seguro privado de assistência à saúde e/ou operadora de plano odontológico, referente a realização do procedimento.

Parágrafo único – Nos planos ou seguros de contratação coletiva empresarial custeados integralmente pela empresa, não é considerada contribuição a co-participação do consumidor, única e exclusivamente em procedimentos, como fator moderador, na utilização dos serviços de assistência médica e/ou hospitalar, para fins do disposto nos artigos 30 e 31 da Lei n° 9.656/98

Art.4° – As operadoras de planos ou seguros privados de assistência à saúde, quando da utilização de mecanismos de regulação, deverão atender às seguintes exigências:

I – informar clara e previamente ao consumidor, no material publicitário do plano ou seguro, no instrumento de contrato e no livro ou indicador de serviços da rede:

a) os mecanismos de regulação adotados, especialmente os relativos a fatores moderadores ou de co-participação e de todas as condições para sua utilização;

b) os mecanismos de "porta de entrada", direcionamento, referenciamento ou hierarquização de acesso;

II – encaminhar ao Ministério da Saúde, quando solicitado, documento técnico demonstrando os mecanismos de regulação adotados, com apresentação dos critérios aplicados e parâmetros criados para sua utilização;

III – fornecer ao consumidor laudo circunstanciado, quando solicitado, bem como cópia de toda a documentação relativa às questões de impasse que possam surgir no curso do contrato, decorrente da utilização dos mecanismos de regulação;

IV – garantir ao consumidor o atendimento pelo profissional avaliador no prazo máximo de um dia útil a partir do momento da solicitação, para a definição dos casos de aplicação das regras de regulação, ou em prazo inferior quando caracterizada a urgência;

V – garantir, no caso de situações de divergências médica ou odontológica a respeito de autorização prévia, a definição do impasse através de junta constituída pelo profissional solicitante ou nomeado pelo usuário, por médico da operadora e por um terceiro, escolhido de comum acordo pelos dois profissionais acima nomeados, cuja remuneração ficará a cargo da operadora;

VI – informar previamente a sua rede credenciada e/ou referenciada quando houver participação do consumidor, em forma de franquia, nas despesas decorrentes do atendimento realizado;

VII – estabelecer, quando optar por fator moderador em casos de internação, valores prefixados que não poderão sofrer indexação por procedimentos e/ou patologias.

Art. 5º – Aplicam-se as disposições desta Resolução aos contratos celebrados na vigência da Lei 9.656/98, de 03 de junho de 1998, e aos existentes anteriores a sua vigência, a partir das respectivas adaptações.

Art. 6º – Esta Resolução entra em vigor na data da sua publicação, revogando as disposições em contrário.

José Serra

Resolução CONSU nº 09
(publicada no D.O.U. no 211, de 4.11.98)

Dispõe sobre o ressarcimento dos serviços de atendimento à saúde prestados a usuários de plano ou seguro de saúde por instituições públicas ou privadas integrantes do Sistema Único de Saúde – SUS.
Obs.: Os art. 1º, 2º, 3º, 4º, 5º, 6º, 7º, 10 e 11 foram alterados pela Resolução nº 22. Os art. 8º, 9º, 12, 13 e 14 foram revogados pela Resolução nº 22.

O Presidente do Conselho de Saúde Suplementar – CONSU, instituído pela Lei nº 9.656, de 3 de junho de 1998, no uso de suas atribuições legais e regimentais, de acordo com a competência normativa que lhe foi conferida para dispor sobre a regulamentação do regime de contratação e prestação de serviços de saúde suplementar, resolve:

Art. 1º – A administração dos procedimentos relativos ao ressarcimento previsto pelo artigo 32 da Lei nº 9.656/98 será de competência dos gestores do Sistema Único de Saúde (SUS), de acordo com as diretrizes estabelecidas nesta Resolução.
Parágrafo único – Os gestores referidos neste artigo são o Ministério da Saúde, os Estados, o Distrito Federal e os Municípios, estes quando habilitados para a gestão plena do sistema, conforme definido pela Norma Operacional Básica 01/96 do Ministério da Saúde.

Art. 2º – Serão objeto do ressarcimento pelas operadoras, definidas pelo artigo 1º da Lei nº 9.656/98, os atendimentos prestados no âmbito do SUS aos titulares e dependentes de seus planos ou seguros de saúde, desde que respeitadas as cláusulas dos respectivos contratos, abrangendo:
I – realizados por unidades públicas de saúde;

II – de urgência e emergência realizados por estabelecimentos privados, conveniados ou contratados pelo Sistema Único de Saúde – SUS.
Parágrafo único. Nas unidades integrantes do Sistema Único de Saúde – SUS, que tenham contratos diretos com operadora de plano ou seguro de saúde, prevalecerão as condições estabelecidas nos respectivos contratos.

Art. 3º – O ressarcimento será cobrado de acordo com os procedimentos estabelecidos na Tabela Única Nacional de Equivalência de Procedimentos – TUNEP, a ser instituída pelo Conselho de Saúde Suplementar, de acordo com o § 2º do artigo 32 da Lei nº 9.656/98.
§ 1º – A TUNEP identificará os procedimentos descrevendo-os de forma clara e precisa, proporcionando a uniformização das unidades de cobrança em todo o território nacional.
§ 2º – O CONSU definirá valores de referência para os procedimentos da TUNEP.

Art. 4º – Os valores a serem adotados para cobrança serão fixados por decisão dos gestores locais do SUS, dentro dos limites estabelecidos pelo §1º do artigo 32 da Lei nº 9.656/98.
§ 1º – Antes de determinarem os valores a serem aplicados à TUNEP, os gestores locais deverão ouvir os representantes das operadoras e das unidades prestadoras de serviço integrantes do SUS.
§ 2º – Os gestores locais deverão divulgar pela imprensa oficial ou jornal diário de grande circulação, o local, datas e pauta das reuniões de trabalho, relacionando as representações convidadas para opinarem sobre os valores.
§ 3º – Enquanto os gestores locais não fixarem valores para a TUNEP, deverão ser adotados provisoriamente os valores de referência estabelecidos pelo CONSU.
§ 4º – Os valores definidos pelos gestores locais deverão ser homologados pelo CONSU.
§ 5º – Quando houver franquia ou co-participação, prevista em contrato, estas deverão ser previamente deduzidas do valor a ser ressarcido.

Art. 5º – A identificação dos atendimentos a serem ressarcidos será feita com base em dados cadastrais a serem fornecidos pelas operadoras definidas no artigo 1º da Lei 9.656/98, ao Ministério da Saúde.
Parágrafo único – Os dados cadastrais, o fluxo de sua atualização e a rotina do processamento da identificação serão definidos pelo Ministério da Saúde, através de portaria.

Art. 6º – As rotinas administrativas para cobrança e pagamento deverão ser implantadas pelos gestores locais, observado o prazo de pagamento estabelecido no artigo 32 da Lei 9.656/98, de acordo com esta Resolução e com portaria a ser expedida pelo Ministério da Saúde, que deverá dispor sobre:
I – dados cadastrais necessários à identificação;
II – mecanismo de cobrança a ser adotado e suas condições operacionais;
III – rotinas e fluxo de informações relativas aos procedimentos ressarcidos;
IV – adaptações necessárias aos Sistemas de Informações Ambulatoriais e Hospitalares – SIA e SIH/SUS para controle dos processos de pagamentos e de ressarcimento.

Art. 7º – A relação de procedimentos a serem ressarcidos pelas operadoras de plano e seguro, deverá estar disponível, para consulta por seu representante, na Secretaria Estadual ou Municipal de saúde, pelo prazo de 15 (quinze) dias consecutivos antes de ser encaminhada para cobrança ou para a autorização prevista no artigo 8º desta resolução.
Parágrafo único – A relação deverá conter os dados de identificação do usuário, do prestador do serviço, o nome ou código do procedimento de acordo com a Tabela Única Nacional de Equivalência de Procedimentos – TUNEP, a data de atendimento, e o valor a ser cobrado.

Art. 8º – O ressarcimento dos atendimentos realizados pelas unidades privadas, conforme inciso II do art. 2º desta Resolução, será cobrado das operadoras diretamente pela unidade, após autorização expressa do gestor local, contendo a relação de procedimentos a serem ressarcidos.

Art. 9º – Até a definição pelo Ministério da Saúde das rotinas administrativas para cobrança e pagamento, tal como define o art. 6º desta resolução, as unidades integrantes do Sistema Único de Saúde – SUS poderão, provisoriamente, valer-se de meios próprios para identificação da existência de cobertura contratual de plano ou seguro de saúde.
Parágrafo único – No caso previsto no caput deste artigo, os gestores locais poderão expedir normas próprias para a cobrança, de acordo com esta Resolução.

Art. 10 – No prazo de 15 (quinze) dias de que trata o artigo 7º, as operadoras poderão apresentar impugnações administrativas, acompanhadas de comprovação documental, alegando inexistência total ou parcial de cobertura para os atendimentos prestados, decorrente de disposição contratual.

§ 1º – A impugnação de valor nos casos de existência de franquia ou co-participação não informados ao gestor, inclui-se nos casos de inexistência parcial de cobertura, passíveis de contestação administrativa de que trata este artigo.

§ 2º – Quando a alegação for comprovada dentro do prazo, por verificação documental, a relação de procedimentos deverá sofrer as necessárias alterações antes de ser encaminhada para cobrança.

§ 3º –A adoção de mecanismos de regulação pela operadora, instituídos na forma de regulamentação específica, será considerada como fator excludente de cobertura nos casos de que trata este artigo, desde que previstos em contrato.

§ 4º – Decairá do direito de apresentar contestação de cunho administrativo, a operadora que não o fizer durante o prazo de que trata o artigo 7º.

Art. 11 – As impugnações de caráter técnico poderão ser apresentadas até 180 (cento e oitenta) dias após a data de vencimento do documento de cobrança.

§ 1º – As decisões a respeito da contestações técnicas deverão ser precedidas de verificação junto à entidade prestadora do serviço, e, em caso de dúvida, serão submetidas a parecer de uma instância de julgamento, a ser especialmente constituída para este fim nos estados, no Distrito Federal ou nos municípios.

§ 2º – A impugnação apresentada não interromperá a contagem do prazo de que trata o artigo 7º e não sustará a cobrança.

§ 3º – Julgada procedente a impugnação, o valor pago deverá ser objeto de compensação ou reembolso no mês seguinte à decisão.

Art. 12 – Os valores cobrados serão creditados à entidade pública prestadora do serviço quando a unidade possuir estrutura gerencial, própria ou de apoio, com autonomia orçamentário-financeira, e ao fundo de saúde da respectiva instância administrativa nos demais casos.

Art. 13 – Ficam sujeitas à decisão ou regulamentação pelos gestores estaduais, do Distrito Federal e dos municípios habilitados para a gestão plena do sistema, de acordo com as disposições da Lei nº 9.656/98 e na forma definida nesta Resolução:

I – a constituição do grupo técnico para estudo dos valores a serem adotados para a Tabela Única Nacional de Equivalência e Procedimento –

TUNEP no nível local;
II – as rotinas, estruturas e fluxos administrativos locais a serem implantados para desenvolvimento das atividades de processamento e cobrança do ressarcimento;
III – as rotinas de processamento para o julgamento das contestações de que tratam os artigos 10 e 11

Art. 14 – Aplicam–se as disposições desta Resolução aos contratos celebrados na vigência da Lei n° 9.656/98, de 3 de junho de 1998, e aos existentes anteriores a sua vigência, a partir das respectivas adaptações.

Art. 15 – Esta Resolução entra em vigor na data da sua publicação, revogando as disposições em contrário.

José Serra

Resolução CONSU n° 10
(publicada no D.O.U. n° 211, de 4.11.98)

Dispõe sobre a elaboração do rol de procedimentos e eventos em saúde que constituirão referência básica e fixa as diretrizes para a cobertura assistencial.
Obs.: O art.1° e os parágrafos do art. 2° foram alterados pela Resolução n° 15.

O Presidente do Conselho de Saúde Suplementar – CONSU, instituído pela Lei n° 9.656, de 03 de junho de 1998, no uso de suas atribuições legais e regimentais, de acordo com a competência normativa que lhe foi conferida, para dispor sobre a regulamentação do regime de contratação e prestação de serviços de saúde suplementar e,
Considerando as disposições do incisos II, III, XIV do art. 35-A da Lei n° 9.656/98, resolve:

Art. 1° – O Rol de Procedimentos Médicos, anexo a esta Resolução, deverá ser utilizado como referência de cobertura pelas operadoras de planos e seguros privados de assistência à saúde de que trata os arts. 10 e 12 da Lei n° 9.656/98.
Parágrafo único – A inclusão de novos procedimentos dependerá de proposição do Ministério da Saúde para aprovação pelo Consu.

Art. 2º – A cobertura assistencial de que trata o plano ou seguro-referência, estabelecido pela Lei nº 9.656/98, compreende todos os procedimentos clínicos, cirúrgicos, obstétricos, odontológicos, os atendimentos de urgência e emergência, representando o somatório das segmentações e as exceções definidas no art. 10 da referida Lei.
Parágrafo único – Nos contratos de planos individuais, respeitada a circunscrição geográfica estabelecida no contrato, fica assegurado o atendimento, dentro das respectivas segmentações, independente da circunstância ou do local de origem do evento.

Art. 3º – As operadoras de planos e seguros privados de assistência à saúde poderão, além do plano Referência, oferecer alternativamente os planos ou seguro Ambulatorial, Hospitalar com Obstetrícia, Hospitalar sem Obstetrícia, Plano Odontológico e suas combinações.

Art. 4º – O Plano Ambulatorial compreende os atendimentos realizados em consultório ou ambulatório, definidos e listados no Rol de Procedimentos, não incluindo internação hospitalar ou procedimentos para fins de diagnóstico ou terapia que, embora prescindam de internação, demandem o apoio de estrutura hospitalar por período superior a 12 (doze) horas, ou serviços como de recuperação pós-anestésica, UTI, CETIN e similares, observadas as seguintes exigências:
I – cobertura de consultas médicas, em número ilimitado, em clínicas básicas e especializadas, inclusive obstétricas para pré-natal, reconhecidas pelo Conselho Federal de Medicina;
II – cobertura de serviços de apoio diagnóstico, tratamentos e demais procedimentos ambulatoriais, incluindo procedimentos cirúrgicos ambulatoriais, solicitados pelo médico assistente, mesmo quando realizados em ambiente hospitalar, desde que não se caracterize como internação conforme preceitua o caput deste artigo;
III – cobertura de atendimentos caracterizados como de urgência e emergência que demandem atenção continuada, pelo período de até 12 (doze) horas, conforme Resolução específica do CONSU sobre os casos de urgência e emergência;
IV – cobertura de remoção, após realizados os atendimentos classificados como urgência ou emergência, quando caracterizada pelo médico assistente a falta de recursos oferecidos pela unidade para a continuidade de atenção ao paciente ou pela necessidade de internação;
V – cobertura para os seguintes procedimentos considerados especiais:
a) hemodiálise e diálise peritonial – CAPD;
b) quimioterapia ambulatorial;

c) radioterapia (megavoltagem, cobaltoterapia, cesioterapia, eletronterapia etc.);
d) hemoterapia ambulatorial;
e) cirurgias oftalmológicas ambulatoriais.

Parágrafo único – Para fins de aplicação do art. 10 da Lei n° 9.656/98, consideram excluídos:
a) procedimentos diagnósticos e terapêutica em Hemodinâmica;
b) procedimentos que exijam forma de anestesia diversa da anestesia local, sedação ou bloqueio;
c) quimioterapia intratecal ou as que demandem internação;
d) radiomoldagens, radioimplantes e braquiterapia;
e) nutrição enteral ou parenteral;
f) embolizações e radiologia intervencionista;

Art. 5° – O Plano Hospitalar compreende os atendimentos em unidade hospitalar definidos na Lei n° 9.656/98, não incluindo atendimentos ambulatoriais para fins de diagnóstico, terapia ou recuperação, ressalvado o disposto no inciso II deste artigo e os atendimentos caracterizados como de urgência e emergência, conforme Resolução específica do CONSU sobre urgência e emergência, observadas as seguintes exigências:

I – cobertura de cirurgias odontológicas buco-maxilo-facial que necessitem de ambiente hospitalar;

II – cobertura para os seguintes procedimentos considerados especiais cuja necessidade esteja relacionada à continuidade da assistência prestada a nível de internação hospitalar:
a) hemodiálise e diálise peritonial – CAPD;
b) quimioterapia;
c) radioterapia incluindo radiomoldagem, radioimplante e braquiterapia;
d) hemoterapia;
e) nutrição parenteral ou enteral;
f) procedimentos diagnósticos e terapêuticos em hemodinâmica;
g) embolizações e radiologia intervencionista;
h) exames pré anestésicos ou pré cirúrgicos;
i) fisioterapia;
j) acompanhamento clínico no pós-operatório imediato e tardio dos pacientes submetidos a transplante de rim e córnea, exceto medicação de manutenção.

Parágrafo único – Para fins de aplicação do art.10 da Lei 9.656/98, consideram excluídos:
a) tratamentos em clínicas de emagrecimento (exceto para tratamentos

da obesidade mórbida), clínicas de repouso, estâncias hidrominerais, clínicas para acolhimento de idosos e internações que não necessitem de cuidados médicos em ambiente hospitalar;
b) transplantes à exceção de córnea e rim;
c) consultas ambulatoriais e domiciliares;
d) atendimento pré-natal quando não incluir a cobertura obstétrica.

Art. 6º – Plano Hospitalar incluindo atendimento obstétrico compreende toda a cobertura definida no art. 5º desta Resolução, acrescida dos procedimentos relativos ao pré-natal, da assistência ao parto, observadas as seguintes exigências:
I – cobertura assistencial ao recém-nascido, filho natural ou adotivo do consumidor ou de seu dependente, durante os primeiros 30 (trinta dias) após o parto;
II – opção de inscrição assegurada ao recém-nascido, filho natural ou adotivo do consumidor, no plano ou seguro como dependente, isento do cumprimento dos períodos de carência, desde que a inscrição ocorra no prazo máximo de 30 (trinta) dias do nascimento.

Art. 7º – O Plano Odontológico compreende todos os procedimentos realizados em consultório, incluindo Exame Clínico, Radiologia, Prevenção, Dentística, Endodontia, Periodontia e Cirurgia.
Parágrafo único – Os procedimentos buco-maxilares e aqueles passíveis de realização em consultório, mas que, por imperativo clínico necessitem de internação hospitalar, estão cobertos, somente nos planos hospitalar e referência.

Art. 8º – Aplicam-se as disposições desta Resolução aos contratos celebrados na vigência da Lei 9.656/98, de 3 de junho de 1998, e aos existentes anteriores a sua vigência, a partir das respectivas adaptações.

Art. 9º – Esta Resolução entra em vigor na data da sua publicação, revogando as disposições em contrário.

José Serra

Resolução CONSU n° 11
(publicada no D.O.U. no 211, de 4.11.1998)

Dispõe sobre a cobertura aos tratamentos de todos os transtornos psiquiátricos codificados na Classificação Estatística Internacional de Doenças e Problemas Relacionados à Saúde.
Obs.: A letra (b) – inciso I, as letras (a) e (b) – inciso II, do art. 2° foram alteradas pela Resolução n° 15.

O Presidente do Conselho de Saúde Suplementar – CONSU, instituído pela Lei n° 9.656, de 03 de junho de 1998, no uso de suas atribuições legais e regimentais, de acordo com a competência normativa que lhe foi conferida, para dispor sobre a regulamentação do regime de contratação e prestação de serviços de saúde suplementar, e
Considerando, também, que ao mesmo tempo que se inclui o tratamento dos transtornos mentais entre os serviços a serem prestados pelas operadoras de planos e seguros de saúde, é importante a adoção de medidas que evitem a estigmatização e a institucionalização dos portadores de transtornos psiquiátricos, resolve:

Art. 1° – As operadoras de planos e seguros privados de assistência à saúde, definidas no art. 1° da Lei n° 9.656/98, ficam obrigadas ao tratamento de todos os transtornos psiquiátricos codificados na Classificação Estatística Internacional de Doenças e Problemas Relacionados à Saúde/10ª Revisão – CID – 10, de acordo com as diretrizes estabelecidas nesta Resolução e normas complementares que venham a ser expedidas pelo Ministério da Saúde, de acordo com sua competência normativa e fiscalizadora na saúde.
Parágrafo único. Os tratamentos poderão estar sujeitos a franquias ou co-participação financeira do usuário titular, na forma do disposto nesta Resolução.

Art. 2° – É obrigatória a cobertura pelas operadoras de planos e seguros privados de assistência à saúde:
I – nos planos ou seguros do segmento ambulatorial:
a) o atendimento às emergências, assim consideradas as situações que impliquem em risco de vida ou de danos físicos para o próprio ou para terceiros (incluídas as ameaças e tentativas de suicídio e auto-agressão) e/ou em risco de danos morais e patrimoniais importantes;
b) a psicoterapia de crise, entendida esta como o atendimento intensivo prestado por um ou mais profissionais da área da saúde mental, com

duração máxima de 12 (doze) semanas, tendo início imediatamente após o atendimento de emergência e sendo limitadas a 12 (doze) sessões por ano de contrato;
c) o tratamento básico, que é aquele prestado por médico, com número ilimitado de consultas, cobertura de serviços de apoio diagnóstico, tratamento e demais procedimentos ambulatoriais, solicitados pelo médico assistente.
II – nos planos ou seguros do segmento hospitalar:
a) o custeio integral de, pelo menos, 30 (trinta) dias de internação, por ano, em hospital psiquiátrico ou em unidade ou enfermaria psiquiátrica em hospital geral, para portadores de transtornos psiquiátricos em situação de crise;
b) o custeio integral de, pelo menos, 15 (quinze) dias de internação, por ano, em hospital geral, para pacientes portadores de quadros de intoxicação ou abstinência provocados por alcoolismo ou outras formas de dependência química que necessitem de hospitalização;
c) o custeio, dentro dos prazos definidos nas alíneas 'a' e 'b', somente poderá ser parcial se houver coparticipação ou franquia para as internações referentes às demais especialidades médicas.
Parágrafo único – Estarão cobertas todos os atendimentos clínicos ou cirúrgicos decorrentes de transtornos psiquiátricos, aí incluídos os procedimentos médicos necessários ao atendimento das lesões auto-infringidas.

Art. 3º – As operadoras de planos e seguros privados de assistência à saúde poderão estabelecer co-participação do usuário no custeio da internação nos casos em que o(s) período(s) de internação ultrapasse(m) os prazos definidos na alínea 'a' e 'b' do inciso II, do art. 2º, no transcorrer de um mesmo ano de contrato.
Parágrafo único. A co-participação referida no caput deverá estar claramente definida no contrato, podendo, em caráter excepcional, ser crescente conforme o tempo de internação.

Art. 4º – As operadoras de planos e seguros privados de assistência à saúde poderão definir, no momento da contratação, um prazo máximo de 180 (cento e oitenta) dias de cobertura parcial excluindo as internações decorrentes de transtornos psiquiátricos por uso de substâncias químicas.

Art. 5º – A partir de 01 de janeiro de 2000, nos planos ou seguros privados de assistência à saúde, com segmentos que incluam

atendimento hospitalar, será obrigatório:
I – Além da cobertura especificada na alínea 'a' do inciso II do art. 2°, o usuário poderá dispor de 08 (oito) semanas anuais de tratamento em regime de hospital-dia.
II – Para os diagnósticos F00 a F09, F20 a F29, F70 a F79 e F90 a F98 relacionados no CID 10, determina-se que a cobertura de que trata o inciso I deste artigo deverá ser estendida a 180 (cento e oitenta) dias por ano.

Art. 6° – Aplicam-se as disposições desta Resolução aos contratos celebrados na vigência da Lei 9.656/98, de 03 de junho de 1998, e aos existentes anteriores a sua vigência, a partir das respectivas adaptações.

Art. 7° – Esta Resolução entra em vigor na data da sua publicação, revogando as disposições em contrário.

José Serra

Resolução CONSU n° 12
(publicada no D.O.U. no 211; de 4.11.1998)

Dispõe sobre a cobertura de transplante e seus procedimentos por parte das operadoras de planos e seguros privados de assistência à saúde.

O Presidente do Conselho de Saúde Suplementar de Saúde – CONSU, instituído pela Lei n° 9.656, de 3 de junho de 1998, no uso de suas atribuições legais e regimentais, de acordo com a competência normativa que lhe foi conferida, para dispor sobre a regulamentação do regime de contratação e prestação de serviços de saúde suplementar,
Considerando as disposições do § 4° do art.10 e incisos II, III e XIV do art. 35-A da Lei n° 9.656/98, resolve:

Art.1° – Os procedimentos de transplante, no âmbito da prestação de serviços de saúde suplementar, deverão se submeter à legislação específica vigente, em especial à Lei n° 9.434, de 4 de fevereiro de 1997, ao Decreto n° 2.268, de 30 de junho de 1997, a Portaria n° 3.407, de 5 de agosto de 1998 que não for conflitante com o regime de contratação e prestação de serviços de que trata a Lei n° 9.656/98.

Art. 2º – Os planos e seguros referência e sua segmentação hospitalar cobrirão transplantes de rim e córnea, bem como as despesas com seus procedimentos vinculados, sem prejuízo da legislação específica que normatiza estes procedimentos.

§ 1º – Entende-se como despesas com procedimentos vinculados, todas aquelas necessárias à realização do transplante, incluindo:
I – as despesas assistenciais com doadores vivos;
II – os medicamentos utilizados durante a internação;
III – o acompanhamento clínico no pós-operatório imediato e tardio, exceto medicamentos de manutenção;
IV – as despesas com captação, transporte e preservação dos órgãos na forma de ressarcimento ao SUS.

§ 2º – Os transplantes de rim e córnea ou procedimentos vinculados, quando realizados por instituições integrantes do Sistema Único de Saúde – SUS, deverão ser ressarcidos em conformidade com o previsto no art. 32 da Lei n.º 9.656/98 e nesta Resolução.

Art. 3º – Os usuários das operadoras de planos ou seguros de assistência à saúde, candidatos a transplante de órgãos provenientes de doador cadáver, conforme legislação específica, deverão, obrigatoriamente, estar inscritos em uma das Centrais de Notificação, Captação e Distribuição de Órgãos – CNCDOs e sujeitar-se-ão ao critério de fila única de espera e de seleção.

§ 1º – A lista de receptores é nacional, gerenciada pelo Ministério da Saúde e coordenada em caráter regional pelas Centrais de Notificações, Captação e Distribuição de Órgãos – CNCDOs, integrantes do Sistema Nacional de Transplante – SNT.

§ 2º – As entidades privadas e equipes especializadas interessadas na realização de transplantes deverão observar o regulamento técnico – Portaria GM nº 3.407, de 5 de agosto de 1998 do Ministério da Saúde – que dispõe quanto a forma de autorização e cadastro, junto ao Sistema Nacional de Transplante – SNT.

§ 3º – É de competência privativa das Centrais de Notificações, Captação e Distribuição de Órgãos – CNCDOs, dentro das funções de gerenciamento que lhes são atribuídas pela legislação em vigor:
– determinar o encaminhamento de equipe especializada;
– providenciar o transporte de tecidos e órgãos ao estabelecimento de saúde autorizado em que se encontre o receptor.

Art. 4º – Aplicam-se as disposições desta Resolução aos contratos celebrados na vigência da Lei 9.656/98, de 3 de junho de 1998, e aos exis-

tentes anteriores a sua vigência, a partir das respectivas adaptações.
Art. 5º – Esta Resolução entra em vigor na data da sua publicação, revogando as disposições em contrário.

José Serra

Resolução CONSU nº 13
(publicada no D.O.U. no 211, de 4.11.1998)

Dispõe sobre a cobertura do atendimento de urgência e emergência.
Obs.: Os parágrafos 2º e 4º do art.7º foram alterados pela Resolução nº 15.

O Presidente do Conselho de Saúde Suplementar – CONSU , instituído pela Lei nº 9.656, de 3 de junho de 1998, no uso de suas atribuições legais e regimentais e de acordo com a competência normativa que lhe foi conferida para dispor sobre regulamentação do regime de contratação e prestação de serviços de saúde suplementar, resolve:

Art. 1º – A cobertura dos procedimentos de emergência e urgência de que trata o art.35-D, da Lei nº 9.656/98, que implicar em risco imediato de vida ou de lesões irreparáveis para o paciente, incluindo os resultantes de acidentes pessoais ou de complicações no processo gestacional, deverá reger-se pela garantia da atenção e atuação no sentido da preservação da vida, órgãos e funções, variando, a partir daí, de acordo com a segmentação de cobertura a qual o contrato esteja adscrito.

Art. 2º – O plano ambulatorial deverá garantir cobertura de urgência e emergência, limitada até as primeiras 12 (doze) horas do atendimento.
Parágrafo único – Quando necessária, para a continuidade do atendimento de urgência e emergência, a realização de procedimentos exclusivos da cobertura hospitalar, ainda que na mesma unidade prestadora de serviços e em tempo menor que 12 (doze) horas, a cobertura cessará, sendo que a responsabilidade financeira, a partir da necessidade de internação, passará a ser do contratante, não cabendo ônus à operadora.

Art. 3º – Os contratos de plano hospitalar devem oferecer cobertura aos atendimentos de urgência e emergência que evoluírem para internação, desde a admissão do paciente até a sua alta ou que sejam necessários à preservação da vida, órgãos e funções.
§ 1º – No plano ou seguro do segmento hospitalar, quando o atendi-

mento de emergência for efetuado no decorrer dos períodos de carência, este deverá abranger cobertura igualmente àquela fixada para o plano ou seguro do segmento ambulatorial, não garantindo, portanto, cobertura para internação.

§ 2º – No plano ou seguro do segmento hospitalar, o atendimento de urgência decorrente de acidente pessoal será garantido, sem restrições, após decorridas 24 (vinte e quatro) horas da vigência do contrato.

§ 3º – Nos casos em que a atenção não venha a se caracterizar como própria do plano hospitalar, ou como de risco de vida, ou ainda, de lesões irreparáveis, não haverá a obrigatoriedade de cobertura por parte da operadora.

Art. 4º – Os contratos de plano hospitalar, com ou sem cobertura obstétrica, deverão garantir os atendimentos de urgência e emergência quando se referirem ao processo gestacional.

Parágrafo único – Em caso de necessidade de assistência médica hospitalar decorrente da condição gestacional de pacientes com plano hospitalar sem cobertura obstétrica ou com cobertura obstétrica – porém ainda cumprindo período de carência – a operadora estará obrigada a cobrir o atendimento prestado nas mesmas condições previstas no art. 2º para o plano ambulatorial.

Art. 5º – O plano ou seguro referência deverá garantir a cobertura integral, ambulatorial e hospitalar para urgência e emergência.

Art. 6º – Nos contratos de plano hospitalar e do plano e seguro referência que envolvam acordo de cobertura parcial temporária por doenças e lesões preexistentes, a cobertura do atendimento de urgência e emergência para essa doença ou lesão será igual àquela estabelecida para planos ambulatoriais no art. 2º desta Resolução.

Art. 7º – A operadora deverá garantir a cobertura de remoção, após realizados os atendimentos classificados como urgência e emergência, quando caracterizada, pelo médico assistente, a falta de recursos oferecidos pela unidade para continuidade de atenção ao paciente ou pela necessidade de internação para os usuários portadores de contrato de plano ambulatorial.

§ 1º – Nos casos previstos neste artigo, quando não possa haver remoção por risco de vida, o contratante e o prestador do atendimento deverão negociar entre si a responsabilidade financeira da continuidade da assistência, desobrigando-se, assim, a operadora, desse ônus.

§ 2º – Caberá à operadora o ônus e a responsabilidade da remoção do paciente para uma unidade do SUS que disponha de serviço de emergência, visando a continuidade do atendimento.

§ 3º – Na remoção, a operadora deverá disponibilizar ambulância com os recursos necessários a garantir a manutenção da vida, só cessando sua responsabilidade sobre o paciente quando efetuado o registro na unidade SUS.

Art. 8º – Aplicam-se as disposições desta Resolução aos contratos celebrados na vigência da Lei nº 9.656/98, de 3 de junho de 1998, e aos existentes anteriores a sua vigência, a partir das respectivas adaptações.

Art. 9º – Esta Resolução entra em vigor na data da sua publicação, revogando as disposições em contrário.

José Serra

Resolução CONSU nº 14
(publicada no D.O.U. no 211, de 4.11.98)

Dispõe sobre a definição das modalidades de planos ou seguros sob o regime de contratação individual ou coletiva, e regulamenta a pertinência das coberturas às doenças e lesões preexistentes e a exigibilidade dos prazos de carência nessas modalidades.
Obs.: O inciso III do art. 5º foi alterado pela Resolução nº 15.

O Presidente do Conselho de Saúde Suplementar – CONSU, instituído pela Lei nº 9.656, de 3 de junho de 1998, no uso de suas atribuições legais e regimentais, de acordo com a competência normativa que lhe foi conferida, para dispor sobre a regulamentação do regime de contratação e prestação de serviços de saúde suplementar, resolve:

Art. 1º – Classifica para fins de contratação dos planos ou seguros de assistência à saúde a serem comercializados pelas operadoras, visando a aplicação das disposições contidas nos dispostos no art. 11, art. 12 inciso V, art.13, art.16 e art. 35-H da Lei nº 9.656/98, segmentando-os em:
a) contratação individual ou familiar;
b) contratação coletiva empresarial; e
c) contratação coletiva por adesão.
Parágrafo único – Conforme art. 1º, inciso II, § 2º da Lei 9.656/98, su-

jeitam-se a esta Resolução as entidades ou empresas que mantêm sistemas de assistência à saúde pela modalidade de autogestão.

Art. 2º – Entende-se como planos ou seguros de assistência à saúde de contratação individual, aqueles oferecidos no mercado para a livre adesão de consumidores, pessoas físicas, com ou sem seu grupo familiar.
Parágrafo único – Caracteriza-se o plano como familiar quando facultada ao contratante, pessoa física, a inclusão de seus dependentes ou grupo familiar.

Art. 3º – Entende-se como planos ou seguros de assistência à saúde de contratação coletiva empresarial, aqueles que oferecem cobertura da atenção prestada à população delimitada e vinculada a pessoa jurídica.
§ 1º – O vínculo referido poderá ser de caráter empregatício, associativo ou sindical.
§ 2º – O contrato poderá prever a inclusão dos dependentes legais da massa populacional vinculada de que trata o parágrafo anterior.
§ 3º – A adesão deverá ser automática na data da contratação do plano ou no ato da vinculação do consumidor à pessoa jurídica de que trata o caput, de modo a abranger a totalidade ou a maioria absoluta da massa populacional vinculada de que trata o § 1º deste artigo.

Art. 4º – Entende-se como plano ou seguro de assistência à saúde, de contratação coletiva, por adesão, aquele que embora oferecido por pessoa jurídica para massa delimitada de beneficiários, tem adesão apenas espontânea e opcional de funcionários, associados ou sindicalizados, com ou sem a opção de inclusão do grupo familiar ou dependentes, conforme caracterizado no parágrafo único do art. 2º.

Art. 5º – A contratação de plano ou seguro de assistência à saúde nas segmentações definidas em conformidade com esta Resolução, no que se refere às coberturas de doenças preexistentes e aos períodos de carência, deverá observar as seguintes condições:
I – No plano ou seguro de assistência à saúde sob o regime de contratação individual ou familiar, poderá haver cláusula de agravo ou cobertura parcial temporária, em caso de doenças ou lesões preexistentes, nos termos de Resolução específica, além de ser facultada a exigência de cumprimento de prazos de carência nos termos da Lei nº 9.656/98.
II – No plano ou seguro de assistência à saúde sob o regime de contratação coletiva empresarial, com número de participantes maior ou igual que 50 (cinqüenta), não poderá haver cláusula de agravo ou cobertura

parcial temporária, nos casos de doenças ou lesões preexistentes, nem será permitida a exigência de cumprimento de prazos de carência.

III – No plano ou seguro de assistência à saúde sob o regime de contratação coletiva empresarial, com número de participantes menor que 50 (cinqüenta), poderá haver cláusula de agravo ou cobertura parcial temporária, em casos de doenças ou lesões preexistentes, nos termos de Resolução específica, porém não será permitida a exigência de cumprimento de prazos de carência.

IV – No plano ou seguro de assistência à saúde sob o regime de contratação coletiva por adesão, com numero de participantes maior ou igual que 50 (cinqüenta), não poderá haver cláusula de agravo ou cobertura parcial temporária, nos casos de doenças ou lesões preexistentes, nos termos de Resolução específica e poderá ser considerada a exigência de cumprimento de prazos de carência.

V – No plano ou seguro de assistência à saúde sob o regime de contratação coletiva por adesão, com número de participantes menor que 50 (cinqüenta), poderá haver cláusula de agravo ou cobertura parcial temporária em casos de doenças ou lesões preexistentes, nos termos de Resolução específica, e a exigência de cumprimento de prazos de carência.

Art. 6º – Para efeito do art. 13 da Lei nº 9.656/98, no plano ou seguro coletivo, empresarial ou por adesão, poderá também ocorrer a denúncia unilateral por motivos de inelegibilidade, ou de perda dos direitos de titularidade ou dependência, desde que previstos em regulamento e contrato, e ainda ressalvados os dispostos nos artigos 30 e 31 da Lei acima referida.

Art. 7º – Aplicam-se as disposições desta Resolução aos contratos celebrados na vigência da Lei 9.656/98, de 3 de junho de 1998, e aos existentes anteriores a sua vigência, a partir das respectivas adaptações.

Art. 8º – Esta Resolução entra em vigor na data da sua publicação, revogando as disposições em contrário.

José Serra

Resolução CONSU n° 15
(publicada no D.O.U. no 59, de 29.3.1999)

Dispõe sobre as alterações nas Resoluções CONSU, publicadas no D.O.U. de 4 de novembro de 1998.

O Conselho de Saúde Suplementar – CONSU, instituído pela Lei 9.656, de 3/6/1998, no uso de suas atribuições legais e regimentais, de acordo com a competência normativa que lhe foi conferida para dispor sobre a regulamentação do regime de contratação e prestação de serviços de saúde suplementar, resolve:

Art.1° – Alterar as Resoluções nos 2, 3, 5, 6, 8, 10, 11, 13, 14 do CONSU de 3 de novembro de 1998, que passam a vigorar com a seguintes redações:
I – Na Resolução CONSU n° 2, que trata de Doenças e Lesões Preexistentes – DLP:

Art. 2° – II – "cobertura parcial temporária" – aquela que admite num prazo determinado a suspensão da cobertura de eventos cirúrgicos, leitos de alta tecnologia e procedimentos de alta complexidade, relacionados às doenças e lesões preexistentes, assim caracterizadas conforme o caput do Art. 1° desta resolução.

Art. 4° – Sendo constatada pela operadora por perícia, ou na entrevista através de declaração expressa do consumidor, a existência de lesão ou doença, que possa gerar necessidade de eventos cirúrgicos, de uso de leitos de alta tecnologia e procedimentos de alta complexidade, será obrigatório o oferecimento das alternativas previstas nesta regulamentação, ou seja: a cobertura parcial temporária e agravo do contrato.
§ 1° – A escolha de uma das alternativas constantes do caput deste artigo dependerá exclusivamente da decisão do consumidor por meio de declaração expressa.
§ 2° – As operadoras de planos e seguros de assistência à saúde, poderão por sua livre iniciativa oferecer cobertura total no caso de doenças e lesões preexistentes, sem qualquer ônus adicional para o consumidor.
§ 3° – No caso de aplicação da cobertura parcial temporária, as operadoras deverão considerar somente a suspensão de evento cirúrgico, de uso de leito de alta tecnologia e dos procedimentos de alta complexidade, quando relacionados diretamente à doença ou lesão preexistente especificada.

§ 4º – O agravo pode ser aplicado apenas à patologia que requeira evento cirúrgico, e/ou uso de leitos de alta tecnologia, e/ou procedimentos de alta complexidade, exclusivamente relacionados a ela.
.... (NR)

II – Na Resolução CONSU nº 3, que trata da fiscalização das operadoras:

Art. 11º –
Parágrafo único – O CONSU formalizará em resolução norma regulamentadora dispondo sobre:
.... (NR)

III – Na Resolução CONSU nº 5, que trata das Autogestões:

Art. 3º – A contratação de sua rede credenciada e referenciada de serviços e a administração de sua rede própria, deverão ser realizadas de forma direta, só sendo permitida a terceirização através de convênios de reciprocidade com entidades congêneres ou em regiões com dificuldade ou carência de contratação direta.
.... (NR)

IV – Na Resolução CONSU nº 6, que trata dos critérios e parâmetros das faixas etárias:

Art. 1º – Para efeito do disposto no artigo 15 de Lei 9.656/98, as variações das contraprestações pecuniárias em razão da idade do usuário e de seus dependentes, obrigatoriamente, deverão ser estabelecidas nos contratos de planos ou seguros privados a assistência à saúde, observando-se as 07 (sete) faixas etárias discriminadas abaixo:

Art. 2º – As operadoras de planos e seguros privados de assistência à saúde poderão adotar por critérios próprios os valores e fatores de acréscimos das contraprestações entre as faixas etárias, desde que o valor fixado para a última faixa etária, não seja superior a seis vezes o valor da primeira faixa etária, obedecidos os parâmetros definidos no Art. 1ºdesta Resolução.

§ 1º – A variação de valor na contraprestação pecuniária não poderá atingir o usuário com mais de 60 (sessenta) anos de idade, que participa de um plano ou seguro há mais de 10 (dez) anos, conforme estabelecido na Lei nº 9.656/98.

§ 2º – A contagem do prazo estabelecido no parágrafo anterior deverá considerar cumulativamente os períodos de dois ou mais planos ou seguros, quando sucessivos e ininterruptos, numa mesma operadora, independentemente de eventual alteração em sua denominação social, controle empresarial, ou na sua administração, desde que caracterizada a sucessão.

§ 3º – As operadoras de planos e seguros privados de assistência à saúde podem oferecer produtos que tenham valores iguais em faixas etárias diferentes.

.... (NR)

V – Na Resolução CONSU nº 8, que trata do Mecanismos de Regulação:

Art. 1º – O gerenciamento das ações de saúde poderá ser realizado pelas operadoras de planos de saúde de que trata o Inciso I do § 1º do art. 1º da Lei nº 9.656/98, através de ações de controle, ou regulação, tanto no momento da demanda quanto da utilização dos serviços assistenciais, em compatibilidade com o disposto no código de ética profissional, na Lei nº 9.656/98 e de acordo com os critérios aqui estabelecidos.

§ 1º – As sistemáticas de gerenciamento das ações dos serviços de saúde poderão ser adotadas por qualquer operadora de planos de assistência à saúde e/ou operadora de plano odontológico, independentemente de sua classificação ou natureza jurídica.

§ 2º – As operadoras de seguros privados somente poderão utilizar mecanismos de regulação financeira, assim entendidos, franquia e co-participação, sem que isto implique no desvirtuamento da livre escolha do segurado.

§ 3º –
....

V– Caberá ao Ministério da Saúde a avaliação nos casos de introdução pelas operadoras de novas sistemáticas de gerenciamento da atenção à saúde do consumidor.

Art. 2º –
....

VI – negar autorização para realização do procedimento exclusivamente em razão do profissional solicitante não pertencer à rede própria ou credenciada da operadora.

....

IX – Reembolsar ao consumidor as despesas médicas provenientes do sistema de livre escolha, com valor inferior ao praticado diretamente na rede credenciada ou referenciada.

....(NR)

VI – Na Resolução CONSU nº 10, que trata do Rol de procedimentos:

Art. 1º – O rol de procedimentos médicos, anexo a essa resolução deverá ser utilizado pelas operadoras de planos e seguros privados de assistência à saúde como referência da cobertura de que tratam os artigos 10 e 12 da Lei n° 9.656/98.

Art. 2° –

§ 1° – Nos contratos de planos individuais, respeitada a circunscrição geográfica estabelecida no contrato, fica assegurado o atendimento, dentro das respectivas segmentações, independente de circunstância ou do local de origem do evento.

§ 2° – Nos contratos de planos coletivos, não é obrigatória a cobertura para os procedimentos relacionados com os acidentes de trabalho e suas conseqüências, moléstias profissionais, assim como para os procedimentos relacionados com a saúde ocupacional, sendo opcional à contratante, se assim desejar, estabelecer, no contrato com a operadora, cláusula específica para a cobertura desses casos.

....(NR)

VII – Na Resolução CONSU n°11, que trata dos transtornos psiquiátricos:

Art. 2° –

I – ....
....

b) a psicoterapia de crise, entendida esta como o atendimento intensivo prestado por um ou mais profissionais da área da saúde mental, com duração máxima de 12 (doze) semanas, tendo início imediatamente após o atendimento de emergência e sendo limitada a 12 (doze) sessões por ano de contrato, não cumulativas.

...

II ...

– o custeio integral de, pelo menos, 30 (trinta) dias de internação, por ano de contrato não cumulativos, em hospital psiquiátrico ou em unidade ou enfermaria psiquiátrica em hospital geral, para portadores de transtornos psiquiátricos em situação de crise;

– o custeio integral de, pelo menos, 15 (quinze) dias de internação, por ano de contrato não cumulativos, em hospital geral, para pacientes portadores de quadros de intoxicação ou abstinência provocados por alcoolismo ou outras formas de dependência química que necessitem de hospitalização;

....(NR)

VIII – Na Resolução CONSU n°13, que trata dos atendimentos de urgência e emergência.

Art. 7º –

§ 2º – Caberá a operadora o ônus e a responsabilidade da remoção do paciente para uma unidade do SUS que disponha dos recursos necessários a garantir a continuidade do atendimento.

§ 4º – Quando o paciente ou seus responsáveis optarem, mediante assinatura de termo de responsabilidade, pela continuidade do atendimento em unidade diferente daquela definida no § 2º deste artigo, a operadora estará desobrigada da responsabilidade médica e do ônus financeiro da remoção.

....(NR)

IX – Na Resolução CONSU nº14, que trata da definição do conceito de planos ou seguros de contratação individual, coletiva empresarial e coletiva por adesão:

Art. 5º –

III – No plano ou seguro de assistência à saúde sob o regime de contratação coletiva empresarial, com número de participantes menor que 50 (cinqüenta), poderá haver cláusula de agravo ou cobertura parcial temporária, em casos de doenças ou lesões preexistentes, nos termos de Resolução específica, e será permitida a exigência de cumprimento de prazos de carência.

....(NR)

Art. 2º – Esta Resolução entra em vigor na data da sua publicação, revogando as disposições em contrário.

José Serra

Resolução CONSU nº 16
(publicada no D.O.U. no 57, de 25.3.99)

Dispõe sobre a desobrigação, ou isenção parcial da segmentação de cobertura de planos de assistência à saúde perante a Lei 9.656/98, no mercado supletivo de assistência à saúde.

O Conselho de Saúde Suplementar – CONSU, instituído pela Lei nº 9.656, de 3 de junho de 1998, no uso de suas atribuições legais e regimentais, de acordo com a competência normativa que lhe foi conferida, para dispor sobre a regulamentação do regime de contratação e prestação de serviços de saúde suplementar, resolve:

Art. 1º – Para fins de aplicação da disposição contida nos artigos 10 e

12 da Lei n° 9.656/98, e da Resolução CONSU de n°10, de 03 de novembro de 1998, referente a obrigatoriedade de oferecimento do Plano Referência, e/ou de suas segmentações, são isentos desta obrigação as entidades que se enquadrem nas modalidade de autogestão, conforme Resolução CONSU n° 5, de 3 de novembro de 1998, desde que possuam atendimento preponderantemente realizado, ou suportado por serviços assistenciais próprios, ambulatoriais e/ou hospitalares e desde que toda e qualquer assistência seja oferecida gratuitamente, sem qualquer ônus, à totalidade de seu quadro associativo, de usuários ou de beneficiários destes serviços.

§ 1° – A isenção de que trata este artigo refere-se apenas à extensão das coberturas assistenciais do plano ofertado, com relação às segmentações de planos e ao rol mínimo de procedimentos de que trata a Resolução CONSU n° 10, de 3 de novembro de 1998, devendo as empresas atender às demais disposições legais, especialmente àquelas referentes ao registro de operadora e planos, ressarcimento ao SUS, carências, doenças e lesões preexistentes, inexistência de limites de prazos de internação ou de quantitativos máximos de procedimentos, entre outras.

§ 2° – Entende-se por oferecimento gratuito do benefício, a inexistência de ônus ou contribuição financeira, desconto salarial ou doação, por parte dos beneficiários, não sendo prevista qualquer contraprestação financeira do usuário, direta ou indireta, sob qualquer título, seja em pré ou pós-pagamento, fator moderador ou outra denominação.

§ 3° – A isenção de que trata este artigo deverá ser obtida mediante requerimento próprio ao Departamento de Saúde Suplementar da Secretaria de Assistência à Saúde do Ministério da Saúde, comprovando o caráter de graciosidade do benefício oferecido e detalhando a existência de suporte assistencial, ambulatorial e/ou hospitalar, próprios.

Art. 2° – Estão ainda isentos do cumprimento das obrigações previstas nos art. 10 e 12 da Lei 9.656/98, no que diz respeito ao plano referência e às segmentações mínimas, as operadoras que atuem especificamente no ramo de odontologia.

Parágrafo único. A isenção de que trata este artigo não isenta a operadora do cumprimento das demais obrigações previstas na Lei, devendo ser observado o rol de procedimentos de que trata a Resolução CONSU n° 10 de 3 de novembro de 1998.

Art. 3° – Esta Resolução entra em vigor na data da sua publicação, revogando as disposições em contrário.

José Serra

Resolução CONSU nº 17
(publicada no D.O.U. no 57, de 25.3.99)

Dispõe sobre os agravos a que se refere a Resolução CONSU nº 2, de 3/11/1998.

O Conselho de Saúde Suplementar – CONSU, instituído pela Lei nº 9.656 de 3 de junho de 1998, no uso de suas atribuições legais e regimentais, de acordo com a competência normativa que lhe foi conferida, para dispor sobre a regulamentação do regime de contratação e prestação de serviços de saúde suplementar, considerando:
– que a grande maioria das operadoras de planos ou seguros de assistência à saúde não possui metodologia desenvolvida para aplicação do agravo nas contraprestações pecuniárias, em função de doenças ou lesões preexistentes;
– que deve ser vedada a utilização do agravo como forma de financiamento individual de doenças;
– que deve ser incentivado o desenvolvimento de metodologia de agravo que adote a diluição do impacto econômico-financeiro pelo universo de consumidores assistidos;
– que o agravo deve seguir a mesma lógica aplicada à cobertura parcial temporária, resolve:

Art. 1º – Fica adiada para a partir de 3 de dezembro de 1999 a obrigatoriedade de oferecimento do agravo de que trata o artigo 4º da Resolução CONSU nº 2, de 3 de novembro de 1998;
§ 1º – No caso de exclusão temporária de cobertura a doenças e lesões preexistentes, no período previsto no artigo 11 da Lei 9.656/98, as operadoras de planos ou seguros privados de assistência à saúde estarão obrigadas a oferecer, até a data fixada no caput, a cobertura parcial temporária de acordo com a Resolução CONSU nº 2, de 3 de novembro de 1998.
§ 2º – A partir da data aludida no caput, todas as operadoras de planos ou seguros privados de assistência à saúde estarão obrigadas a oferecer agravo para todos os seus novos contratos de todos os planos ou seguros de assistência à saúde em operação, como alternativa à cobertura parcial temporária.
§ 3º – As operadoras de planos ou seguros privados de assistência à saúde que quiserem adotar o oferecimento de agravo, durante o período aludido no caput, deverão fazer a opção e informá-la ao Ministério da Saúde, até 15 de abril de 1999.

Art. 2º – Quando da adoção do agravo, a qualquer tempo, as operadoras de planos ou seguros privados de assistência à saúde deverão obedecer às seguintes exigências mínimas:
a) o agravo pode ser aplicado apenas à patologia que requeira evento cirúrgico, e/ou uso de leitos de alta tecnologia, e/ou procedimentos de alta complexidade, exclusivamente relacionados a ela.
b) o agravo deverá ser oferecido como alternativa à cobertura parcial temporária, obrigatoriamente, para todos os novos contratos de todos os planos ou seguros de assistência à saúde em operação;
c) as despesas que irão compor o cálculo da operadora de planos ou seguros privados de assistência à saúde para agravar as contraprestações devem limitar-se àquelas que são excluídas temporariamente na cobertura parcial temporária, correspondente àquela doença ou lesão preexistente caracterizada de acordo com a Resolução CONSU nº 2, de 3 de novembro de 1998;
d) a metodologia adotada para o cálculo de que trata a alínea anterior deve contemplar a diluição do impacto econômico-financeiro pelo universo de consumidores assistidos pelo plano ou seguro de assistência à saúde.

Art. 3º – Quando solicitado pelo Ministério da Saúde, as operadoras de planos ou seguros de assistência à saúde deverão demonstrar o cálculo e informar o método de que tratam as alíneas "c" e "d" do artigo 2º.

Art. 4º – As operadoras de planos ou seguros privados de assistência à saúde que já tenham adotado o agravo deverão manter os contratos já firmados com esse mecanismo, mas poderão oferecer, a partir da vigência desta resolução, até 2 de dezembro de 1999, somente a cobertura parcial temporária nos novos contratos a serem firmados.

Art. 5º – Os casos não previstos nesta resolução serão decididos pelo Ministério da Saúde.

Art. 6º – Aplicam-se as disposições desta Resolução aos contratos firmados durante a vigência da Lei nº 9.656/98 que estiverem ou forem adaptados à legislação.

Art. 7º – Esta Resolução entra em vigor na data da sua publicação, revogando as disposições em contrário.

José Serra

Resolução Consu n° 18, de 3/6/1998
(publicada no D.O.U. no 59, de 29.03.99)

Dispõe sobre o rito e prazos do processo administrativo para apuração de infrações e aplicação de penalidades previstas na Lei 9.656/98.

O Conselho Nacional de Saúde Suplementar – CONSU, instituído pela Lei n° 9.656, de 03 de junho de 1998, no uso de suas atribuições legais e regimentais, de acordo com a competência normativa que lhe foi conferida para dispor sobre a regulamentação do regime de contratação e prestação de serviços de saúde suplementar, resolve:

Art.1° – As infrações aos dispositivos da Lei n° 9.656/98 e às normas estabelecidas por este Conselho serão apuradas em processo administrativo próprio, iniciado conforme disposto no artigo 11 da Resolução CONSU n° 03 de 03 de novembro de 1998, observados o rito e prazos estabelecidos nesta Resolução.

Art. 2° – O processo administrativo conterá somente o indispensável à sua finalidade, sem espaços em branco, entrelinhas, rasuras ou emendas não ressalvadas.
Parágrafo único. Os prazos serão contínuos, excluindo-se de sua contagem o dia do início e incluindo-se o do vencimento, iniciando-se e vencendo-se somente em dia de expediente na localidade em que ocorra o processo ou em que deva ser praticado o ato aprazado.

Art. 3° – A reclamação, a solicitação de providências, consulta ou petições assemelhadas que contiverem alegações ou indícios de violação da lei ou norma por parte de agente do mercado, poderão ser caracterizadas como denúncia após avaliação inicial do Ministério da Saúde .

Art. 4° – Aceita a denúncia, a abertura e instrução dos processos administrativos será realizada no âmbito dos Núcleos de Saúde Suplementar nos Estados e do Departamento de Saúde Suplementar – DESAS / SAS, cabendo, para tanto, requisição às operadoras de planos ou seguros de saúde de informações sobre o fato ou ato a ser apurado.

Art. 5° – As denúncias serão investigadas preliminarmente na instância local, devendo ser arquivadas nesta mesma instância, na hipótese desta investigação não resultar em constatação de irregularidade, ou, sendo constatada, se houver reparação imediata e espontânea de todos os prejuízos ou danos eventualmente causados, sem restar indício da ocorrência de qualquer outro fato irregular a ser apurado.

Parágrafo único. O arquivamento de que trata este artigo deverá ser precedido de comunicação aos interessados, cuja cópia será anexada ao processo.

Art. 6º – Quando a investigação preliminar resultar em constatação de violação da lei ou norma por parte dos agentes de mercado, será lavrado Auto de Infração.

Art. 7º – O Auto de Infração será lavrado na sede do DESAS/SAS, nos Núcleos de Saúde Suplementar ou no local em que for verificada a infração, pelo servidor do Ministério da Saúde que a houver constatado, na forma do modelo anexo, em duas vias, destinando-se a segunda via ao autuado.

§ 1º – O Auto de Infração não terá sua eficácia condicionada à assinatura do autuado, devendo em caso de recusa deste, conter, obrigatoriamente, a assinatura de, pelo menos, uma testemunha.

§ 2º – Os agentes da fiscalização ficam responsáveis pelas declarações que fizerem nos autos de infração, sendo passíveis de punição, por falta grave, em casos de falsidade ou omissão dolosa, sujeitos às penalidades previstas na Lei nº 8.112/90.

Art. 8º – O infrator será notificado para ciência do Auto de Infração:

I – pessoalmente, por ocasião da lavratura do auto, dando ciência no próprio documento;

II – pelo correio ou via postal, com Aviso de Recebimento (AR);

III – por edital, se estiver em lugar incerto ou não sabido.

§ 1º – Se o infrator for notificado pessoalmente e recusar-se a exararciência, essa circunstância deverá ser mencionada expressamente pelo agente de fiscalização no próprio Auto de Infração.

§ 2º – Quando além da lavratura do Auto de Infração, subsistir obrigação a cumprir, será expedido edital fixando prazo de até trinta dias para o seu cumprimento.

§ 3º – Os editais referidos neste artigo serão publicados uma única vez, na imprensa oficial, considerando-se efetivada a notificação cinco dias após a publicação e deverá conter a qualificação do intimado, a descrição resumida do fato, a disposição legal infringida, a penalidade aplicável ou obrigação a cumprir, e a instância na qual o intimado deverá apresentar sua defesa.

Art. 9º – O prazo para apresentação de defesa é de 15 dias a contar da notificação de que trata o artigo anterior.

Art. 10 – Antes do julgamento poderá a autoridade julgadora solicitar informações complementares ao servidor autuante, que terá o prazo de até dez dias para se pronunciar a respeito.

Art. 11 – Apresentada a defesa, o Diretor do DESAS/SAS determinará as diligências cabíveis, ficando-lhe facultado requisitar do infrator, de quaisquer pessoas físicas ou jurídicas, órgãos ou entidades públicas as informações necessárias, esclarecimentos ou documentos para serem apresentados no prazo determinado.

Art. 12 – Encerrada a fase de instrução, o Processo será julgado pelo Diretor do DESAS/SAS.

§ 1º – A constatação, por parte do Diretor do DESAS/SAS, de indícios da prática de ilícito de natureza criminal ensejará a remessa de cópia do processo administrativo ao Ministério Público.

§ 2º – A constatação, por parte do Diretor do DESAS/SAS, de indícios da prática de ilícito de natureza fiscal ou tributária ensejará a remessa de cópia do processo administrativo à Secretaria da Receita Federal.

Art. 13 – O julgamento administrativo conterá relatório dos fatos, o enquadramento legal e, se condenatório, a natureza e graduação da pena.

Art. 14 – Nos casos em que a prática infrativa implicar em risco ou conseqüências danosas à saúde do usuário, em especial quando relacionada ao acesso ou continuidade da assistência, o Diretor do DESAS/SAS poderá a qualquer tempo, determinar o cumprimento de ações que preservem o interesse do usuário, mesmo antes de concluído o processo.

§ 1º – A desobediência à determinação que se refere este artigo, além de sua execução forçada, acarretará a imposição de multa diária, arbitrada de acordo com os valores correspondentes à classificação da infração, até o exato cumprimento da obrigação, sem prejuízo de outras penalidades previstas na legislação vigente.

Art. 15 – O desrespeito ou desacato ao agente da fiscalização, em razão de suas atribuições legais, bem como o embargo oposto a qualquer ato de fiscalização, sujeitará o infrator à penalidade de multa.

Art. 16 – A penalidade de advertência será aplicada, por edital, nas faltas leves que não configurarem dolo.

Art. 17 – Quando aplicada a pena de multa, o infrator será notificado para efetuar o pagamento no prazo de trinta dias, contados da data de notificação, recolhendo-a à conta do Fundo Nacional de Saúde, através de depósito bancário em conta específica.
§ 1º – A notificação será feita mediante registro postal, ou por meio de edital publicado na imprensa oficial, se não localizado o infrator.
§ 2º – O não recolhimento da multa, dentro de prazo fixado neste artigo, implicará a sua inscrição na dívida ativa para cobrança judicial, na forma da legislação pertinente.

Art. 18 – O estabelecimento da penalidade e o cálculo do valor da eventual multa pecuniária obedecerão o disposto na Resolução deste Conselho de nº 03/98.

Art. 19 – Poderão ser aplicadas diretamente por portaria do Ministério da Saúde, assegurada a defesa junto a este Conselho por intermédio de recurso, as penalidades previstas nos incisos III, IV e V do art. 4º da Resolução Consu nº 03/98, nos casos previstos nos art.35-E § 1º, 2º e 3º da Lei 9.656/98.

Art. 20 – Nas infrações graves e gravíssimas, o processo obedecerá o rito sumário, sendo reduzido para cinco dias o prazo para apresentação de defesa.

Art. 21 – Do julgamento caberá recurso a este Conselho, como instância administrativa máxima, no prazo de dez dias a partir de sua publicação na imprensa oficial.
§ 1º – Os recursos deste Conselho serão interpostos junto à instância que proferiu a decisão, a qual os encaminhará, devidamente informados, no prazo de cinco dias úteis.
§ 2º – Os recursos interpostos somente poderão ser recebidos com efeito suspensivo relativamente ao pagamento da penalidade pecuniária, persistindo a exigibilidade do cumprimento de quaisquer outras obrigações subsistentes.

Art. 22 – Após decidido o recebimento do recurso por este Conselho, o relator do processo poderá solicitar informações complementares ou determinar diligências antes de apresentar o relatório final para decisão.

§ 1º – As decisões deste Conselho serão irrecorríveis.

Art. 23 – Esta Resolução entra em vigor na data de sua publicação, revogando-se as disposições em contrário.

José Serra

Resolução CONSU nº 19
(publicada no D.O.U. no 57, de 25.03.99)

Dispõe sobre a absorção do universo de consumidores pelas operadoras de planos ou seguros de assistência à saúde que operam ou administram planos coletivos que vierem a ser liquidados ou encerrados.

O Conselho de Saúde Suplementar – CONSU, instituído pela Lei nº 9.656 de 3 de junho de 1998, no uso de suas atribuições legais e regimentais, de acordo com a competência normativa que lhe foi conferida, para dispor sobre a regulamentação do regime de contratação e prestação de serviços de saúde suplementar,
Considereando a importância da manutenção da assistência à saúde aos consumidores de planos coletivos, resolve:

Art. 1º – As operadoras de planos ou seguros de assistência à saúde, que administram ou operam planos coletivos empresariais ou por adesão para empresas que concedem esse benefício a seus empregados, ou ex-empregados, deverão disponibilizar plano ou seguro de assistência à saúde na modalidade individual ou familiar ao universo de beneficiários, no caso de cancelamento desse benefício, sem necessidade de cumprimento de novos prazos de carência.
§ 1º – Considera-se, na contagem de prazos de carência para essas modalidades de planos, o período de permanência do beneficiário no plano coletivo cancelado.
§ 2º – Incluem-se no universo de usuários de que trata o caput todo o grupo familiar vinculado ao beneficiário titular.

Art. 2º – Os beneficiários dos planos ou seguros coletivos cancelados deverão fazer opção pelo produto individual ou familiar da operadora no prazo máximo de trinta dias após o cancelamento.
Parágrafo único. O empregador deve informar ao empregado sobre o cancelamento do benefício, em tempo hábil ao cumprimento do prazo

de opção de que trata o caput.

Art. 3º – Aplicam-se as disposições desta Resolução somente às operadoras que mantenham também plano ou seguro de assistência à saúde na modalidade individual ou familiar.

Art. 4º – Aplicam-se as disposições desta Resolução aos contratos firmados durante à vigência da Lei nº 9.656/98 que estiverem ou forem adaptados à legislação.

Art. 5º – Esta Resolução entra em vigor na data da sua publicação, revogando as disposições em contrário.

José Serra

Resolução CONSU nº 20
(publicada no D.O.U. no 65, de 7.4.1999)

Dispõe sobre a regulamentação do artigo 30 da Lei 9.656/98.

O Presidente do Conselho de Saúde Suplementar – CONSU instituído pela Lei 9.6456 de 3 de junho de 1998, no uso de de suas atribuições legais e regimentais, de acordo com a competência normativa que lhe foi conferida, para dispor sobre a regulamentação do regime de contratação e prestação de serviços de saúde suplementar, resolve:

Art. 1º – Para efeito do Art. 30 da Lei nº 9.656/98, aplicam-se as disposições desta resolução ao ex-empregado demitido ou exonerado sem justa causa, que contribuiu para plano ou seguro coletivo de assistência à saúde, decorrente de vínculo empregatício, e foi desligado, da empresa empregadora a partir de 02 de janeiro de 1999.

Art. 2º – Para manutenção do exonerado ou demitido como beneficiário de plano ou seguro de assistência à saúde, as empresas empregadoras devem oferecer plano próprio ou contratado e as empresas operadoras ou administradoras de planos ou seguros de assistência à saúde devem oferecer à empresa empregadora, que o solicitar, plano de assistência à saúde para ativos e exonerados ou demitidos.
§ 1º – É facultada a manutenção em um mesmo plano, para ativos e exonerados ou demitidos, desde que a decisão seja tomada em acordo for-

mal firmado entre a empresa empregadora e os empregados ativos ou seus representantes legalmente constituídos.

§ 2º – No caso de manterem-se planos separados para ativos e inativos, e ambos os planos forem contratados ou administrados por terceiros, é obrigatório que a empresa empregadora firme contrato coletivo empresarial ou coletivo por adesão para os ativos e coletivo por adesão para os inativos, em nome dos empregados e ex-empregados, respectivamente, para ambos os planos, com uma única empresa operadora ou administradora, ressalvado o disposto no § 3º a seguir, devendo também o plano de inativos abrigar o universo de aposentados.

§ 3º – É facultado à empresa operadora ou administradora de planos ou seguros de assistência à saúde que não dispuser de plano coletivo por adesão, firmar parceria com uma outra operadora ou administradora que disponha dessa modalidade de plano.

§ 4º – No caso de empresa de autogestão, qualificada conforme Resolução CONSU nº 5/98, que não quiser operar diretamente plano para o universo de inativos, poderá contratar esse tipo de plano de operadora ou de administradora de planos ou seguros de assistência à saúde, ou ainda de outra congênere que possua plano que abrigue o contingente de inativos.

§ 5º – A empresa de autogestão que absorver o universo de beneficiários de uma congênere deve observar como limite de usuários absorvidos a quantidade equivalente de beneficiários de seu plano próprio.

§ 6º – O exonerado ou demitido de que trata o Art. 1º, deve optar pela manutenção do benefício aludido no caput, no prazo máximo de trinta dias após seu desligamento, em resposta à comunicação da empresa empregadora, formalizada no ato da rescisão contratual.

§ 7º – O exonerado ou demitido, a seu critério e segundo regulamento do plano, contrato ou apólice coletiva, pode permanecer no plano por prazo indeterminado, considerando como condição mínima o contido no § 5º do Art. 30 da Lei nº 9.656/98.

§ 8º – No caso de plano administrado ou operado por terceiros, os contratos entre empresas empregadora e operadora ou administradora de plano ou seguro de assistência à saúde deverão ser repactuados até a data do vencimento do contrato vigente.

§ 9º – No caso de encerramento ou cancelamento de qualquer um dos dois planos de que trata o § 2º deste artigo, o outro também deverá ser encerrado ou cancelado, observando, no que couber, resolução nº 19 deste Conselho sobre manutenção da assistência aos beneficiários de planos coletivos encerrados ou cancelados.

Art. 3º – Fica estabelecido o prazo de até quatorze meses do início da vigência desta resolução para o funcionamento dos planos de que trata o Art. 2º, observado o disposto nos parágrafos a seguir.

§ 1º – No caso de empresa de autogestão, o processo de criação do plano de inativos de que trata o Art. 2º deverá ser concluído até a data-base da categoria profissional a qual o ex-empregado está vinculado.

§ 2º – Para que a assistência não seja interrompida, o exonerado ou demitido de que trata o Art. 1º, terá garantido o direito de permanecer no plano de ativos até o início do funcionamento do plano que abrigue o universo de inativos.

§ 3º – Quando o plano de ativos do qual o exonerado ou demitido é oriundo adotar sistema de pré-pagamento, o ex-empregado passa a assumir integralmente o pagamento de sua participação no plano, a partir da data do seu desligamento.

§ 4º – Quando o plano de ativos do qual o exonerado ou demitido é oriundo adotar sistema de pós-pagamento, o ex-empregado passa a assumir o pagamento de sua participação no plano, calculado pela média das doze últimas contribuições integrais, ou do número de contribuições se menores que doze, a partir da data do seu desligamento.

§ 5º – Quando o plano de ativos estabelecer franquia ou co-participação em eventos, ou contribuição diferenciada por faixa etária, ficam mantidas essas mesmas condições para o ex-empregado.

§ 6º – Entende-se como contribuição ou pagamento integral, de que tratam os § 3º e § 4º deste artigo, a soma das contribuições patronal e do empregado.

§ 7º – O exonerado ou demitido de que trata o Art. 1º, que tenha sido desligado no período compreendido entre 2 de janeiro de 1999 até a data desta resolução deverá, para ter assegurada sua opção ao benefício aludido no caput do Art. 2º, requerê-la junto a sua antiga empresa empregadora no prazo máximo de trinta dias a contar da publicação desta resolução.

Art. 4º – Esta Resolução entra em vigor na data da sua publicação, revogando as disposições em contrário.

José Serra

Resolução CONSU nº 21
(publicada no D.O.U. nº 65, de 7/4/1999)

Dispõe sobre a regulamentação do artigo 31 da Lei 9.656/98.

O Presidente do Conselho Suplmentar de Saúde – CONSU, instituído pela Lei 9.6456/98, de 3 de junho de 1998, no uso de suas atribuições legais e regimentais, de acordo com a competência normativa que lhe foi conferida, para dispor sobre a regulamentação do regime de contratação e prestação de serviços de saúde suplementar, resolve:

Art. 1º – Para efeito do Art. 31 da Lei nº 9.656/98, aplicam-se as disposições desta resolução ao aposentado que contribuiu para plano ou seguro coletivo de assistência à saúde, decorrente de vínculo empregatício, observados os prazos estabelecidos no caput daquele artigo e o contido em seu § 1º, no mesmo plano ou seu sucessor e se desligou da empresa empregadora a partir de 2 de janeiro de 1999.

Art. 2º – Para manutenção do aposentado como beneficiário de plano ou seguro de assistência à saúde, as empresas empregadoras devem oferecer plano próprio ou contratado e as empresas operadoras ou administradoras de planos ou seguros de assistência à saúde devem oferecer à empresa empregadora, que o solicitar, plano de assistência à saúde para ativos e aposentados.

§ 1º – É facultada a manutenção, em um mesmo plano, para ativos e aposentados, desde que a decisão seja tomada em acordo formal, firmado entre a empresa empregadora e os empregados ativos ou seus representantes legalmente constituídos.

§ 2º – No caso de manterem-se planos separados para ativos e inativos, e ambos os planos forem contratados ou administrados por terceiros, é obrigatório que a empresa empregadora firme contrato coletivo empresarial ou coletivo por adesão para os ativos e coletivo por adesão para os inativos, em nome dos empregados e ex-empregados, respectivamente, para ambos os planos, com uma única empresa operadora ou administradora, ressalvado o disposto no § 3º a seguir, devendo também o plano de inativos abrigar o universo de exonerados ou demitidos.

§ 3º – É facultado à empresa operadora ou administradora de planos de assistência à saúde que não dispuser de plano coletivo por adesão para inativos, firmar parceria com uma outra operadora ou administradora que disponha dessa modalidade de plano.

§ 4º – No caso de empresa de autogestão, qualificada conforme Resolução CONSU n° 5/98, que não quiser operar diretamente plano para o universo de inativos, poderá contratar esse tipo de plano de operadora ou de administradora de planos ou seguros de assistência à saúde, ou ainda de outra congênere que possua plano que abrigue o contingente de inativos.

§ 5° – A empresa de autogestão que absorver o universo de beneficiários de uma congênere deve observar como limite de usuários absorvidos a quantidade equivalente de beneficiários de seu plano próprio.

§ 6° – O aposentado de que trata o artigo 1°, deve optar pela manutenção do benefício aludido no caput, no prazo máximo de trinta dias após seu desligamento, em resposta à comunicação da empresa empregadora, formalizada no ato da rescisão contratual.

§ 7° – O aposentado, a seu critério e segundo regulamento do plano, contrato ou apólice coletiva, pode permanecer no plano por prazo indeterminado, considerando como condição mínima o contido no § 5° do Art. 30 da Lei 9.656/98.

§ 8° – No caso de plano administrado ou operado por terceiros, os contratos entre empresa empregadora e operadora ou administradora de plano ou seguro de assistência à saúde deverão ser repactuados até a data do vencimento do contrato vigente.

§ 9° – No caso de encerramento ou cancelamento de qualquer um dos dois planos de que trata o § 2° deste artigo, o outro também deverá ser encerrado ou cancelado, observando, no que couber, resolução n° 19 deste Conselho sobre manutenção da assistência aos beneficiários de planos coletivos encerrados ou cancelados.

Art. 3° – Fica estabelecido o prazo de até quatorze meses do início da vigência desta resolução para o funcionamento dos planos de que trata o Art. 2°, observado o disposto nos parágrafos a seguir.

§ 1° – No caso de empresa de autogestão, o processo de criação do plano de inativos de que trata o Art. 2° deverá ser concluído até a data-base da categoria profissional a qual o ex-empregado está vinculado.

§ 2° – Para que a assistência não seja interrompida, o aposentado de que trata o Art. 1°, terá garantido o direito de permanecer no plano de ativos até o início do funcionamento do plano que abrigue o universo de inativos.

§ 3° – Quando o plano de ativos do qual o aposentado é oriundo adotar sistema de pre-pagamento, o ex-empregado passa a assumir integralmente o pagamento de sua participação no plano, a partir da data de seu desligamento.

§ 4° – Quando o plano de ativos do qual o aposentado é oriundo adotar sistema de pós-pagamento, o ex-empregado passa a assumir o pagamento de sua participação no plano, calculado pela média das doze últimas contribuições integrais, a partir da data de seu desligamento.

§ 5º – Quando o plano de ativos estabelecer franquia ou co-participação em eventos, ou contribuição diferenciada por faixa etária, ficam mantidas essas mesmas condições para o ex-empregado.

§ 6º – Entende-se como contribuição ou pagamento integral, de que tratam os § 3º e § 4º deste artigo, a soma das contribuições patronal e do empregado.

§ 7º – O aposentado de que trata o Art. 1º, que tenha sido desligado no período compreendido entre 2 de janeiro de 1999 até a data desta resolução deverá, para ter assegurada sua opção ao beneficio aludido no caput do Art. 2º, requerê-la junto a sua antiga empresa empregadora no prazo máximo de trinta dias a contar da publicação desta resolução.

Art. 4º – Esta Resolução entra em vigor na data da sua publicação, revogando as disposições em contrário.

José Serra

Resolução CONSU nº 22
(Publicada no D. O. U. de 28/10/99)

Altera as Resoluções CONSU nos 7 e 9/98 que dispõem sobre informações ao Ministério da Saúde, ressarcimento dos serviços de atendimento à saúde prestados a beneficiários de plano privado de assistência à saúde por instituições públicas ou privadas integrantes do Sistema Único de Saúde SUS e dá outras providências.

O Presidente do Conselho de Saúde Suplementar – CONSU, instituído pela Lei nº 9.656, de 3 de junho de 1998, no uso de suas atribuições legais e regimentais, de acordo com a competência normativa que lhe foi conferida para dispor sobre a regulamentação do regime de contratação e prestação de serviços de saúde suplementar, resolve:

Art. 1º – Os artigos 1º, 2º, 3º, 4º, 5º, 6º, 7º, 10 e 11 da Resolução CONSU nº 09, de 3 de novembro de 1998, passam a vigorar com a seguinte redação:

" Art. 1º – A administração dos procedimentos relativos ao ressarcimen-

to previsto pelo artigo 32 da Lei nº 9.656/98 será de competência dos gestores do Sistema Único de Saúde – SUS, de acordo com as diretrizes estabelecidas nesta Resolução.
Parágrafo único. Os gestores objeto deste Artigo são o Ministério da Saúde, os Estados, o Distrito Federal e os Municípios, estes últimos quando habilitados para a gestão plena do sistema, conforme definido pelas normas do Ministério da Saúde." (NR)

" Art. 2º – Serão objeto do ressarcimento pelas operadoras definidas pelo Artigo 1º da Lei nº 9.656/98, os atendimentos prestados no âmbito do SUS aos titulares e seus dependentes de planos privados de assistência à saúde, desde que respeitadas as cláusulas dos respectivos contratos, abrangendo:
I – os realizados por unidades públicas de saúde;
II – os de urgência e emergência, realizados por estabelecimentos privados, conveniados ou contratados pelo Sistema Único de Saúde – SUS.
Parágrafo único – Nas unidades integrantes do Sistema Único de Saúde – SUS, que tenham contratos diretos com operadora de planos privados de assistência à saúde, prevalecerão as condições estabelecidas nesses contratos." (NR)

" Art. 3º – O ressarcimento será cobrado de acordo com os procedimentos estabelecidos na Tabela Única Nacional de Equivalência de Procedimentos TUNEP, aprovada pelo Conselho de Saúde Suplementar, de acordo com o § 1º do Artigo 32 da Lei nº 9.656/98 .
Parágrafo único. A TUNEP identificará os procedimentos, proporcionando a uniformização das unidades de cobrança em todo o território nacional e definirá os valores de referência." (NR)

" Art. 4º – Os gestores responsáveis pelo processamento do ressarcimento poderão alterar os valores definidos para a TUNEP, dentro dos limites estabelecidos pelo § 5º do Artigo 32 da Lei nº 9.656/98.
§ 1º – Antes de determinarem os valores a serem aplicados, os gestores estaduais ou municipais em gestão plena do sistema deverão ouvir os representantes das operadoras e das unidades prestadoras de serviço integrantes do SUS.
§ 2º – Os gestores responsáveis pelo processamento do ressarcimento deverão divulgar, às partes interessadas, o local, a data, a pauta e as representações convidadas para o cumprimento do disposto no § 1º, utilizando-se de Diário Oficial, carta registrada ou outros meios de comunicação formal.

§ 3º – Enquanto os gestores estaduais ou municipais em gestão plena do sistema não propuserem novos valores para a TUNEP, deverão ser adotados os valores aprovados pelo CONSU.

§ 4º – Os valores definidos pelos gestores estaduais ou municipais em gestão plena do sistema, Quando acordados nos termos dos parágrafos deste dispositivo, serão homologados pelo Ministério da Saúde.

§ 5º – Nos casos onde não acontecer o acordo, obedecer-se-á o seguinte:
I – O gestor responsável pelo processamento do ressarcimento envia ao Ministério da Saúde os valores propostos acompanhados de documentação comprobatória das reuniões realizadas com os interessados;
II – O Ministério da Saúde avalia a proposta, emite parecer e encaminha ao CONSU;
III – Os valores são deliberados pelo CONSU."(NR)

"Art. 5º – A identificação dos atendimentos a serem ressarcidos será feita com base em dados cadastrais fornecidos ao Ministério da Saúde pelas operadoras definidas no Artigo 1º da Lei nº 9.656/98.

§ 1º – A identificação do beneficiário se dará exclusivamente por meio do cruzamento de banco de dados, não sendo considerada, para fins de ressarcimento, qualquer identificação obtida na unidade prestadora de serviço.

§ 2º – A unidade prestadora de serviços ao SUS que comprovadamente estiver utilizando mecanismos próprios para esta identificação, em prejuízo da universalidade do acesso de seus usuários, será excluída do benefício ao ressarcimento, sem prejuízo de outras medidas punitivas, tomadas pelo gestor ao qual a unidade esteja subordinada.

I – O Ministério da Saúde definirá, em norma própria a ser editada, a gradação desta apenação.

§ 3º – No disposto no § 2º, o ressarcimento destinar-se-á:
I – caso a unidade prestadora seja privada, contratada ou conveniada ao SUS, o ressarcimento será partilhado igualmente pelos gestores,
II – caso a unidade prestadora seja pública a totalidade do ressarcimento destinar-se-á ao Fundo Nacional de Saúde.

§ 4º – Os dados cadastrais, o fluxo de sua atualização e a rotina do processamento da identificação serão definidos pelo Ministério da Saúde, por meio de Portaria.

§ 5º – Caso seja identificado que não houve fornecimento do cadastro completo, será instaurado processo administrativo de acordo com as Resoluções CONSU nº 3 e 18, de 3 de março de 1998 e 23 de novembro de 1999, respectivamente, e a Lei nº 9.656/98, com cobrança imediata do ressarcimento."(NR)

" Art. 6º – As rotinas administrativas para processamento, cobrança e pagamento serão definidas pelo Ministério da Saúde, por meio de Portaria , sendo implantadas as etapas locais pelos respectivos gestores, e as etapas centrais pela Secretaria de Assistência à Saúde, podendo estas últimas serem objeto de descentralização parcial progressiva.

§ 1º – Caberá ao gestor estadual ou gestor municipal em gestão plena do sistema cumprir, de acordo com norma a ser expedida pelo Ministério da Saúde, as seguintes atribuições:

I – caso proponha alterar qualquer valor da tabela de ressarcimento, constituição de grupo técnico para estudo das alterações de valores a serem adotados no seu nível de gestão;

II – formalização da Câmara de Julgamento, para decisão relativa aos recursos impetrados contra as decisões sobre as impugnações;

III – definição e implantação de rotinas para julgamento das impugnações previstas nesta Resolução.

§ 2º – Para o gestor ser considerado apto ao processamento do ressarcimento, deverá manifestar-se junto a Secretaria de Assistência à Saúde/MS, informando do cumprimento dos incisos "II" e "III" referidos no § 1º" (NR)

" Art. 7º – A relação de procedimentos a serem ressarcidos pelas operadoras de planos privados de assistência à saúde, deverá estar disponível para consulta por seus representantes, pelo prazo de 15 (quinze) dias úteis antes de ser encaminhada para cobrança.

Parágrafo único – A relação deverá conter dados de identificação do usuário, do prestador do serviço, o nome e código do procedimento de acordo com a Tabela Única Nacional de Equivalência de Procedimentos – TUNEP, a data de atendimento e o valor a ser cobrado." (NR)

" Art. 10 – No prazo de que trata o artigo 7º desta Resolução, as operadoras poderão apresentar, junto ao gestor, impugnações de caráter técnico, ou impugnações administrativas, acompanhadas de comprovação documental, alegando inexistência total ou parcial de cobertura para os atendimentos prestados, decorrente de disposição contratual.

§ 1º – Não serão consideradas as impugnações apresentadas com fundamento em dados ou informações divergentes das que tiverem sido encaminhadas para o cadastro do Ministério da Saúde, observado o mês de competência.

§ 2º – Quando a alegação for comprovada, a relação de procedimentos, a serem ressarcidos, deverá sofrer as necessárias alterações antes de ser encaminhada para cobrança.

§ 3º – Quando houver franquia ou co-participação, prevista em contrato, esta deverá ser deduzida do valor a ser ressarcido pelas operadoras.

§ 4º – Decairá do direito de apresentar impugnação, a operadora que não o fizer durante o prazo de que trata o artigo 7º.

§ 5º –Contestações de caráter técnico poderão ser apresentadas ao gestor após o prazo definido no Artigo 7º, com justificativas pela não apresentação no prazo, porém não terão efeito suspensivo sobre os ressarcimentos devidos.

§ 6º – As decisões a respeito das impugnações técnicas deverão ser precedidas de verificação, Quando necessário, junto à entidade prestadora do serviço.

§ 7º – As impugnações serão submetidas ao gestor responsável pelo processamento.

§ 8º – Após homologação do julgamento pelo gestor, caberá recurso, no prazo de 5 (cinco) dias contados a partir da ciência, à Câmara de Julgamento, especialmente constituída para este fim nos Estados, no Distrito Federal e nos Municípios responsáveis pelo processamento do ressarcimento, composta de acordo com regras a serem definidas pelo Ministério da Saúde por meio de Portaria. " (NR)

" Art. 11– Os valores ressarcidos pelas operadoras serão creditados ao fundo de saúde, à entidade mantenedora ou à unidade prestadora do serviço de acordo com ato normativo a ser editado pelo Ministério da Saúde.

§ 1º – O Ministério da Saúde definirá, ainda, em Portaria, as rotinas, fluxo dos créditos e os procedimentos relativos ao ressarcimento.

§ 2º – No caso da não efetuação do pagamento por parte das operadoras, caberá ao Ministério da Saúde tomar as medidas necessárias para o seu recebimento." (NR)

Art. 2º – Ficam revogados o Art. 5º da Resolução CONSU nº 7 e os Artigos 8º, 9º, 12 , 13 e 14 da Resolução CONSU nº 9, de 3 de novembro de 1998.

Art. 3º – Esta Resolução entra em vigor na data da sua publicação.

Pedro Parente

Resolução CONSU n° 23
(publicada no D.O.U. de 28.10.99)

Dispõe sobre a Tabela Única Nacional de Equivalência de Procedimentos – TUNEP para fins de ressarcimento dos atendimentos prestados aos beneficiários de plano privado de assistência à saúde, por instituições públicas ou privadas, integrantes do Sistema Único de Saúde – SUS.

O Presidente do Conselho de Saúde Suplementar – CONSU, instituído pela Lei n° 9.656, de 3 de junho de 1998, no uso de suas atribuições legais e regimentais, de acordo com a competência normativa que lhe foi conferida para dispor sobre a regulamentação do regime de contratação e prestação de serviços de saúde suplementar, resolve:

Art. 1° – Aprovar, nos termos dos artigos 32 da Lei n° 9.656 de 03 de junho de 1998, a Tabela Única Nacional de Equivalência de Procedimentos – TUNEP, conforme anexo desta Resolução.

Art. 2° – A TUNEP terá como finalidade única o ressarcimento, pelas operadoras de planos privados de assistência á saúde, dos atendimentos prestados a seus beneficiários pelas entidades integrantes do Sistema Único de Saúde– SUS, sendo vedada sua utilização para outros fins.

Art. 3° – Os gestores responsáveis pelo processamento do ressarcimento que optarem por fazer alterações na TUNEP deverão submeter os valores propostos à homologação, conforme definido pela Resolução CONSU n° 22/99.
§ 1° – Os gestores definirão estes valores dentro dos limites estabelecidos pelo § 5° do artigo 32 da Lei n° 9.656/98.
§ 2° – Na fixação dos valores a serem adotados, os gestores estaduais ou municipais em gestão plena do sistema deverão ouvir os representantes das operadoras e das unidades prestadoras de serviço integrantes do Sistema Único de Saúde.
§ 3° – Até que sejam homologados os valores locais para a tabela do ressarcimento, deverão ser adotados os valores constantes no anexo desta portaria.

Art. 4° – Esta Resolução entra em vigor na data da sua publicação.

Pedro Parente

Resolução CONSU nº 1
(de 22 de maio de 2000)

Dispõe sobre as sanções aplicáveis aos procedimentos e atividades lesivas a assistência de saúde suplementar, delega competência à ANS para atos que menciona, e dá outras providências.

O Presidente do Conselho de Saúde Suplementar, no uso de suas atribuições legais e regimentais e de acordo com a competência que lhe é conferida e,
Considerando o disposto no art. 35-A da Lei nº 9.656, de 3 de junho de 1998,
Considerando que a Agência Nacional de Saúde Suplementar ANS, como órgão de regulação e normatização, deve assegurar a eficácia do controle e da fiscalização das operadoras de planos privados de assistência à saúde, conforme dispõe a Lei nº 9.961, de 28 de janeiro de 2000;
Considerando, ainda, as razões de estrito cumprimento dos princípios político-normativo e de interesse social e público; resolve:

Art. 1º – As infrações de que trata a Lei nº 9.656, de 1998, serão punidas com as sanções por ela estabelecidas, na forma disciplinada por esta resolução, sem prejuízo da aplicação de outras penalidades previstas em lei.

Art. 2º – As infrações aos dispositivos da Lei nº 9.656, de 1998, e seus regulamentos sujeitam às operadoras dos produtos definidos no inciso I e no § 1º do art. 1º desta lei, seus administradores, membros de conselhos administrativos, deliberativos, consultivos, fiscais e assemelhados às seguintes penalidades:
I – advertência;
II – multa;
III – suspensão do exercício do cargo;
IV – inabilitação temporária para o exercício de cargos, cargos em direção ou em conselhos das operadoras a que se refere a Lei nº 9.656, de 1998.
V – cancelamento da autorização de funcionamento e alienação da carteira da operadora mediante leilão.

Art. 3º – Fica delegada competência à Diretoria Colegiada da Agência Nacional de Saúde Suplementar ANS, para expedir atos normativos, visando disciplinar os procedimentos necessários ao cumprimento do disposto nesta resolução, obedecidos os princípios da legalidade, da impessoalidade, da moralidade, da publicidade e da economia processual.

Art. 4º – O ato normativo a ser expedido pela ANS conterá dispositivos que estabeleçam em especial:
I – a tipificação das práticas infrativas com as respectivas penalidades;
II – a adoção de formas simples de aplicação de penalidades, proporcionais ao grau do descumprimento dos preceitos da legislação aplicada aos planos privados de assistência à saúde;
III – a fixação dos valores das multas simples, até o limite de R$50.000,00 (cinqüenta mil reais) por infração;
IV – a fixação dos valores de multas diárias observado o disposto no § 6º do art.19 da Lei nº 9.656, de 1998.
V – O prazo para recolhimento das multas;
VI – a cominação e aplicação das penalidades;
VII – a previsão de aplicação de penalidade no caso de reincidência de infração específica ou não:
VIII – a previsão de circunstâncias atenuantes e agravantes;
IX – a indicação do contraditório e da ampla defesa; e
X – a designação da autoridade competente para instruir, julgar, decidir e aplicar penalidades em processo administrativo.

Art. 5º – Esta Resolução entra em vigor na data de sua publicação.

Pedro Parente

RESOLUÇÕES DA AGÊNCIA NACIONAL DE SAÚDE SUPLEMENTAR – ANS

A ANS foi criada pela Lei 9.961, de 28 de janeiro de 2000. Logo após sua criação, a Agência, responsável pela regulamentação do setor de planos e seguros de assistência à saúde, começou a editar resoluções. A seguir, apresentamos um quadro com as Resoluções editadas até novembro de 2001 e os assuntos tratados por cada uma delas. Até a edição deste guia, haviam sido publicadas 88 resoluções aprovadas pela diretoria colegiada da Agência, as chamadas RDCs. Além dessas, também foram publicadas algumas resoluções específicas de determinadas diretorias (diretoria de normas e habilitação, de fiscalização, etc.), denominadas somente de REs. As resoluções da diretoria colegiada da ANS que consideramos importantes para o consumidor estão publicadas neste guia. As outras, assim como as Res, podem ser encontradas no site www.ans.saude.gov.br.

Obs.: algumas resoluções foram modificadas ou até mesmo revogadas por outras mais recentes, por isso é importante que você veja no índice remissivo a indicação da legislação e regulamentação (artigos de lei e resoluções) referentes ao tema de seu interesse.

ATENÇÃO: Consideramos importante, para evitar dúvidas dos leitores, indicar todas as resoluções da ANS e respectivos assuntos, ainda que meramente administrativas.

Resoluções da ANS

Res. RDC 88/30.11.2001
Resolução Administrativa

Res. RDC 87/01.10.2001
Dispõe sobre a instauração do regime de Direção Fiscal na SAMP SISTEMA ASSISTENCIAL MÉDICO PARAMINENSE S/C LTDA. e nomeia o Diretor Fiscal.

Res. RDC 86/01.10.2001
Dispõe sobre a decretação do Regime de Liquidação Extrajudicial no PLANO DE ASSISTÊNCIA MÉDICA MILLER LTDA. e nomeia o Liquidante.

Res. RDC 85/25.9.2001
Institui o Sistema de Informações de Produtos – SIP para acompanhamento da assistência prestada aos beneficiários de planos privados de assistência à saúde.

Res. RDC 84/21.9.2001
Dispõe sobre a determinação da alienação de carteira das Operadoras de Planos de Assistência à Saúde, e dá outras providências.

Res. RDC 83/22.8.2001
Dispõe sobre a transferência de controle societário de Operadoras de Planos de Assistência à Saúde – OPS.

Res. RDC 82/22.8.2001
Estabelece regras para a alienação compulsória de carteira de planos privados de assistência à saúde e altera dispositivo da RDC nº 24 de 13 de junho de 2000.

Res. RDC 81 (republicada) 16.8.2001
Classifica os procedimentos médicos constantes do Rol estabelecido pela RDC nº 67 de 8 de maio d e 2001 de acordo com as segmentações autorizadas pelo art. 12 da Lei 9.656 de 3 de junho de 1998.

Res. RDC 80/10.8.2001
Dispõe sobre a decretação do Regime de Liquidação Extrajudicial na CLIMOJ - ASSISTÊNCIA MÉDICA DE JACAREPAGUÁ LTDA e nomeia o Liquidante

Res. RDC 79/10.8.2001
Institui normas para o exercício do cargo de administrador das Operadoras de Planos de Assistência à Saúde – OPS.

Res. RDC 78/23.7.2001
Prorroga o prazo estabelecido no Art. 4º da Resolução-RDC nº 64, de 10 de abril de 2001, que dispõe sobre a designação do médico responsável pelo fluxo de informações relativas à assistência médica prestada aos consumidores de planos privados de assistência à saúde.

Res. RDC 77/17.7.2001
Dispõe sobre os critérios de constituição de garantias financeiras a serem observados pelas Operadoras de Planos de Assistência à Saúde – OPS.

Res. RDC 76/2.7.2001
Dispõe sobre a instauração do Regime de Direção Fiscal na ASSOCIAÇÃO AUXILIADORA DAS CLASSES LABORIOSAS e nomeia o Diretor-Fiscal.

Res. RDC 75/12.6.2001
Dispõe sobre a instauração do Regime de Direção Fiscal na SERVI SAÚDE ASSISTÊNCIA MÉDICA LTDA. e nomeia o Diretor-Fiscal.

Res. RDC 74/12.6.2001
Dispõe sobre a instauração do Regime de Direção Fiscal na SAMP ESPÍRITO SANTO – ASSISTÊNCIA MÉDICA S/C LTDA. e nomeia o Diretor-Fiscal.

Res. RDC 73/12.6.2001
Dispõe sobre a instauração do Regime de Direção Fiscal na SAMP SÃO PAULO – ASSISTÊNCIA MÉDICA S/C LTDA e nomeia o Diretor-Fiscal.

Res. RDC 72/6.6.2001
Dispõe sobre a instauração do Regime de Direção Fiscal na Unimed de Volta Redonda Cooperativa de Trabalho Médico e nomeia o Diretor-Fiscal.

Res. RDC 71/4.6.2001
Define os Diretores responsáveis pelas Diretorias de Desenvolvimento Setorial e de Gestão.

Res. RDC 70/4.6.2001
Altera o Regimento Interno da Agência Nacional de Saúde Suplementar e dá outras providências.

Res. RDC 69/6.6.2001
Dispõe sobre a decretação do Regime de Liquidação Extrajudicial na BIO MED ASSISTÊNCIA MÉDICA S/C LTDA. e nomeia o Liquidante

Res. RDC 68/8.5.2001
Estabelece normas para a adoção de cláusula de cobertura parcial temporária, e institui o Rol de Procedimentos de Alta Complexidade.

Res. RDC 67/8.5.2001
Atualiza o Rol de Procedimentos Médicos instituído pela Resolução CONSU nº 10, de 3 de novembro de 1998.

Res. RDC 66/4.5.2001
Estabelece normas para reajuste das contraprestações pecuniárias dos planos privados de assistência suplementar à saúde.

Res. RDC 65/24.4.2001
Dispõe sobre as sociedades seguradoras especializadas em saúde.

Res. RDC 64/16.4.2004
Dispõe sobre a designação de médico responsável pelo fluxo de informações relativas à assistência médica prestada aos consumidores de planos privados de assistência à saúde.

Res. RDC 63/5.4.2001
Dispõe sobre a instauração do regime de Direção Fiscal na CLIMOJ ASSISTÊNCIA MÉDICA DE JACAREPAGUÁ LTDA., e nomeia o Diretor Fiscal.

Res. RDC 62/29.3.2001
Estabelece as normas para o ressarcimento ao SUS, previsto no art. 32 da Lei nº 9.656, de 3 de junho de 1998.

Res. RDC 61/14.3.2001
Dispõe sobre a instauração do Regime de Direção Fiscal no SMB Sistema Médico Brasileiro Ltda. e nomeia o Diretor-Fiscal.

Res. RDC 60/14.3.2001
Dispõe sobre a instauração do Regime de Direção Fiscal e de Direção Técnica no Plano de Assistência Médica Miller Ltda. e nomeia o Diretor-Fiscal e o Diretor-Técnico.

Res. RDC 59/09.3.2001
Acrescenta alínea ao inciso I do art. 51 da Resolução de Diretoria Colegiada RDC nº 30, de 19 de julho de 2000.

Res. RDC 58/05.3.2001
Transforma cargos comissionados e altera o Anexo II da RDC nº 30, 19 de julho de 2000.

Res. RDC 57/05.3.2001
Dispõe sobre o termo de compromisso de ajuste de conduta das operadoras de planos privados de assistência à saúde.

Res. RDC 56/16.2.2001
Dispõe sobre a nomeação de novo Diretor-Fiscal na Unimed de São Paulo Cooperativa de Trabalho Médico

Res. RDC 55/16.2.2001
Dá nova redação ao inciso III do art. 3º da Resolução de Diretoria Colegiada RDC nº 24, de 13 de junho de 2000.

Res. RDC 54/14.2.2001
Dispõe sobre a exclusão de ex-administrador de operadora de plano de saúde do rol de administradores alcançados por indisponibilidade de bens.

Res. RDC 53/01.2.2001
Dispõe sobre a indisponibilidade de bens dos administradores da BIO MED Assistência Médica S/C Ltda.

Res. RDC 52/01.2.2001
Dispõe sobre a instauração do Regime de Direção Fiscal na Bio Med Assistência Médica S/C Ltda., e nomeia o Diretor-Fiscal.

Res. RDC 51/24.1.2001
Dispõe sobre a nomeação de novo Liquidante na Adress – Administração, Representação de Sistemas de Saúde Ltda.

Res. RDC 50/15.1.2001
Resolução Administrativa

Res. RDC 49/4.1.2001
Dispõe sobre a indisponibilidade de bens dos administradores da Adress – Administração, Representação de Sistemas de Saúde Ltda. e da Saúde Unicor Assistência Médica Ltda.

Res. RDC 48/3.1.2001
Dispõe sobre a decretação do Regime de Liquidação Extrajudicial na Adress – Administração, Representação de Sistemas de Saúde Ltda. e na Saúde Unicor Assistência Médica Ltda., e nomeia os respectivos Liquidantes.

Res. RDC 47/3.1.2001
Dispõe sobre a liquidação extrajudicial das operadoras de planos de assistência à saúde.

Res. RDC 46/28.12.2000
Altera as Resoluções de Diretoria Colegiada n° 28 e 29, de 26 de junho de 2000.

Res. RDC 45/27.12.2000
Dispõe sobre a instauração do Regime de Direção Fiscal na Adress – Administração, Representação de Sistemas de Saúde Ltda. e Saúde Unicor Assistência Médica Ltda. UNICOR, e nomeia os Diretores-Fiscais.

Res. RDC 44/26.12.2000
Dispõe sobre a instauração dos Regimes de Direção Fiscal e de Direção Técnica na Unimed de São Paulo Cooperativa de Trabalho Médico e nomeia o Diretor-Fiscal e o Diretor-Técnico.

Res. RDC 43/19.12.2000
Altera a redação do art. 4° da Resolução de Diretoria Colegiada – RDC n° 25, de 15 de junho de 2000.

Res. RDC 42/15.12.2000
Estabelece normas para a adoção de cláusula de cobertura parcial temporária, no caso de doenças ou lesões preexistentes.

Res. RDC 41/15.12.2000
Altera o Rol de Procedimentos Médicos instituído pela Resolução CONSU n° 10, de 3 de novembro de 1998.

Res. RDC 40/14.12.2000
Dispõe sobre os Regimes de Direção Fiscal e de Direção Técnica das Operadoras de Planos de Assistência à Saúde.

Res. RDC 39/30.10.2000
Dispõe sobre a definição, a segmentação e a classificação das Operadoras de Planos de Assistência à Saúde.

Res. RDC 38/30.10.2000
Institui o Plano de Contas Padrão, aplicável às Operadoras de Planos Privados de Assistência à Saúde – OPS.

Res. RDC 37/26.10.2000
Resolução Administrativa.

Res. RDC 36/23.10.2000
Resolução Administrativa.

Res. RDC 35/26.09.2000
Dispõe sobre o prazo de que trata o § 2º do art. 1º da Lei nº 9656, de 3 de junho de 1998.

Res. 34 e Res. 33 não estavam disponíveis no site da ANS.

Res. RDC 32/25.08.2000
Dispõe sobre a remuneração de pessoal em regime de contratação temporária.

Res. RDC 31/15.08.2000
Altera os Anexos I e II da RDC nº 30, de 19 de julho de 2.000.

Res. RDC 30/20.07.2000
Altera o Regimento Interno da Agência Nacional de Saúde Suplementar e dá outras providências.

Res. RDC 29/28.06.2000
Estabelece normas para reajuste das contraprestações pecuniárias dos planos e produtos privados de assistência suplementar à saúde.

Res. RDC 28/28.06.2000
Altera a RDC nº 4, de 18 de fevereiro de 2000, e institui a Nota Técnica de Registro de Produto.

Res. RDC 27/28.06.2000
Estabelece os procedimentos para solicitação de Revisão Técnica pelas operadoras de planos e produtos privados de assistência suplementar à saúde.

Res. RDC 26/23.06.2000
Dispõe sobre o prazo de que trata o § 2º do art. 1º da Lei nº 9.656, de 3 de junho de 1998.

Res. RDC 25/23.06.2000
Dispõe sobre as operações voluntárias de alienação de carteiras de planos ou produtos privados de assistência à saúde.

Res. RDC 24/16.06.2000
Dispõe sobre a aplicação de penalidades às operadoras de planos privados de assistência à saúde.

Res. RDC 23/08.06.2000
Altera a Resolução RDC nº 10, de 3 de março de 2000, institui a Ficha de Compensação, estabelece a padronização para envio de informações que menciona e dá outras providências.

Res. RDC 22/02.06.2000
Cria instrumento para acompanhamento econômico-financeiro das Operadoras.

Res. RDC 21/15.05.2000
Revoga o rol de procedimentos publicado no anexo da Resolução CONSU nº 10.

Res. RDC 20/28.04.2000
Informa o novo endereço da sede da ANS – RJ, para efeito de encaminhamento de requerimentos e solicitações de registros possíveis de produtos e alteração de dados.

Res. RDC 19/07.04.2000
Resolução Administrativa.

Res. RDC 18/05.04.2000
Regulamenta o ressarcimento ao SUS, previsto no art. 32 da Lei 9.656/98, 03 de junho de 1998.

Res. RDC 17/04.04.2000
Dispõe sobre a Tabela Única Nacional de Equivalência de Procedimentos – TUNEP para fins de ressarcimento dos atendimentos prestados aos beneficiários de planos privados de assistência à saúde, por instituições públicas ou privadas, integrantes do Sistema Único de Saúde – SUS.

Res. RDC 16/03.04.2000
Define os Diretores responsáveis pela Diretoria de Normas e habilitação de Operadoras e pela Diretoria de Gestão.

Res. RDC 15/31.03.2000
Dispõe sobre concessão de diárias aos ocupantes de Cargos Comissio-

nados de Saúde Suplementar.

Res. RDC 14/31.03.2000
Dispõe sobre o recolhimento das multas aplicadas às operadoras de Saúde Suplementar.

Res. RDC 13/31.03.2000
Dispõe sobre a alteração de prazo de que trata o § 2º do art. 1º da Lei nº 9.656, de 1998.

Res. RDC 12/31.03.2000
Dispõe sobre a alteração do Regimento Interno da Agência Nacional de Saúde Suplementar e dá outras providências.

Res. RDC 11/11.03.2000
Regulamenta o § 2º do art. 12 da Lei nº 9.961, de 28 de janeiro de 2000 e dá outras providências.

Res. RDC 10/10.03.2000
Dispõe sobre o recolhimento da Taxa de Saúde Suplementar por plano de assistência à saúde.

Res. RDC 09/22.02.2000
Aprova o Regulamento de Licitações e Contratações da Agência Nacional de Saúde Suplementar.

Res. RDC 08/22.02.2000
Dispõe sobre o custeio de estadia de empregados ou servidores para os cargos e nas situações mencionadas e dá outras providências.

Res. RDC 07/22.02.2000
Dispõe sobre o plano-referência de que trata o art. 10 da Lei nº 9.656, de 3 de junho de 1998, com as alterações da Medida Provisória nº 1.976-23, de 10 de fevereiro de 2000.

Res. RDC 06/22.02.2000
Dispõe sobre a Taxa de Saúde Suplementar por registro de produto, registro de operadora, alteração de dados referente ao produto, alteração de dados referente à operadora, pedido de reajuste de contraprestação pecuniária e dá outras providências.

Res. RDC 05/22.02.2000
Aprova normas sobre os procedimentos administrativos para requerimento e concessão de registro provisório das operadoras de Planos Privados de Assistência à Saúde.

Res. RDC 04/22.02.2000
Dispõe sobre alteração de rotina do registro provisório de produtos, e dá outras providências.

Res. RDC 03/22.02.2000
Aprova normas de fornecimento de informações para cadastros de beneficiários.

Res. RDC 02/07.01.2000
Define o Diretor responsável pelas Diretorias de Desenvolvimento Setorial, Diretoria de Normas e Habilitação de Produtos e Diretoria de Fiscalização.

Res. RDC 01/07.01.2000
Aprova o Regimento Interno e dá outras providências.

Resolução da ANS – RDC nº 7, de 22 de fevereiro de 2000.

Dispõe sobre o plano-referência de que trata o art. 10 da Lei nº 9.656, de 3 de junho de 1998, com as alterações da Medida Provisória nº 1.976-23, de 10 de fevereiro de 2000.

A Diretoria Colegiada da Agência Nacional de Saúde Suplementar, no uso das atribuições que lhe confere o inciso III do art. 9º, do Regulamento aprovado pelo Decreto nº 3.327, de 5 de janeiro de 2000, em reunião realizada em 17 de janeiro de 2000, adotou a seguinte Resolução de Diretoria Colegiada e eu, Diretor-Presidente determino a sua publicação.

Art. 1º – Entende-se por Plano-Referência de Assistência à Saúde, o plano que oferece cobertura assistencial médico hospitalar, compreendendo partos e tratamentos, correspondendo à segmentação ambulatorial acrescida da segmentação hospitalar com cobertura obstétrica, realizados exclusivamente no Brasil, com padrão de enfermaria, centro de terapia intensiva ou similar, quando necessária a internação hospitalar.

Art. 2º – As empresas que operam produtos de que tratam o inciso I e o § 1º do art. 1º da Lei nº 9.656 de 3 de junho de 1998, com as alterações da Medida Provisória nº 1.976-23 de 10 de fevereiro de 2000, devem oferecer obrigatoriamente o Plano-Referência a todos os seus atuais e futuros consumidores.

§ 1º – Excluem-se desta obrigatoriedade as entidades ou empresas que mantém sistemas de assistência à saúde pela modalidade de autogestão e as empresas que operem exclusivamente planos odontológicos.

§ 2º – As empresas que operam produtos de que tratam o inciso I e o § 1º do art. 1º da Lei nº 9.656, de 3 de junho de 1998 devem ter registrado o Plano-Referência, conforme descrito no art. 1º desta RDC, junto a Agência Nacional de Saúde Suplementar ANS.

§ 3º – As empresas deverão informar à ANS o número do registro provisório dos produtos de que trata o parágrafo anterior, em conformidade com as normas específicas que serão expedidas pela Diretoria de Normas e Habilitação dos Produtos da ANS.

Art. 3º – Esta Resolução entra em vigor na data da sua publicação, revogadas as disposições em contrário.

Januario Montone

Resolução da ANS – RDC nº 21, de 12 de maio de 2000.

Dispõe sobre a definição do Rol de Procedimentos Odontológicos que constituirá referência básica do Plano Odontológico e fixa diretrizes para a cobertura assistencial;

A Diretoria Colegiada da Agência Nacional de Saúde Suplementar – ANS, no uso das atribuições que lhe confere o inciso III do art. 9º, do Regulamento aprovado pelo Decreto nº 3.327, de 5 de janeiro de 2000, em reunião realizada em 04 de abril de 2000, adotou a seguinte Resolução de Diretoria Colegiada e eu, Diretor-Presidente determino a sua publicação.

Art. 1º – O Rol de Procedimentos Odontológicos Ambulatoriais a ser utilizado como referência mínima de cobertura pelas operadoras de planos privados de assistência à saúde de que tratam os arts.nº 10 e 12 da Lei n.º 9.656/98 e a Resolução CONSU nº 10, de 03 de novembro de 1998, seguirá a classificação e especificações estabelecidas nesta Resolução.

Art. 2º – Classifica-se como procedimento de DIAGNÓSTICO:
I – consulta inicial: consiste em anamnese, preenchimento de ficha clínica odontolegal, diagnóstico das doenças e anomalias bucais do paciente, plano de tratamento, prognóstico e plano de pagamento.

Art. 3º – Classifica-se como procedimento de urgência / emergência:
I – curativo em caso de hemorragia bucal: Consiste na aplicação de hemostático e sutura no alvéolo dentário;
II – curativo em caso de odontalgia aguda/pulpectomia: Consiste na abertura de câmara pulpar e remoção da polpa;
III – imobilização dentária temporária: Procedimento que visa a imobilização de elementos dentais que apresentam alto grau de mobilidade;
IV – recimentação de peça protética: Consiste na recolocação de peça protética;
V – tratamento de alveolite: Consiste na curetagem e limpeza do alvéolo dentário;
VI – colagem de fragmentos: Consiste na recolocação de partes de dente que sofreu fratura, através da utilização de material dentário adesivo;
VII – incisão e drenagem de abscesso extra-oral: Consiste em fazer uma incisão na face e posterior drenagem do abscesso;

VIII – incisão e drenagem de abscesso intra-oral: Consiste em fazer uma incisão dentro da cavidade oral e posterior drenagem do abscesso;
IX – reimplante de dente avulsionado: Consiste na recolocação do dente no alvéolo dentário e conseqüente imobilização.

Art. 4º – Classificam-se como procedimentos de RADIOLOGIA:
I – radiografia periapical: Realizada com película periapical inteira ou cortada ao meio, ou ainda com película infantil, mesmo que realizada em adulto. As películas podem ser de 2,0x3,0; 2,2x3,5; 2,4x4,0, ou 3,0x4,0;
II – radiografia bite-wing: Realizada com película periapical inteira ou cortada ao meio, ou ainda com película infantil, mesmo que realizada em adulto. As películas podem ser de 3,0x2,0; 3,5x2,2; 2,4x4,0; 4,0x2,4; 4,0x3,0 ou 5,3x2,6.

Art. 5º – Classificam-se como procedimentos de PREVENÇÃO EM SAÚDE BUCAL:
I – orientação de higiene bucal: Consiste em informar e motivar o consumidor quanto à necessidade de manter a higiene bucal, devendo ser fornecida orientação quanto:
a) aos métodos de higienização e seus produtos, tais como escovas dentais, fios dentais, cremes dentais e antissépticos orais, tanto no que diz respeito à qualidade quanto ao uso;
b) à cárie dental;
c) à doença periodontal;
d) ao câncer bucal ; e
e) à manutenção de próteses;
II – evidenciação de placa bacteriana: Consiste no uso de substâncias evidenciadoras, para identificação da presença de placa bacteriana;
III – aplicação tópica profissional de flúor: Consiste na aplicação direta de produtos fluorados sobre a superfície dental, mantendo-os por determinado tempo, podendo ser feita com aplicadores ou moldeiras, e sendo realizada, somente, após profilaxia;.
IV – aplicação de selante: consiste na aplicação de produtos ionoméricos, resinas fluidas, foto ou quimicamente polimerizadas nas fóssulas e sulcos de dentes posteriores decíduos e/ou permanentes;
V – profilaxia - polimento coronário: consiste no polimento através de meios mecânicos da superfície coronária do dente.

Art. 6º – Classificam-se como procedimentos de DENTÍSTICA:
I – restauração de 1 (uma) face: Consiste em utilizar manobras para

recuperar as funções de um dente que tenha sido afetado por cárie, traumatismo ou afecção estrutural, em uma face;
II – restauração de 2 (duas) faces: consiste em utilizar manobras para recuperar as funções de um dente que tenha sido afetado por cárie, traumatismo ou afecção estrutural, em duas faces;
III – restauração de 3 (três) faces: consiste em utilizar manobras para recuperar as funções de um dente que tenha sido afetado por cárie, traumatismo ou afecção estrutural, em três faces;
IV – restauração de 4 (quatro) faces: consiste em utilizar manobras para recuperar as funções de um dente que tenha sido afetado por cárie, traumatismo ou afecção estrutural, em quatro faces;
V – restauração de ângulo: consiste em utilizar manobras para recuperar as funções de um dente que tenha sido afetado por cárie, traumatismo ou afecção estrutural, em ângulo;
VI – restauração a pino: consiste em fixar pinos, metálicos ou não, à coroa remanescente para que se possa confeccionar uma restauração com maior resistência e retenção;
VII – restauração de superfície radicular: consiste em utilizar manobras para recuperar as funções de um dente que tenha sido afetado por cárie, traumatismo ou afecção estrutural, na raiz.

Art. 7º – Classificam-se como procedimentos de PERIODONTIA:
I – raspagem, alisamento e polimento coronário: Consiste na remoção de induto e/ou cálculo seguida de alisamento e polimento da superfície coronária do dente;
II – raspagem, alisamento e polimento radicular: consiste na remoção de induto e/ou cálculo seguida de alisamento e polimento da superfície radicular do dente;
III – curetagem de bolsa periodontal: consiste na remoção de fatores de retenção da placa subgengival;
IV – tratamento de gengivite: consiste em remover indutos e raspagem coronária seguida de polimento.

Art. 8º – Classificam-se como procedimentos de ENDODONTIA:
I – pulpotomia: consiste em remover cirurgicamente a polpa coronária, em dentes decíduos e/ou permanentes;
II – remoção de obturação radicular: consiste em retirar o material obturador em conduto radicular;
III – remoção de núcleo intrarradicular: consiste em retirar o núcleo metálico da cavidade intrarradicular com finalidade endodôntica ou protética;

IV – tratamento endodôntico em dentes permanentes com 01 (um) conduto: consiste em realizar manobra em dentes com um conduto radicular, realizando a abertura da câmara pulpar, remoção da polpa, preparo químico mecânico e preenchimento do conduto com material próprio;

V – tratamento endodôntico em dentes permanentes com 02 (dois) condutos: consiste em realizar manobra em dentes com dois condutos radiculares independente do número de raízes, realizando a abertura da câmara pulpar, remoção da polpa, preparo químico mecânico e preenchimento dos condutos com material próprio;

VI – tratamento endodôntico em dentes permanentes com 03 (três) condutos: consiste em realizar manobra em dentes com três condutos radiculares independente do número de raízes, realizando a abertura da câmara pulpar, remoção da polpa, preparo químico mecânico e preenchimento dos condutos com material próprio;

VII – tratamento endodôntico em dentes permanentes com 04 (quatro) condutos ou mais: consiste em realizar manobra em dentes com quatro ou mais condutos radiculares independente do número de raízes, realizando a abertura da câmara pulpar, remoção da polpa, preparo químico mecânico e preenchimento dos condutos com material próprio;

VIII – tratamento endodôntico em dentes decíduos: Consiste em remover a polpa coronária e radicular e preencher a câmara e condutos com material obturador.

Art. 9º – Classificam-se como procedimentos de CIRURGIA:

I – alveoloplastia: consiste em corrigir cirurgicamente os alvéolos dentários após a realização de extrações múltiplas;

II – apicectomia unirradicular: consiste em remover cirurgicamente a zona patológica periapical, conservando o dente ou dentes que lhe deram origem, seguida da ressecção do ápice radicular em uma raiz;

III – apicectomia birradicular: consiste em remover cirurgicamente a zona patológica periapical, conservando o dente ou dentes que lhe deram origem, seguida da ressecção do ápice radicular em duas raízes;

IV – apicectomia trirradicular: consiste em remover cirurgicamente a zona patológica periapical, conservando o dente ou dentes que lhe deram origem, seguida da ressecção do ápice radicular em três raízes;

V – apicectomia unirradicular com obturação retrógrada: consiste em remover cirurgicamente a zona patológica periapical, conservando o dente ou dentes que lhe deram origem, seguida de ressecção do ápice radicular e ainda da obturação do forame apical em uma raiz;

VI – apicectomia birradicular com obturação retrógrada: consiste em remover cirurgicamente a zona patológica periapical, conservando o dente ou dentes que lhe deram origem, seguida de ressecção do ápice radicular e ainda da obturação do forame apical em duas raízes;

VII – apicectomia trirradicular com obturação retrógrada: consiste em remover cirurgicamente a zona patológica periapical, conservando o dente ou dentes que lhe deram origem, seguida de ressecção do ápice radicular e ainda da obturação do forame apical em três raízes;

VIII – biopsia: consiste em remover cirurgicamente um fragmento de tecido, mole e/ou duro, para fins de exame anatomopatológico;

IX – cirurgia de torus mandibular bilateral: consiste em remover cirurgicamente algumas formas de exostoses ósseas, na região da mandíbula;

X – cirurgia de torus palatino: consiste em remover cirurgicamente algumas formas de exostoses ósseas, na região do palato;

XI – cirurgia de torus unilateral: consiste em remover cirurgicamente algumas formas de exostoses ósseas unilaterais;

XII – correção de bridas musculares: consiste em realizar uma incisão cirúrgica na região do sulcogengival;

XIII – excisão de mucocele: consiste em remover cirurgicamente lesão tumoral dos tecidos moles que se desenvolvem nas glândulas salivares da mucosa bucal, principalmente nos lábios;

XIV – excisão de rânula: consiste em remover cirurgicamente um tipo de cisto de retenção que ocorre especificamente no assoalho da boca, em relação aos condutos excretores das glândulas salivares, principalmente sublinguais;

XV – exodontia a retalho: consiste em realizar extração dentária de dentes normalmente implantados que exijam a abertura cirúrgica da gengiva;

XVI – exodontia de raiz residual: consiste em realizar extração dentária da porção radicular de dentes que já não possuem a coroa clínica;

XVII – exodontia simples: consiste em realizar extração dentária de dentes normalmente implantados;

XVIII – exodontia múltipla: consiste em remover cirurgicamente mais de um elemento dentário na mesma arcada, durante o mesmo tempo anestésico;

XIX – redução cruenta (fratura alvéolo-dentária): consiste em reduzir o alvéolo por meio de técnica cirúrgica com exposição dos fragmentos ósseos fraturados, com contenção por meio rígido (cirurgia aberta);

XX – redução incruenta (fratura alvéolo-dentária): consiste em reduzir o alvéolo por meio de manobra bidigital, sem exposição dos fragmentos ósseos fraturados (cirurgia fechada);

XXI – frenectomia labial: consiste em realizar ressecção cirúrgica da hipertrofia do tecido fibro-mucoso presente na base do lábio, denominado hipertrofia de freio;

XXII – frenectomia lingual: consiste em realizar ressecção cirúrgica da hipertrofia do tecido fibro-mucoso presente na base da língua, denominado hipertrofia de freio;

XXIII – remoção de dentes retidos (inclusos ou impactados): Consiste em remover dentes cuja parte coronária está coberta por mucosa ou quando a totalidade do dente encontra-se no interior da porção óssea;

XXIV – sulcoplastia: consiste em realizar uma incisão cirúrgica na região do sulco gengival com a finalidade de aumentar a área chapeável para próteses;

XXV – ulectomia: consiste em remover cirurgicamente a porção superior de um processo hipertrófico muco-gengival que normalmente envolve dentes não erupcionados;

XXVI – ulotomia: consiste em realizar incisão do capuz mucoso para que o dente permanente possa erupcionar.

Art.10. – Fica revogado o Rol de Procedimentos do Plano Odontológico Ambulatorial publicado no Anexo da Resolução CONSU n.º 10, de 3 de novembro de 1998.

Art. 11. – Esta Resolução entra em vigor na data da sua publicação.

Januario Montone

Resolução da ANS – RDC nº 24, de 13 de junho de 2000.

Dispõe sobre a aplicação de penalidades às operadoras de planos privados de assistência à saúde.

A Diretoria Colegiada da Agência Nacional de Saúde Suplementar – ANS, no uso das atribuições que lhe confere o inciso III do art. 9º do Regulamento aprovado pelo Decreto nº 3.327, de 5 de janeiro de 2000, de acordo com as competências definidas na Lei nº 9.656, de 3 de junho de 1998 e na Lei nº 9.961, de 28 de janeiro de 2000 e em cumprimento à Resolução CONSU nº 1, de 22 de maio de 2000, em reunião realizada em 13 de junho de 2000, adotou a seguinte Resolução, e eu, Diretor-Presidente, determino a sua publicação:

Art. 1º – As operadoras dos produtos de que tratam o inciso I e o § 1º

do art. 1º da Lei nº 9.656, de 1998, alterada pela Medida Provisória nº 1.976-26, de 4 de maio de 2000, seus diretores, administradores, membros de conselhos administrativos, deliberativos, consultivos, fiscais e assemelhados, estão sujeitos às penalidades estabelecidas nesta Resolução, sem prejuízo da aplicação das sanções de natureza civil e penal cabíveis, conforme especificado:
I – advertência;
II – multa pecuniária;
III – suspensão de exercício dos cargos definidos no caput;
IV – inabilitação temporária para o exercício dos cargos definidos no caput em operadoras de planos de assistência à saúde; e
V – cancelamento da autorização de funcionamento e alienação da carteira da operadora mediante leilão.
Parágrafo único. Incluem-se na abrangência desta Resolução todas as pessoas jurídicas de direito privado, independentemente da sua forma de constituição, definidas no art. 1º da Lei nº 9.656, de 1998.

Capítulo I – Das penalidades
Seção I – Das multas pecuniárias

Art. 2º – Constitui infração, punível com multa pecuniária no valor de R$ 5.000,00 (cinco mil reais):
I – deixar de cumprir a obrigação de notificar à ANS as alterações de quaisquer informações relativas ao registro de funcionamento da operadora; e
II – encaminhar à ANS, informações e estatísticas periódicas ou eventuais, devidas ou solicitadas, contendo incorreções ou omissões, excetuadas as informações de natureza cadastral que permitam a identificação dos consumidores, titulares e dependentes, previstas no art. 20 da Lei nº 9.656, de 1998.

Art. 3º – Constitui infração, punível com multa pecuniária no valor de R$ 15.000,00 (quinze mil reais):
I – atrasar, por prazo não superior a 30 (trinta) dias, ou encaminhar de forma incorreta as informações periódicas ou eventuais, devidas ou solicitadas, excetuadas as informações de natureza cadastral que permitam a identificação dos consumidores, titulares e dependentes;
II – deixar de fornecer ao consumidor de plano individual ou familiar, quando da sua inscrição, cópia do contrato, do regulamento ou das condições gerais do contrato e de material exemplificativo de suas características, direitos e obrigações; e

III – deixar de cumprir as obrigações previstas no contrato e registradas na ANS, excluída a cobertura obrigatória definida na Lei nº 9.656, de 1998, e regulamentações posteriores.

Art. 4º – Constitui infração, punível com multa pecuniária no valor de R$ 25.000,00 (vinte e cinco mil reais):
I – exigir exclusividade do prestador de serviços;
II – restringir, por qualquer meio, a liberdade do exercício de atividade profissional do prestador de serviços;
III – cobrar taxas, de quaisquer espécie ou valores, no ato de renovação dos seus contratos, em desrespeito ao art. 13 da Lei nº 9.656, de 1998;
IV – recusar a participação de consumidores, em planos de assistência à saúde, em razão da idade, doença ou lesão preexistente;
V – deixar de garantir ao consumidor ou aos seus dependentes, o acesso à acomodação, em nível superior, sem ônus adicional, quando houver indisponibilidade de leito hospitalar nos estabelecimentos próprios ou credenciados pelo plano;
VI – deixar de garantir o cumprimento das obrigações e os direitos previstos nos incisos I e II do art. 18 da Lei nº 9.656, de 1998;
VII – comercializar quaisquer dos produtos de que tratam o inciso I e o § 1º da Lei nº 9.656, de 1998, em condições operacionais ou econômicas diversas das registradas na ANS;
VIII – deixar de cumprir a regulamentação referente a doença ou lesão preexistente; e
IX – encaminhar à ANS, com incorreções ou omissões, as informações de natureza cadastral que permitam a identificação dos consumidores, titulares e dependentes, previstas no art. 20 da Lei nº 9.656, de 1998.

Art. 5º – Constitui infração, punível com multa pecuniária no valor de R$ 35.000,00 (trinta e cinco mil reais):
I – deixar de cumprir as normas relativas aos conteúdos e modelos assistenciais;
II – deixar de cumprir as normas relativas às garantias dos direitos dos consumidores, nos termos dos arts. 30 e 31 da Lei nº 9.656, de 1998;
III – deixar de cumprir as normas relativas à adoção e utilização dos mecanismos de regulação do uso de serviços de saúde;
IV – proceder a alterações contratuais de planos de assistência à saúde em desacordo com a legislação vigente;
V – suspender ou denunciar de maneira unilateral os contratos com os consumidores, em desrespeito ao disposto nos incisos II e III do parágrafo único do art. 13 da Lei nº 9.656, de 1998;

VI – proceder a recontagem de carência, em descumprimento à vedação expressa no parágrafo único do art. 13 da Lei n° 9.656, de 1998;
VII – exigir ou aplicar reajustes ao consumidor, acima do contratado ou do percentual autorizado pela ANS;
VIII – deixar de oferecer o plano-referência, conforme estabelece o art. 10 da Lei n° 9.656, de 1998, e sua regulamentação;
IX – deixar de observar a equivalência na substituição de estabelecimento hospitalar integrante da rede de serviços;
X – deixar de cumprir as obrigações constantes do art. 22 da Lei n° 9.656, de 1998;
XI – deixar de cumprir as normas regulamentares referentes aos atendimentos de urgência e emergência;
XII – comercializar, ofertar ou propor planos privados de assistência à saúde, de forma direta ou por pessoa interposta, sem o prévio registro do produto na ANS; e
XIII – atrasar, por prazo não superior a 30 (trinta) dias, ou encaminhar de forma incorreta as informações de natureza cadastral que permitam a identificação dos consumidores, titulares e dependentes.

Art. 6° – Constitui infração, punível com multa pecuniária no valor de R$ 45.000,00 (quarenta e cinco mil reais):
I – deixar de adotar as providências determinadas pela ANS quando os riscos assumidos ultrapassarem os limites de retenção;
II – reajustar as contraprestações pecuniárias de contratos, sem a prévia aprovação da ANS, conforme disposto na Lei 9.656, de 1998;
III – obstruir, dificultar ou impedir por qualquer meio, o exercício da atividade fiscalizadora da ANS; e
IV – atrasar, por prazo superior a 30 (trinta) dias, ou encaminhar de forma incorreta as informações periódicas ou eventuais, devidas ou solicitadas, excetuadas as informações de natureza cadastral que permitam a identificação dos consumidores, titulares ou dependentes.

Art. 7° – Constitui infração, punível com multa pecuniária no valor de R$ 50.000,00 (cinqüenta mil reais):
I – suspender a assistência à saúde ao consumidor, face a doenças ou lesões preexistentes, em descumprimento ao parágrafo único do art. 11 da Lei n° 9.656, de 1998 e regulamentação posterior;
II – interromper a cobertura de internação hospitalar do consumidor de plano privado de assistência à saúde, em leito clínico, cirúrgico ou em centro de terapia intensiva ou similar, sem autorização do médico assistente, nos termos do disposto no inciso IV, art. 35-E, da Lei

nº 9.656, de 1998;
III – deixar de cumprir a obrigação de cobertura de atendimento aos casos de urgência e emergência, conforme dispõe o art. 35 e incisos, da Lei nº 9.656, de 1998;
IV – deixar de garantir as coberturas obrigatórias previstas no art. 12 da Lei nº 9.656, de 1998 e sua regulamentação para os planos privados de assistência à saúde, incluindo a inscrição de filhos naturais e adotivos prevista nos seus incisos III e VII;
V – reduzir a capacidade da rede hospitalar própria ou credenciada sem prévia autorização da ANS, nos termos do disposto no § 4º e incisos, do art. 17 da Lei nº 9.656, de 1998;
VI – atrasar, por prazo superior a 30 (trinta) dias, ou encaminhar de forma incorreta as informações de natureza cadastral que permitam a identificação dos consumidores, titulares ou dependentes, conforme estabelece o art. 20 da Lei nº 9.656/98 e sua regulamentação; e
VII – fornecer informações falsas ou fraudulentas nos relatórios, demonstrações financeiras, contas e documentos apresentados, requisitados ou apreendidos pela ANS.
Parágrafo único. A multa prevista neste artigo não sofrerá qualquer alteração quanto ao seu valor, seja pela aplicação de circunstâncias agravantes e/ou atenuantes ou pela incidência dos índices previstos no art. 15 desta Resolução.

Art. 8º – Estão sujeitas à penalidade de multa pecuniária diária, no valor de R$ 10.000,00 (dez mil reais), as operadoras de planos privados de assistência à saúde que não efetuarem o registro provisório de funcionamento ou de produto junto à ANS, conforme dispõe o § 6º do art. 19 da Lei nº 9.656, de 1998.

Seção II – Do cancelamento da Autorização de Funcionamento e da Alienação da Carteira

Art. 9º – Estão sujeitas à penalidade de cancelamento da autorização de funcionamento e alienação da carteira, as operadoras que:
I – realizarem as operações financeiras descritas no art. 21 da Lei nº 9.656, de 1998; ou
II – incorrerem em práticas irregulares ou nocivas à política de saúde pública.

Seção III – Da advertência, da suspensão do exercício do cargo e da inabilitação temporária

Art. 10 – Estão sujeitos à penalidade de advertência os diretores, administradores, membros de conselhos administrativos, deliberativos, consultivos, fiscais e assemelhados, responsáveis direta ou indiretamente por prática infrativa prevista nesta Resolução, desde que não sejam reincidentes.

Art. 11 – Estão sujeitos à penalidade de suspensão do exercício em cargos de direção, conselhos, administração e assemelhados, pelo prazo de 180 (cento e oitenta) dias, aqueles que:
I – tiverem sido punidos anteriormente com penalidade de advertência;
II – efetuarem declarações falsas ou fraudulentas em documentos apresentados, solicitados ou apreendidos pela ANS; ou
III – tiverem agido com comprovado dolo ou má fé, em prática punida em decisão administrativa irrecorrível.

Art. 12 – Estão sujeitos à penalidade de inabilitação temporária pelo prazo de 1 (um) ano, aqueles que em caráter de reincidência incorrerem na penalidade descrita no art.11, para a hipótese prevista no inciso I.

Art. 13 – Estão sujeitos à penalidade de inabilitação temporária pelo prazo de 5 (cinco) anos, aqueles que em caráter de reincidência incorrerem na penalidade descrita no art.11, para as hipóteses previstas nos incisos II e III.

Capítulo II – Da cominação e da aplicação das penalidades
Seção I – Da cominação das penalidades

Art. 14 – O valor das multas pecuniárias previstas nos artigos 2º a 6º desta Resolução será fixado considerando-se as circunstâncias atenuantes e/ou agravantes devidamente comprovadas no processo, aplicando-se, sobre o resultado obtido, o fator multiplicador estabelecido no art.15.
§ 1º – Cada circunstância atenuante implicará na redução de R$ 1.200,00 (um mil e duzentos reais) no valor da multa, limitadas às hipóteses seguintes:
I – ser o infrator primário e a infração cometida estar entre as descritas nos artigos 2º e 3º desta Resolução;
II – ter o infrator adotado espontaneamente providências suficientes para reparar a tempo os efeitos danosos da infração;
III – ser a infração provocada por lapso do autor, e não lhe trazer nenhum benefício; ou

IV – ter o infrator incorrido na errada compreensão das normas reguladoras da prestação de serviços de saúde suplementar, claramente demonstrada no processo;

§ 2º – Cada circunstância agravante implicará no acréscimo de R$ 1.200,00 (um mil e duzentos reais) no valor da multa, limitadas às hipóteses seguintes:

I – ser o infrator reincidente;
II – ter a prática infrativa importado em risco ou consequências danosas à saúde do consumidor;
III – deixar o infrator, tendo conhecimento do ato lesivo, de tomar providências para atenuar ou evitar suas consequências danosas; e
IV – no descumprimento das formalidades previstas no art. 9º da Lei nº 9.656, de 1998.

Art. 15 – Serão considerados os seguintes fatores multiplicadores para o cálculo do valor das multas, com base no número de beneficiários das operadoras, constante no cadastro já fornecido à ANS:

I – de 1 (um) a 1.000 (mil) beneficiários: 0,2 (dois décimos)
II – de 1.001 (mil e um) a 10.000 (dez mil) beneficiários: 0,4 (quatro décimos)
III – de 10.001 (dez mil e um) a 100.000 (cem mil) beneficiários: 0,6 (seis décimos)
IV – de 100.001(cem mil e um) a 200.000 (duzentos mil) beneficiários: 0,8 (oito décimos)
V – a partir de 200.001 (duzentos mil e um): 1,0 (um)

Parágrafo único. Para os fins deste artigo, às operadoras que não tiverem fornecido à ANS o cadastro de beneficiários, será aplicado o fator indicado no inciso V, sem prejuízo da aplicação cumulativa da penalidade prevista no inciso VI do art. 7º desta Resolução.

Art.16 – As multas pecuniárias fixadas nesta Resolução serão aplicadas pela ANS até o limite de R$ 50.000,00 (cinqüenta mil reais) por infração, ressalvado o disposto no art. 8º desta Resolução.

Seção II – Da aplicação da penalidade
Subseção I – Da reincidência

Art.17 – Para fins de aplicação das penalidades de que trata esta Resolução, considera-se reincidência a repetição da mesma infração, verificada em decisão administrativa irrecorrível.

Parágrafo único. Para efeito de aplicação deste artigo, caracteriza-se a reincidência quando, entre a data do trânsito em julgado e a data da prática da infração posterior, houver decorrido período de tempo não superior a 5 (cinco) anos.

Subseção II – Da autoridade julgadora

Art.18 – É de competência da Diretoria de Fiscalização da ANS a aplicação das penalidades previstas nesta Resolução, bem como a aplicação, em conjunto com as demais Diretorias, das penalidades resultantes dos processos deles oriundos, de acordo com as respectivas atribuições.

Subseção III – Dos procedimentos para aplicação das penalidades

Art.19 – Até que sejam definidos os procedimentos administrativos para a instauração de processos de apuração de infrações, dos recursos e dos seus efeitos, instâncias e prazos, aplicar-se-ão os procedimentos estabelecidos na Resolução CONSU nº 18, de 23 de março de 1999.

Art. 20 – Esta Resolução entra em vigor na data de sua publicação.

Januario Montone

Resolução da ANS – RDC Nº 25, de 15 de junho de 2000 (*)

Dispõe sobre as operações voluntárias de alienação de carteiras de planos ou produtos privados de assistência à saúde.

A Diretoria Colegiada da Agência Nacional de Saúde Suplementar, no uso das atribuições que lhe confere o inciso III do art. 9º do Regulamento aprovado pelo Decreto nº 3.327, de 5 de janeiro de 2000, de acordo com a deliberação de 15 de junho de 2000, tendo em vista o disposto nos incisos XXIV, XXXV e XXXVII do art. 4º da Lei nº 9.961, de 28 de janeiro de 2000, e:
Considerando a necessidade de disciplinar as operações voluntárias de alienação de carteiras de planos ou produtos privados de assistência à saúde entre operadoras de planos de assistência à saúde, com vistas a garantir a manutenção da prestação de serviços aos beneficiários, adotou a seguinte Resolução de Diretoria Colegiada, e eu, Diretor-Presidente, determino a sua publicação:

Art. 1º – As operações voluntárias de alienação da totalidade da carteira de planos ou produtos privados de assistência à saúde entre operadoras de planos de assistência à saúde obedecerão ao disposto nesta Resolução.

§ 1º Consideram-se planos os planos ou produtos de assistência à saúde definidos no inciso I e no § 1º do art. 1º da Lei n.º 9.656, de 3 de junho de 1998.

§ 2º Considera-se carteira de planos ou produtos de assistência à saúde o disposto no inciso III do art. 1º da Lei nº 9.656, de 1998.

§ 3º Define-se como operação voluntária de alienação qualquer transferência de carteira entre operadoras de planos de assistência à saúde.

Art. 2º – As operações voluntárias de alienação da totalidade da carteira deverão manter integralmente as condições vigentes dos contratos adquiridos.

§ 1º Consideram-se de trato sucessivo os contratos da totalidade da carteira alienada, inclusive quanto à data de aniversário do reajuste da contraprestação pecuniária.

§ 2º A alteração da rede credenciada ou referenciada deverá obedecer o disposto no art. 17 da Lei nº 9.656, de 1998.

Art. 3º – O instrumento de cessão da totalidade da carteira deverá ser registrado em cartório e protocolizado na ANS, na rua Augusto Severo nº 84, 10º andar, Rio de Janeiro, RJ, CEP 20021-040, no prazo de até 15 (quinze) dias após seu registro.

Parágrafo único. O instrumento de cessão deverá conter cláusula expressa em que a adquirente assume a responsabilidade prevista no art. 2º desta Resolução perante os beneficiários dos planos ou produtos de assistência à saúde.

Art. 4º – A ANS poderá solicitar as informações adicionais que julgar necessárias.

Art. 5º – A operadora alienante deverá comunicar aos seus beneficiários a alienação da totalidade da carteira, mediante carta registrada com aviso de recebimento (AR) e publicação em jornal de maior circulação na sua área de atuação.

Art. 6º – As operações voluntárias de alienação de carteira de planos ou produtos privados de assistência à saúde não disciplinadas nesta Resolução, bem como aquelas cuja alienação se dê sob a forma parcial, dependerão de prévia autorização da ANS.

Art. 7º – O não atendimento ao disposto nesta Resolução ensejará a aplicação das penalidades previstas na legislação em vigor.

Art. 8º – Esta Resolução entra em vigor na data de sua publicação.

Januario Montone

(*)Republicada por ter saído com incorreção, do original, no D.O. nº117-E, de 19/6/2000, Seção 1, pág. 18.

Resolução da ANS – RDC Nº 27, de 26 de junho de 2000.

Estabelece os procedimentos para solicitação de Revisão Técnica pelas operadoras de planos e produtos privados de assistência suplementar à saúde.

A Diretoria Colegiada da Agência Nacional de Saúde Suplementar, no uso das atribuições que lhe conferem o inciso III do art. 9º do regulamento aprovado pelo Decreto nº 3.327, de 5 de janeiro de 2000, de acordo com as competências definidas nos incisos XVIII e XXXIV do art. 4º, da Lei nº 9.961, de 28 de janeiro de 2000, em reunião realizada em 20 de junho de 2000, e considerando que a definição de mecanismos para correção de situações de desequilíbrio da carteira de planos e produtos mantidos pelas operadoras representa um instrumento da mais alta importância para uma efetiva regulação do setor de assistência suplementar à saúde, adotou a seguinte Resolução, e eu, Diretor-Presidente, determino a sua publicação:

Art. 1º – A Revisão Técnica dos planos mantidos pelas operadoras, definidos no art. 1º da Lei nº 9.656, de 3 de junho de 1998, obedecerá o disposto nesta Resolução.
Parágrafo único. Esta Resolução aplica-se aos planos individuais, familiares e coletivos, com exceção dos planos coletivos com vínculo empregatício financiados total ou parcialmente pela pessoa jurídica empregadora.
Art. 2º – Define-se por Revisão Técnica o conjunto de medidas a serem adotadas com vistas à correção de desequilíbrios na carteira de planos privados de assistência à saúde que possam comprometer a liquidez e a

solvência da operadora, mediante remodelagem integral ou parcial dos produtos, combinada ou não com o reposicionamento dos valores das contraprestações pecuniárias.

§ 1º Entende-se por remodelagem os ajustes destinados a eliminar ou reduzir desequilíbrios na carteira de produtos da operadora, mediante o oferecimento, ao consumidor, da faculdade de alterar as condições gerais dos planos já comercializados.

§ 2º Os ajustes de que trata o parágrafo anterior referem-se a:
a) adoção de mecanismos de co-participação do beneficiário na cobertura financeira de despesas com procedimentos ambulatoriais, exames complementares e procedimentos odontológicos, e/ou de franquia;
b) redimensionamento da rede hospitalar credenciada ou contratada, ressalvado o disposto nos §§ 2º, 3º e 4º do art. 17 da Lei nº 9.656, de 1998;
c) alteração na segmentação da assistência oferecida no caso de planos comercializados após 2 de janeiro de 1999;
d) adoção de programas de medicina preventiva.

Art. 3º – A operadora solicitante deverá protocolizar a proposta de Revisão Técnica na ANS, à Rua Augusto Severo nº 84, 10º andar, Glória, Rio de Janeiro, RJ, CEP 20.021-040.

Art. 4º – Para solicitar à ANS abertura de processo para análise de proposta de Revisão Técnica, as operadoras deverão estar em dia com as seguintes obrigações:
I – registro junto ao Ministério da Saúde, ou à Agência Nacional de Saúde Suplementar, de planos e produtos comercializados a partir de 2 de janeiro de 1999, na forma da legislação em vigor;
II – envio do cadastro de beneficiários para fins do art. 32 da Lei 9.656/98 e dos demais documentos e informações de envio obrigatório à ANS.

Art. 5º – A ANS poderá solicitar o envio de informações detalhadas sobre a carteira de planos e produtos de assistência à saúde mantidos pela operadora para proceder ao processo de Revisão Técnica.

Art. 6º – O processo de análise da proposta de Revisão Técnica solicitada pela operadora somente será iniciado pela ANS quando se verificarem, cumulativamente, as seguintes hipóteses:
I – constatação de desequilíbrio entre os compromissos correntes e futuros da operadora, vinculados aos serviços de assistência à saúde, e os

pagamentos das contraprestações pecuniárias dos beneficiários;
II – o desequilíbrio for decorrente da variação dos custos médicos, hospitalares e/ou odontológicos e da freqüência de utilização de procedimentos; e
III – a situação de desequilíbrio ameaçar a liquidez e solvência da operadora.
Parágrafo único. A comprovação das hipóteses I e III deverá estar atestada por auditoria independente registrada na Comissão de Valores Mobiliários – CVM. A comprovação da hipótese II deverá ser atestada por atuário.

Art. 7º – Para a aprovação da proposta de Revisão Técnica a ANS poderá exigir a implementação prévia de Plano de Recuperação da liquidez e da solvência da operadora, contendo estratégia para aporte de capital, na forma da regulamentação da ANS.

Art. 8º – Na Revisão Técnica, quando os ajustes definidos no § 2º do art. 2º mostrarem-se insuficientes para a correção dos problemas de liquidez e solvência da operadora decorrentes de desequilíbrio em sua carteira de planos e produtos, a ANS poderá proceder ao reposicionamento dos valores das contraprestações pecuniárias, considerando a nova situação econômico-financeira obtida a partir do processo de remodelação da carteira da operadora.
Parágrafo único. O reposicionamento dos valores das contraprestações pecuniárias deverá considerar os níveis de custos de assistência observados no contexto nacional, bem como os estímulos à eficiência na prestação dos serviços.

Art. 9º – Uma vez aprovados pela ANS, os ajustes propostos pela operadora nos termos do § 2º do art. 2º, combinados, quando for o caso, com o reposicionamento dos valores das contraprestações pecuniárias, a operadora deverá oferecê-los como alternativas aos beneficiários dos planos e produtos da operadora.
§ 1º A operadora deverá, obrigatoriamente, oferecer aos beneficiários pelo menos uma opção de remodelagem sem reposicionamento de contraprestação pecuniária.
§ 2º Cada ajuste, ou conjunto de ajustes oferecidos, após autorizados pela ANS, deverá ser apresentado aos beneficiários, acompanhado de informação precisa sobre a variação resultante nos valores das contraprestações pecuniárias.
§ 3º Ficará a critério dos beneficiários a escolha de uma dentre as alter-

nativas de remodelagem autorizadas pela ANS.

Art. 10 – A critério da ANS poderá ser exigida a assinatura de Termo de Adesão, o qual deverá conter:

I – compromisso da operadora no sentido de atingir metas qualitativas e quantitativas definidas conjuntamente com a ANS;

II – prazos pré-definidos para o cumprimento das metas estabelecidas;

III – obrigação, por parte da operadora, de apresentar à ANS relatórios periódicos sobre sua gestão, desempenho econômico-financeiro, rede credenciada/referenciada, mecanismos de regulação de uso da assistência e qualidade dos serviços prestados.

§ 1º O cumprimento do Termo de Adesão será acompanhado pela ANS e vigorará até serem atingidas as metas nele estabelecidas.

§ 2º As condições do Termo de Adesão poderão ser alteradas, a critério da ANS, se comprovado o excessivo rigor das metas e prazos definidos para a operadora.

Art. 11 – A ANS, nos termos da Lei nº 9.656, de 1998, poderá instaurar fiscalização direta nas operadoras de planos e produtos privados de saúde, de modo a aferir as informações prestadas.

Parágrafo único. Constatadas irregularidades nas informações prestadas será instaurado processo administrativo, aplicando-se as penalidades cabíveis sobre seus responsáveis.

Art. 12. – Esta RDC entra em vigor na data de sua publicação.

Januario Montone

Resolução da ANS – RDC nº 40, de 12 de dezembro de 2000.

Dispõe sobre os Regimes de Direção Fiscal e de Direção Técnica das Operadoras de Planos de Assistência à Saúde.

A Diretoria Colegiada da Agência Nacional de Saúde Suplementar – ANS, no uso das atribuições que lhe confere o inciso III do art. 9º do regulamento aprovado pelo Decreto n.º 3.327, de 5 de janeiro de 2000, na forma do disposto nos art. 24 e 35-A, inciso IV, alínea "h" c/c parágrafo único, ambos da Lei n.º 9.656, de 3 de junho de 1998, adotou a seguinte Resolução de Diretoria Colegiada e eu, Diretor-Presidente, determino a sua publicação:

Art. 1º – A direção fiscal poderá ser instaurada, por prazo não superior a cento e oitenta dias, sempre que se verificar a insuficiência nas garantias do equilíbrio financeiro ou anormalidades econômico-financeiras graves, tais como:
I – totalidade de bens e direitos em valor inferior às obrigações para com terceiros, excluídos destes os sócios da operadora;
II – insuficiência de recursos garantidores, em relação ao montante total das provisões técnicas; ou
III – não apresentação, não aprovação ou não cumprimento do Plano de Recuperação de que trata a Resolução de Diretoria Colegiada – RDC n.º 22, de 30 de maio de 2000, quando requerido pela ANS.

Art. 2º – A direção técnica poderá ser instaurada, por prazo não superior a cento e oitenta dias, sempre que ocorrerem anormalidades administrativas graves em qualquer operadora de planos de assistência à saúde, que coloquem em risco a continuidade ou a qualidade do atendimento à saúde.
§ 1º Caracterizam anormalidades administrativas graves as situações ou práticas no âmbito da operadora que colocam ou possam colocar em risco a continuidade ou a qualidade do atendimento à saúde, tais como:
I – atraso contumaz no pagamento aos prestadores, inviabilizando ou prejudicando o atendimento aos beneficiários;
II – não atingimento de metas qualitativas e quantitativas no procedimento de Revisão Técnica de que trata a RDC n.º 27, de 26 de junho de 2000;
III – desequilíbrio atuarial da carteira, refletindo na queda da qualidade da rede assistencial;
IV – evasão excessiva de beneficiários em função da perda de credibilidade da operadora;
V – excessiva rotatividade da rede credenciada ou descredenciamento em massa, trazendo como conseqüência a queda da qualidade; ou
VI – criação de óbices ao acesso dos beneficiários.
§ 2º Para aplicação do disposto no parágrafo anterior, a ANS procederá avaliação do grau de risco ao qual estará sujeita a continuidade ou a qualidade dos serviços prestados, considerando a sua proporção e a relação com o atendimento à saúde.

Art. 3º – Poderá ser determinada a instauração simultânea da direção fiscal e da direção técnica.
Parágrafo único. Os diretores terão atribuições específicas e atuarão em cooperação de forma independente entre si.

Art. 4º – À Diretoria de Normas e Habilitação das Operadoras – DIOPE caberá instaurar o processo administrativo propondo o regime de direção fiscal ou de direção técnica, a partir da constatação da existência de seus pressupostos.

§ 1º A decisão sobre a determinação da instauração do regime é de competência da Diretoria Colegiada da ANS.

§ 2º O acompanhamento do regime será realizado pela DIOPE.

Art. 5º – O diretor fiscal e o diretor técnico serão nomeados pelo Diretor-Presidente da ANS.

§ 1º O diretor fiscal e o diretor técnico serão investidos em suas funções mediante Termo de Posse, a ser transcrito no Livro de Atas de Reuniões da Diretoria da Operadora ou documento correspondente onde deverá constar, obrigatoriamente, a portaria que determinou a instauração do regime e da nomeação.

§ 2º Observado o porte da operadora, a complexidade de seus negócios, o volume de operações ou qualquer outro justo motivo, poderão ser nomeados assistentes para auxiliarem o diretor fiscal ou o diretor técnico.

§ 3º O diretor fiscal ou o diretor técnico, bem como seus assistentes, pela natureza de sua função, não poderão manter ou ter mantido com a operadora relação de emprego ou qualquer outro vínculo.

Art. 6º – Compete ao diretor fiscal ou ao diretor técnico:

I – submeter à decisão da ANS manifestação de veto aos atos dos administradores da operadora de planos de assistência à saúde e propor à mesma o imediato afastamento dos administradores, conselheiros ou empregados que descumprirem quaisquer de suas determinações;

II – tomar as providências necessárias para a responsabilização criminal de administradores, conselheiros, empregados ou quaisquer pessoas responsáveis por danos causados aos associados, acionistas, cotistas, cooperados, prestadores e operadoras congêneres;

III – requerer que seja precedida a cassação dos poderes de todos os mandatários "ad negotia" cuja nomeação não seja por ele expressamente ratificada;

IV – orientar, coordenar e supervisionar os serviços da operadora de planos de assistência à saúde, baixando instruções diretas a seus administradores e empregados, exercendo quaisquer outras atribuições necessárias ao desempenho de suas funções;

V – determinar a convocação de reunião do órgão estatutário competente que tenha elegido os administradores da operadora;

VI – determinar a convocação e presidir reuniões da diretoria;
VII – praticar demais atos determinados pela ANS; e
VIII – propor à ANS as medidas que julgar cabíveis.

Art. 7º – Além das competências comuns estabelecidas no artigo anterior, compete especificamente ao diretor fiscal :
I – determinar a execução de medidas que possam sanar as irregularidades verificadas na gestão econômico-financeira da operadora de planos de assistência à saúde;
II – acompanhar os fatos manifestando-se contrariamente às propostas ou atos que não sejam convenientes à manutenção ou preservação do equilíbrio financeiro da operadora ou, ainda, que contrariem as determinações da ANS;
III – notificar os administradores da operadora, para as devidas providências, de quaisquer irregularidades relativas à sua solvência ou que ponham em risco valores sob sua responsabilidade ou guarda, ou ainda, que comprometam o crédito;
IV – interpelar os administradores da operadora para que prestem esclarecimentos sobre as irregularidades de que tratam o inciso anterior;
V – determinar a adoção de providências para o recebimento de quaisquer créditos da operadora de planos de assistência à saúde, inclusive de realização de capital;
VI – recomendar aos administradores providências e práticas administrativas que facilitem o desenvolvimento dos negócios da operadora de planos de assistência à saúde e contribuam para consolidar sua estabilidade financeira, e que deverão ser informadas à ANS, mensalmente e por escrito, de acordo com as suas instruções;
VII – determinar a convocação e presidir assembléia geral de associados, acionistas, cotistas, cooperados ou assemelhados;
VIII – determinar a exibição de documentos relativos ao movimento financeiro da operadora de planos de assistência à saúde, suas contas bancárias e aplicações financeiras, inclusive relação de todos os saques efetuados mediante pagamento de cheques ou quaisquer outras ordens de pagamento, com a finalidade de manter o perfeito controle financeiro da operadora; e
IX – propor a alienação da carteira e a transformação do regime de direção fiscal em liquidação extrajudicial, caso fique constatada a inviabilidade de recuperação econômico-financeira da operadora, conforme dispõe o § 4º do art. 24 da Lei n.º 9.656, de 1998.

Art. 8º – Além das competências comuns estabelecidas no art. 6º, com-

pete especificamente ao diretor técnico:
I – determinar a execução de medidas que possam restabelecer a continuidade ou a qualidade do atendimento à saúde, da operadora de planos de assistência à saúde;
II – acompanhar os fatos manifestando-se contrariamente às propostas ou atos que não sejam convenientes ao restabelecimento da continuidade ou da qualidade do atendimento à saúde ou que contrariem as determinações da ANS;
III – notificar os administradores da operadora, para as devidas providências, de quaisquer irregularidades relativas à continuidade ou à qualidade do atendimento das operadoras de planos de assistência à saúde;
IV – interpelar os administradores da operadora para que prestem esclarecimentos sobre as irregularidades de que trata o inciso anterior;
V – recomendar aos administradores providências e práticas administrativas que concorram para restabelecer a continuidade ou a qualidade do atendimento à saúde, e que deverão ser informadas à ANS, mensalmente e por escrito, de acordo com as suas instruções;
VI – determinar a convocação e presidir reuniões da diretoria, quando se tratar de assuntos pertinentes aos serviços prestados pela operadora de planos de assistência à saúde; e
VII – propor a alienação da carteira e a transformação do regime de direção técnica em liquidação extrajudicial, caso a continuidade ou a qualidade do atendimento fique comprovadamente comprometida, conforme dispõe o § 4º do art. 24 da Lei n.º 9.656, de 1998.

Art. 9º – A direção fiscal encerrar-se-á nas seguintes hipóteses:
I – quando alcançado o objetivo de saneamento da insuficiência nas garantias do equilíbrio financeiro ou anormalidades econômico-financeiras graves; ou
II – quando decretado o regime de liquidação extrajudicial.

Art. 10 – A direção técnica encerrar-se-á nas seguintes hipóteses:
I – quando alcançado o objetivo de saneamento das anormalidades administrativas graves que coloquem em risco a continuidade ou a qualidade do atendimento à saúde; ou
II – quando decretado o regime de liquidação extrajudicial.

Art. 11 – Quando forem estabelecidas, pelo CONSU, as diretrizes gerais dos regimes de direção fiscal e de direção técnica, as normas previstas nesta Resolução, se necessário, serão objeto de adequação.

Art. 12 – Esta Resolução entra em vigor na data de sua publicação.

Januario Montone

Resolução da ANS – RDC nº 43, de 18 de dezembro de 2000.

Altera a redação do art. 4º da Resolução de Diretoria Colegiada – RDC nº 25, de 15 de junho de 2000.

A Diretoria Colegiada da Agência Nacional de Saúde Suplementar – ANS, no uso das atribuições que lhe confere o inciso III do art. 9º do Regulamento aprovado pelo Decreto nº 3.327, de 5 de janeiro de 2000, de acordo com a deliberação de 12 de dezembro de 2000, tendo em vista o disposto nos incisos XXIV, XXXV, XXXVII e XXXIX do art. 4º da Lei nº 9.961, de 28 de janeiro de 2000, e:
Considerando a necessidade da celebração de termo de compromisso para a alienação do conjunto de carteiras entre as operadoras e a ANS, adotou a seguinte Resolução de Diretoria Colegiada e eu, Diretor-Presidente, determino a sua publicação:

Art. 1º – Altera o art. 4º da RDC nº 25, de 15 de junho de 2000, que passa a vigorar com a seguinte redação:
"Art. 4º – A ANS poderá solicitar as informações adicionais que julgar necessárias, bem como celebrar termo de compromisso, onde serão determinadas as obrigações a serem assumidas perante a Agência, aos consumidores, bem como outras relativas à operação de alienação do conjunto de carteiras.
§ 1º O extrato do termo de compromisso deverá ser publicado no Diário Oficial da União, em até 5 (cinco) dias úteis após sua assinatura.
§ 2º O termo de compromisso será aprovado pela Diretoria Colegiada da ANS e o seu descumprimento acarretará na aplicação de penalidade, nos termos dos art. 25 e 29 da Lei nº 9.656, de 1998."

Art. 2º – Esta Resolução entra em vigor na data de sua publicação.

Januario Montone

Resolução da ANS – RDC nº 47, de 3 de janeiro de 2001.

Dispõe sobre a liquidação extrajudicial das operadoras de planos de assistência à saúde.

A Diretoria Colegiada da Agência Nacional de Saúde Suplementar – ANS, no uso das atribuições que lhe confere o Inciso III do art. 9º do Regulamento, aprovado pelo Decreto n.º 3.327, de 5 de janeiro de 2000, em vista do que dispõe o art. 35-A e o art. 23 da Lei n.º 9.656, de 3 de junho de 1998, em reunião extraordinária realizada no dia 3 de janeiro de 2001, adotou a seguinte Resolução de Diretoria Colegiada e eu, Diretor-Presidente, determino a sua publicação:

Art. 1º – O regime de liquidação extrajudicial previsto no art. 23 da Lei n.º 9.656, de 1998 obedecerá as disposições desta Resolução.

Art. 2º – Poderá ser determinada a liquidação extrajudicial da operadora de planos de assistência à saúde quando verificada uma das seguintes situações:
I – apresentar insolvência econômico-financeira;
II – não alcançar o objetivo de saneamento da insuficiência nas garantias do equilíbrio financeiro ou das anormalidades econômico-financeiras graves proposto pelo regime de direção fiscal; ou
III – não alcançar o objetivo de saneamento das anormalidades administrativas graves que coloquem em risco a continuidade ou a qualidade do atendimento à saúde, proposto pelo regime de direção técnica.

Art. 3º – Em todos os atos, documentos e publicações de interesse da liquidação extrajudicial será usada, obrigatoriamente, a expressão "em liquidação extrajudicial", em seguida à denominação da operadora.

Art. 4º – A liquidação extrajudicial das operadoras será processada pela ANS, que nomeará o liquidante, com amplos poderes de administração e liquidação, especialmente os de verificação e classificação dos créditos, podendo nomear e demitir funcionários, fixando-lhe os vencimentos, outorgar e cassar mandatos, propor ações e representar a massa em juízo ou fora dele.
Parágrafo único. Com prévia e expressa autorização desta Agência, poderá o liquidante, em benefício da massa liquidanda, ultimar os negócios pendentes e, a qualquer tempo, onerar ou alienar seus bens, incluindo a carteira da operadora, conforme estabelece o § 5º do art. 24 da Lei n.º 9.656, de 1998.

Art. 5º – A decretação da liquidação extrajudicial da operadora e da nomeação do liquidante serão publicados no Diário Oficial da União – D.O.U., produzindo imediatamente os seguintes efeitos:
I – cassação da autorização para funcionamento da operadora;
II – cancelamento dos poderes de todos os órgãos de administração da operadora liquidanda;
III – suspensão das ações e execuções judiciais, excetuadas as que tiveram início anteriormente, quando intentadas por credores com privilégio sobre determinados bens da operadora;
IV – vencimento de todas as obrigações civis ou comerciais da operadora liquidanda; e
V – não fluência de juros, ainda que estipulados, se a massa liquidanda não bastar para o pagamento do principal.
§ 1º Durante a liquidação fica interrompida a prescrição extintiva contra ou a favor da massa liquidanda.
§ 2º Quando a operadora tiver credores por salários ou indenizações trabalhistas, também ficarão suspensas as ações e execuções a que se refere a parte final do inciso III deste artigo.
§ 3º Poderá ser argüida em qualquer fase processual, inclusive quanto às questões trabalhistas, a nulidade dos despachos ou decisões que contravenham o disposto neste artigo.
§ 4º Nos processos sujeitos à suspensão, caberá à massa liquidanda, para realização do ativo, requerer o levantamento de penhoras, arrestos ou quaisquer outras medidas de apreensão ou reserva de bens.
§ 5º A massa liquidanda não estará obrigada a reajustamentos salariais sobrevindos durante a liquidação, nem responderá pelo pagamento de multas, custas, honorários e demais despesas feitas pelos credores em interesse próprio, assim como não se aplicará atualização monetária aos créditos pela mora resultante de liquidação.

Art. 6º – Os administradores das operadoras em liquidação extrajudicial ficarão com todos os seus bens indisponíveis, não podendo, por qualquer forma, direta ou indireta, aliená-los ou onerá-los, até apuração e liquidação final de suas responsabilidades.
§ 1º A indisponibilidade prevista neste artigo decorrerá do ato que decretar a liquidação extrajudicial e atingirá a todos aqueles que tenham estado no exercício das funções nos doze meses anteriores ao mesmo ato.
§ 2º Por proposta da ANS, aprovada pelo Conselho de Saúde Suplementar – CONSU, a indisponibilidade prevista neste artigo poderá ser estendida:
I – aos bens de gerentes, conselheiros fiscais e de todos aqueles que, até o limite da responsabilidade estimada de cada um, tenham concorrido,

nos últimos doze meses, para a decretação da liquidação extrajudicial; e
II – aos bens de pessoas que, nos últimos doze meses, os tenham a qualquer título, adquirido de administradores da instituição ou das pessoas referidas no inciso anterior, desde que haja elementos de convicção de que se trata de simulada transferência a fim de evitar os efeitos desta Resolução.

§ 3º Não se incluem nas disposições deste artigo os bens considerados inalienáveis ou impenhoráveis pela legislação em vigor.

§ 4º Não são igualmente atingidos pela indisponibilidade os bens objetos de contrato de alienação, de promessa de compra e venda, de cessão de direito, desde que os respectivos instrumentos tenham sido levados ao competente registro público, anteriormente à data da decretação da liquidação extrajudicial.

Art. 7º – Os abrangidos pela indisponibilidade de bens de que trata o artigo anterior não poderão ausentar-se do foro da liquidação extrajudicial sem prévia e expressa autorização da ANS.

Art. 8º – Decretada a liquidação extrajudicial, o liquidante comunicará aos registros públicos competentes, aos órgãos públicos e às Bolsas de Valores a indisponibilidade de bens imposta no art. 6º desta Resolução.

Art. 9º – A indisponibilidade de bens determinará o impedimento dos seguintes atos:
I – fazer transcrições, inscrições ou averbações de documentos públicos ou particulares;
II – arquivar atos ou contratos que importem em transferência de cotas sociais, ações ou partes beneficiárias;
III – realizar ou registrar operações e títulos de qualquer natureza; e
IV – processar a transferência de propriedade de veículos automotores.

Art. 10 – Até noventa dias da publicação da decretação da liquidação extrajudicial no D.O.U., o liquidante levantará o balanço do ativo e do passivo da operadora liquidanda e organizará:
I – o arrolamento pormenorizado dos bens do ativo, com as respectivas avaliações, especificando aqueles garantidores das provisões ou do capital;
II – a lista dos credores por dívida de indenização de eventos a usuários de planos de assistência à saúde, com a indicação das respectivas importâncias;
III – a lista dos credores por dívida de indenização de eventos a presta-

dores de serviços de assistência à saúde, com a indicação das respectivas importâncias;
IV – a relação dos créditos trabalhistas da Fazenda Pública e da Previdência Social;
V – a relação dos demais credores, com indicação das importâncias e procedências dos créditos, bem como sua classificação; e
VI – a classificação dos créditos, de acordo com a legislação vigente.

Art. 11 – Os interessados poderão impugnar o quadro geral de credores, mas decairão desse direito se não o exercerem no prazo de trinta dias da respectiva publicação.

Art. 12 – A ANS examinará as impugnações e fará publicar no D.O.U. sua decisão, dela notificando os recorrentes por via postal, sob Aviso de Recebimento – A.R.

Art. 13 – Depois da decisão relativa aos seus créditos ou aos créditos contra os quais tenham reclamado, os credores não incluídos nas relações a que se refere o art. 10 desta Resolução, os delas excluídos, os incluídos sem os privilégios a que se julguem com direito, inclusive por atribuição de importância inferior à reclamada, poderão prosseguir na ação já iniciada ou propor o que lhes competir.
Parágrafo único. Até que sejam julgadas as ações, o liquidante reservará cota proporcional do ativo para garantia dos credores de que trata este artigo.

Art. 14 – O liquidante promoverá a realização do ativo e efetuará o pagamento dos credores pelo crédito apurado e aprovado, no prazo de seis meses, observados os respectivos privilégios e classificação, de acordo com a cota apurada em rateio, na ordem determinada pela legislação em vigor.

Art. 15 – Ultimada a liquidação a Diretoria de Normas e Habilitação de Operadoras – DIOPE tomará conhecimento do balanço final e o encaminhará para a homologação da Diretoria Colegiada da ANS.

Art. 16 – Os encargos da massa liquidanda serão privilegiados sobre os demais.

Art. 17 – Ao liquidante compete publicar no D.O.U. e arquivar no órgão competente os atos relativos à liquidação da operadora.

Art. 18 – O liquidante publicará no D.O.U. um aviso convidando os interessados a examinar, nas repartições da ANS ou nas que esta houver designado, o quadro geral dos credores e, dentro do prazo máximo de quinze dias, alegar seus direitos.

Art. 19 – Os bens imóveis, integrantes do patrimônio da operadora liquidanda, serão vendidos mediante autorização da ANS.

Art. 20 – As vendas de títulos da dívida pública e das ações de companhias e bancos serão feitas em bolsa, pelos corretores de câmbio, títulos e valores mobiliários.

Art. 21 – Apurados, no curso da liquidação, elementos de prova, mesmo indiciária, da prática de contravenções penais ou crimes por parte de qualquer dos antigos diretores, administradores, gerentes e membros do conselho fiscal, o liquidante os encaminhará ao Ministério Público para que este promova a ação penal.

Art. 22 – Será destituído o liquidante que não cumprir os deveres que lhe impõe esta Resolução.
Parágrafo único. Além da pena de destituição, o liquidante responderá pelos prejuízos causados, no desempenho de suas funções, à massa liquidanda ou a terceiros, por negligência, abuso, má-fé ou infração desta Resolução.

Art. 23 – Os honorários do liquidante serão pagos de acordo com o disposto no art. 33 da Lei 9.961, de 28 de janeiro de 2000.

Art. 24 – O liquidante prestará contas à ANS, independentemente de qualquer exigência, no momento que deixar as funções, ou a qualquer tempo quando solicitado.

Art. 25 – A liquidação extrajudicial cessará:
I – se os interessados, apresentando as necessárias condições de garantia, julgadas a critério da ANS, tomarem a si o prosseguimento das atividades econômicas da empresa; ou
II – com a aprovação das contas finais do liquidante e baixa no registro público competente.

Art. 26 – O não atendimento do disposto nesta Resolução implicará na aplicação das penalidades vigentes.

Art. 27 – Esta Resolução entra em vigor na data da sua publicação.

Januario Montone

Resolução da ANS – RDC nº 55, de 13 de fevereiro de 2001.

Dá nova redação ao inciso III do art. 3º da Resolução de Diretoria Colegiada RDC nº 24, de 13 de junho de 2000.

A Diretoria Colegiada da Agência Nacional de Saúde Suplementar – ANS, no uso das atribuições que lhe confere o inciso III do art. 9º do regulamento aprovado pelo Decreto nº 3.327, de 5 de janeiro de 2000, de acordo com as competências definidas na Lei nº 9.656, de 3 de junho de 1998 e na Lei nº 9.961, de 28 de janeiro de 2000, e considerando os termos do Parecer PROGE/GECOS nº 102/01, adotou a seguinte resolução de Diretoria Colegiada e eu, Diretor-Presidente, determino a sua publicação:

Art. 1º – O inciso III do art. 3º da Resolução de Diretoria Colegiada RDC nº 24, de 13 de junho de 2000, passa a vigorar com a seguinte redação:
" Art. 3º – ....
III – deixar de cumprir as obrigações previstas nos contratos celebrados a qualquer tempo."

Art. 2º – Esta Resolução entra em vigor na data da sua publicação.

Januario Montone

Resolução da ANS – RDC nº 66 , de 03 de maio de 2001.

Estabelece normas para reajuste das contraprestações pecuniárias dos planos privados de assistência suplementar à saúde.

A Diretoria Colegiada da Agência Nacional de Saúde Suplementar, no uso das atribuições que lhe confere o inciso III do art. 9º do Regulamento aprovado pelo Decreto nº 3.327 de 5 de janeiro de 2000, de acordo com o disposto na Portaria Interministerial nº 553, de 13 de junho de 2000, dos Ministérios da Saúde e da Fazenda, e da competência defini-

da no inciso XVII do art. 4º da Lei nº 9.961, de 28 de janeiro de 2000, em reunião realizada em 17 de abril de 2001, e
Considerando a política de controle da evolução de preços adotada pela ANS, com foco principal nos planos individuais e familiares e nos planos contratados por pessoas físicas junto a autogestões não patrocinadas, mantendo sob monitoramento permanente a operação das demais modalidades de planos, adotou a seguinte Resolução e eu, Diretor-Presidente, determino a sua publicação:

Art. 1º – As autorizações para reajustes das contraprestações pecuniárias dos planos privados de assistência à saúde que tenham o início do período de referência para aplicação de reajuste entre os meses de maio de 2001 e abril de 2002 obedecerão ao disposto nesta Resolução.
Parágrafo único. Por período de referência para aplicação de reajuste entende-se o período de 12 (doze) meses ao longo do qual serão reajustados os contratos da operadora nas suas respectivas datas de aniversário.

Art. 2º – Dependerá de prévia autorização da ANS a aplicação de reajustes nos planos contratados por pessoas físicas, assim considerados os planos individuais ou familiares e aqueles operados por entidades de autogestão não patrocinadas que sejam integralmente financiados pela contraprestação dos seus beneficiários.
§1º A autorização será formalizada mediante ofício indicando o percentual máximo a ser aplicado e o período a que se refere a autorização.
§2º Quando da aplicação dos reajustes autorizados pela ANS, deverá constar de forma clara e precisa, no boleto de pagamento enviado aos beneficiários, o percentual, o valor e o número do processo da ANS que autorizou o reajuste aplicado.

Art 3º – O reajuste máximo a ser autorizado pela ANS para o período de que trata esta Resolução será de 8,71% (oito vírgula setenta e um por cento).
Parágrafo único. Os valores relativos às franquias ou co-participações não poderão sofrer reajuste em percentual superior ao autorizado pela ANS para a contraprestação pecuniária mensal.

Art. 4º – Para obter a autorização para aplicação do percentual a que se refere o art. 2º as operadoras deverão encaminhar suas solicitações de reajuste, observadas as seguintes exigências:
I – encaminhamento da Solicitação de Reajuste e Termo de Responsabilidade, de acordo com os modelos que compõem os Anexos I e II;

II - as operadoras de planos de assistência médico-hospitalar com até 100.000 (cem mil) beneficiários, deverão manter, por 5 (cinco) anos, em planilhas disponíveis para verificação, as informações constantes no Anexo III;
III - as operadoras de planos de assistência médico-hospitalar com mais de 100.000 (cem mil) beneficiários, deverão manter, por 5 (cinco) anos, em planilhas disponíveis para verificação, as informações constantes no Anexo IV;
IV - as operadoras que operam exclusivamente planos odontológicos, com até 20.000 (vinte mil) beneficiários, deverão manter, por 5 (cinco) anos, em planilhas disponíveis para verificação, as informações constantes no Anexo V; e
V - as operadoras que operam exclusivamente planos odontológicos, com mais de 20.000 (vinte mil) beneficiários, deverão manter, por 5 (cinco) anos, em planilhas disponíveis para verificação, as informações constantes no Anexo VI.
§1º Para aplicação da regra contida nos incisos II a V, deverá ser considerado o número de beneficiários informados no cadastro da ANS 3 (três) meses antes da solicitação de reajuste.
§2º As informações relativas aos Anexos III a VI deverão estar auditadas por auditor independente, registrado na Comissão de Valores Mobiliários - CVM, ficando facultado às operadoras de planos de assistência médico-hospitalar com até 100.000 (cem mil) beneficiários e às exclusivamente odontológicas com até 20.000 (vinte mil) beneficiários auditá-las por auditor independente, registrado no Conselho Regional de Contabilidade - CRC.
§3º A ANS se reserva no direito de disponibilizar as informações relativas aos nomes e registros profissionais dos responsáveis pela auditoria das informações.
§4º A ANS poderá exigir outras informações que julgue necessárias ao exame da solicitação.

Art. 5º - Os reajustes dos planos coletivos sem patrocinador, assim considerados aqueles em que a integralidade das contraprestações são pagas pelos beneficiários diretamente à operadora, deverão ser protocolados na ANS, na forma dos Anexos VII e VIII, com antecedência mínima de 30 (trinta) dias do envio dos boletos de cobrança.
§ 1º Excepciona-se ao disposto no caput deste artigo os planos operados por autogestões não patrocinadas, caso em que se aplica a regra do art. 2º.
§ 2º O boleto de cobrança com a primeira parcela reajustada deverá con-

ter as seguintes informações:
I – a informação de que se trata de um plano coletivo sem patrocinador;
II – a identificação do plano e o número do contrato ou da apólice; e
III – a informação de que o percentual de reajuste foi protocolado na ANS com 30 (trinta) dias de antecedência, por força do disposto nesta Resolução.

Art. 6º – Os reajustes dos planos coletivos com patrocinador, assim considerados aqueles em que as contraprestações pecuniárias são total ou parcialmente pagas à operadora pela pessoa jurídica contratante, deverão ser protocolados na ANS, na forma dos Anexos VII e VIII em até 30 (trinta) dias após a sua aplicação.

Art. 7º – Para fins do disposto no inciso I do artigo 35-E da Lei nº 9.656, de 23 de junho de 1998, fica previamente autorizado o reajuste do valor da contraprestação dos beneficiários com mais de 60 (sessenta) anos de idade em planos coletivos, no mesmo percentual das demais faixas etárias, desde que comunicado na forma prevista nos arts. 5º e 6º desta Resolução.
Parágrafo único A regra contida neste artigo não se aplica aos casos de variação do valor da contraprestação pecuniária em razão de mudança de faixa etária.

Art. 8º – Todas as informações deverão ser prestadas na forma dos Anexos a esta Resolução, preenchidas de acordo com as instruções neles contidas, conforme modelos disponíveis na página da ANS na Internet, no endereço eletrônico www.ans.gov.br.

Art. 9º – A existência de cláusula contratual entre a operadora e o beneficiário do plano, prevendo reajuste ou revisão das contraprestações pecuniárias e especificando fórmulas e parâmetros de cálculo das mesmas, não exime as operadoras do cumprimento do disposto nesta Resolução.

Art. 10 – Não será devido o pagamento de contraprestação pecuniária que sofra alteração pela aplicação de reajuste sem observância do disposto nesta Resolução, não podendo ser considerado como inadimplência o seu não pagamento.

Art. 11 – Esta Resolução entra em vigor na data de sua publicação.

Januario Montone

Obs. 1: O disposto nesta resolução vale para os reajustes das mensalidades aplicados entre os meses de maio de 2001 e abril de 2002. Após esse período, a Agência provavelmente editará outra resolução com novas regras para aplicação dos reajustes durante os doze meses seguintes.
Obs. 2: Os anexos desta resolução não foram reproduzidos devido à sua grande extensão, podendo ser adquiridos por meio do site www.ans.saude.gov.br.

Resolução da ANS – RDC n.º 67 de 07 de maio de 2001.

Altera o Rol de Procedimentos Médicos instituído pela Resolução CONSU nº 10, de 3 de novembro de 1998.

A Diretoria Colegiada da Agência Nacional de Saúde Suplementar - ANS, no uso das atribuições que lhe conferem o inciso III do art. 4º da Lei nº 9.961, de 28 de janeiro de 2000, e o inciso III do art. 9º do Regulamento aprovado pelo Decreto nº 3.327, de 5 de janeiro de 2000, de acordo com o disposto no § 4º do art. 10 da Lei nº 9.656, de 3 de junho de 1998, em reunião realizada em 24 de abril de 2001, e
Considerando a necessidade de atualizar o rol de procedimentos e eventos em saúde que constituem referência básica para a cobertura assistencial nos planos de assistência à saúde contratados a partir de 1º de janeiro de 1999, adotou a seguinte Resolução de Diretoria Colegiada e eu, Diretor-Presidente, determino a sua publicação:

Art. 1º – Fica alterado, na forma do Anexo I desta Resolução, o Rol de Procedimentos Médicos que deverá ser utilizado como referência de cobertura pelas operadoras de planos privados de assistência à saúde para os contratos firmados a partir de 1º de janeiro de 1999.

Art. 2º – Fica revogada a RDC n.º 41 de 14 de dezembro de 2000.

Art. 3º – Esta Resolução entra em vigor na data de sua publicação.

Januario Montone

Obs.: O anexo desta resolução não foi reproduzido devido à sua grande extensão, podendo ser adquirido por meio do site www.ans.saude.gov.br

Resolução da ANS – RDC nº 68, de 7 de maio de 2001.

Estabelece normas para a adoção de cláusula de cobertura parcial temporária, e institui o Rol de Procedimentos de Alta Complexidade.

A Diretoria Colegiada da Agência Nacional de Saúde Suplementar – ANS, no uso das atribuições que lhe confere o inciso III do art. 9º do Regulamento aprovado pelo Decreto nº 3.327, de 5 de janeiro de 2000, de acordo com o disposto no § 4º do art. 10 da Lei nº 9.656, de 3 de junho de 1998, em reunião realizada em 24 de abril de 2001, e Considerando a necessidade de definir os procedimentos de alta complexidade que poderão ser excluídos por até 24 meses da cobertura dos planos de assistência à saúde, quando da adoção de cláusula de cobertura parcial temporária no caso de doença ou lesão preexistente, adotou a seguinte resolução e eu, Diretor-Presidente, determino sua publicação:

Art. 1º – Nos contratos de planos de assistência à saúde a adoção de cláusula de cobertura parcial temporária para doenças ou lesões preexistentes, deverá obedecer às diretrizes estabelecidas na Resolução CONSU n.º 02 de 03 de novembro de 1998 e ao disposto nesta Resolução.

Art. 2º – Para fins de aplicação desta Resolução, são adotadas as seguintes definições:

I – doenças e lesões preexistentes ou DLP: são aquelas que o consumidor ou seu responsável, saiba ser portador ou sofredor, à época da contratação de plano privado de assistência à saúde;

II – cobertura parcial temporária no caso de doença ou lesão preexistente: é a suspensão, estabelecida em contrato pelo prazo máximo de vinte e quatro meses, da cobertura de eventos cirúrgicos, leitos de alta tecnologia e procedimentos de alta complexidade e relacionada à doenças ou lesão preexistente, e

III – Procedimentos de alta complexidade para cobertura parcial temporária: os procedimentos relacionados no Anexo desta Resolução que consistem nos únicos procedimentos de alta complexidade que, quando relacionados à DLP, poderão constar de cláusula contratual específica e ter sua cobertura suspensa pelo prazo de até dois anos.

Art. 3º – Fica instituído, na forma do Anexo I desta Resolução, o Rol de Procedimentos de Alta Complexidade, compreendendo uma seleção extraída do Rol de Procedimentos Médicos de que trata a RDC nº67 de 07 de maio de 2001, com seus códigos numéricos, que pode ser objeto de cobertura parcial temporária nos casos de DLP.

Art. 4º – As cláusulas de cobertura parcial temporária nos casos de DLP deverão mencionar os procedimentos suspensos de forma clara, relacionados diretamente à doença ou lesão descrita no contrato, limitando-os aos atos de natureza cirúrgica, internações em leitos de alta tecnologia e procedimentos de alta complexidade, devendo, estes últimos, ser identificados, com a indicação numérica completa, de acordo com o Anexo desta Resolução.

Art. 5º – Havendo alteração do Rol que compõe o Anexo desta Resolução, as cláusulas contratuais ficarão automaticamente alteradas nos contratos posteriores a 01 de janeiro de 1999, e os contratos que forem firmados a partir da alteração ficarão vinculados ao novo Rol, ainda que os instrumentos contratuais não estejam atualizados.
Parágrafo único. No caso da alteração prevista no caput as operadoras deverão providenciar em até noventa dias, a contar da publicação, a adequação dos instrumentos contratuais, e o envio de aditamentos para atualização de todos os contratos já firmados que sejam atingidos pela alteração.

Art. 6º – Fica revogada a RDC n.º 42 de 14 de dezembro de 2000.

Art. 7º – Esta Resolução entra em vigor na data de sua publicação.

Januario Montone

Obs: O anexo desta resolução não foi reproduzido devido à sua grande extensão, podendo ser adquirido por meio do site
www.ans.saude.gov.br

Resolução da ANS – RDC nº 81, de 10 de agosto de 2001(*).

Classifica os procedimentos médicos constantes do Rol estabelecido pela RDC n.º 67, de 8 de maio de 2001, de acordo com as segmentações autorizadas pelo art. 12 da Lei 9.656, de 3 de junho de 1998.

A Diretoria Colegiada da Agência Nacional de Saúde Suplementar ANS, no uso da atribuição que lhe confere o inciso III do art. 4 da Lei nº 9.961, de 28 de janeiro de 2000, e de acordo com o disposto no art. 12 da Lei nº 9.656, de 3 de junho de 1998, em reunião realizada em 3 de julho de 2001, e
Considerando a necessidade de classificar, de acordo com a segmentação autorizada no art. 12 da Lei 9656, de 1998, os procedimentos e eventos em saúde que constituem referência básica para a cobertura assistencial nos planos de assistência à saúde contratados a partir de 1º de janeiro de 1999, adotou a seguinte Resolução de Diretoria Colegiada e eu, Diretor-Presidente, determino a sua publicação:

Art. 1º – Fica estabelecida, na forma dos Anexos desta Resolução, a classificação do Rol de Procedimentos Médicos de que trata a RDC n.º 67 de 8 de maio de 2001, que deverá ser utilizada como referência de cobertura para todos os contratos firmados a partir de 1º de janeiro de 1999 de acordo com a segmentação contratada.
§ 1º Os anexos desta resolução estarão à disposição para consulta e cópia na página da Internet, http://www.ans.gov.br/Resol_ANS.htm.
§ 2º A íntegra do processo nº33902.033945/2001-92, a que se refere esta resolução e seus anexos, encontra-se à disposição dos interessados na sede da ANS, à Rua Augusto Severo n.º 84, 12º andar.
Art. 2º – Esta Resolução entra em vigor na data de sua publicação.

Januario Montone

(*) Republicada por ter saído com incorreção, do original, no D.O. n156-E, de 15-8-2001, Seção 1, pág. 37.

Obs: Os anexos desta resolução não foram reproduzidos devido à sua grande extensão, podendo ser adquiridos por meio do site www.ans.saude.gov.br.

Resolução da ANS – RDC nº 82, de 16 de agosto de 2001(*).

Estabelece regras para a alienação compulsória de carteira de planos privados de assistência à saúde e altera dispositivo da RDC n.º 24 de 13 de junho de 2000.

A Diretoria Colegiada da Agência Nacional de Saúde Suplementar – ANS, no uso das atribuições que lhe confere o inciso III do art. 9º do Regulamento aprovado pelo Decreto n.º 3.327, de 5 de janeiro de 2000, na forma do disposto no inciso XXXV do art. 4º da Lei nº 9.961, de 28 de janeiro de 2000, e no § 5º do art. 24 e inciso VII do art.25 ambos da Lei n.º 9.656, de 3 de junho de 1998, adotou a seguinte Resolução de Diretoria Colegiada e eu, Diretor-Presidente determino a sua publicação:

Capítulo I – Disposições Preliminares

Art. 1º – A alienação de carteiras das operadoras de planos privados de assistência à saúde, nos casos previstos no §5º do art. 24 e no inciso VII do art. 25 da Lei n.º 9.656 de 3 junho de 1998, será realizada mediante Leilão, de acordo com o disposto nesta Resolução.

Art. 2º – A alienação de carteira dependerá de decisão da Diretoria Colegiada da ANS, e poderá ocorrer nos seguintes casos:
I – Em decorrência de decisão transitada em julgado em processo de aplicação da penalidade prevista no inciso VI do art. 25 da Lei nº 9.656, de 1998;
II – Por proposta do Diretor Fiscal ou Técnico à Diretoria Colegiada no curso dos regimes de direção previstos no art. 24 da Lei nº 9.656, de 1998, mediante relatório circunstanciado contendo análise das condições operacionais técnicas, administrativas ou econômico-financeiras que justifiquem o encaminhamento.

Art. 3º – O Leilão sempre atingirá a totalidade da carteira, que poderá ser adquirida em proposta conjunta por duas ou mais operadoras, quando necessário, para garantir maior participação e melhores condições de absorção de todo universo de consumidores.
§ 1º Nos casos de admissibilidade de proposta conjunta de aquisição da carteira por duas ou mais operadoras, serão identificadas no edital as possibilidades de seu fracionamento.
§ 2º O fracionamento da carteira, quando admitido, não será proposto

com discriminação de idade, de histórico de utilização de serviços ou de condição de saúde.

Art. 4º – Poderá participar do leilão de carteira qualquer operadora que esteja em situação regular perante a ANS e atenda às exigências de qualificação técnica e econômico-financeira previstas no edital.

Art. 5º – A data do leilão será fixada de forma a garantir sua realização imediatamente após a decretação da liquidação extrajudicial da operadora.

Capítulo II – Da Comissão Permanente de Alienação

Art. 6º – A ANS constituirá uma Comissão Permanente de Alienação que ficará responsável pela avaliação das condições de alienação, pela elaboração do edital e pela realização do leilão.
Parágrafo único. A Comissão Permanente de Alienação será composta por um mínimo de 3 (três) membros, designados por Resolução de Diretoria Colegiada da ANS, escolhidos entre os funcionários da ANS, sem prejuízo do exercício de suas atribuições funcionais regulares.

Art. 7º – Compete à Comissão Permanente de Alienação :
I – elaborar a Proposta de Alienação, nos termos desta Resolução;
II – fazer publicar o edital de leilão;
III – realizar o leilão, e
IV – assinar o termo de Alienação juntamente com o liquidante e o representante da operadora adquirente.

Capítulo III – Das Condições de Realização do Leilão
Seção I – Da Proposta de Alienação

Art. 8º – A Proposta de Alienação deverá ser submetida à aprovação da Diretoria Colegiada da ANS, e deverá conter a descrição da carteira a ser alienada bem como as condições para realização do leilão, incluindo as seguintes informações:
I – Descrição da Carteira, com os seguintes dados, sempre que disponíveis:
a) cadastro dos beneficiários incluindo, endereço (município e logradouro de residência), sexo e data de nascimento;
b) expectativa de receita mensal tendo como base o número de beneficiários;

c) condições contratuais em vigor;
d) beneficiários em cumprimento de carência ou Cobertura Parcial Temporária;
e) distribuição de beneficiários por plano ;
f) rede assistencial, e
g) informações relativas aos eventos médico-hospitalares e à freqüência de utilização pelos beneficiários.

II – Condições para realização do leilão:
a) requisitos de capacitação técnica a serem exigidos das operadoras participantes;
b) requisitos de capacitação econômico-financeira a serem exigidos das operadoras participantes;
c) critérios de disputa indicando como deverão ser estruturadas as propostas, que poderão incluir a possibilidade de introdução de co-participação financeira dos beneficiários e definição dos mecanismos de regulação;
d) admissibilidade da proposta conjunta e indicação das possíveis frações da carteira;
e) lance mínimo relativo ao prazo de manutenção dos preços antigos pela operadora vencedora do leilão; e
f) prazo e condições de cadastramento dos usuários junto à operadora adquirente para assinatura dos novos contratos.

III – Minuta do Termo de Alienação.

Art. 9º – A Diretoria Colegiada da ANS fará registrar em ata específica a aprovação da Proposta de Alienação, estabelecendo as datas para realização do leilão, ficando a Comissão autorizada a dar início ao Leilão com a publicação do edital.

Seção II – Da Estrutura das Propostas

Art. 10 – A alienação da carteira se dará sempre a título gratuito ou por valor simbólico, devendo a disputa ocorrer em função de condições econômico-financeiras mais vantajosas para os consumidores vinculados à carteira.

Art. 11 – Por decisão da Diretoria Colegiada da ANS o edital poderá prever a apresentação de Proposta Conjunta de duas ou mais operadoras, nas condições fixadas no Edital, observadas as seguintes diretrizes:
I – a Proposta Conjunta consistirá no agrupamento de duas ou mais operadoras, que apresentarão proposta para a aquisição de toda a cartei-

ra, identificando as frações que cada uma se habilita a absorver, de acordo com a indicação de fracionamento permitida no edital;
II – no caso de aceitação de Proposta Conjunta o edital exigirá que cada empresa reúna as condições de participação relativas á capacidade técnica e econômico-financeira necessárias para a fração que pretenda adquirir;
III – será proibida a apresentação de mais de uma Proposta pela mesma operadora, ainda que uma individual e outra conjunta.

Capítulo IV – Do Leilão
Seção I – Do Edital de Leilão

Art. 12 – O Edital de Leilão deverá conter cláusulas que disponham sobre:
I – dia hora e local de realização do leilão;
II – forma de apresentação de propostas;
III – definição do objeto do leilão;
IV – condições de participação incluindo:
I – regularidade jurídica e fiscal;
II – qualificação técnica, e
III – qualificação econômico-financeira.
V – estrutura da proposta;
VI – documentação necessária para comprovação das condições exigidas;
VII – sistemática do leilão definindo o rito e respectivos prazos;
VIII – minuta do termo de alienação;
IX – prazo de pedido de esclarecimento de condição estabelecida no edital à Comissão Permanente de Alienação;
X – obrigações decorrentes da aquisição, e
XI – sanções para os casos de inadimplência.

Art. 13 – O Edital de Leilão será publicado em extrato no Diário Oficial da União e divulgado através da Internet no endereço eletrônico www.ans.saude.gov.br

Art. 14 – Quando necessário alterar as condições de realização do leilão, a alteração será divulgada pelos mesmos meios de divulgação do edital e implicará o adiamento da data de realização sempre que possa influir na elaboração das propostas ou nos critérios de julgamento.

Seção II – Da Realização do Leilão
Art. 15 – Na data fixada no edital, a sessão do leilão será aberta pelo li-

quidante nomeado pela Diretoria Colegiada da ANS para a liquidação extra judicial da operadora, o qual apresentará a Comissão Permanente de Alienação que será responsável pela condução dos trabalhos durante a sessão de realização do Leilão.

Parágrafo único. A sessão será registrada em ata, que, após assinada pelos membros da Comissão e pelo Liquidante, será oferecida para assinatura dos presentes que manifestarem interesse em fazê-lo.

Art. 16 – A documentação exigida e as propostas escritas deverão ser apresentadas durante a sessão, em dois envelopes fechados, e as operadoras participantes deverão estar presentes através de seus representantes legais ou de procurador constituído na forma prevista nos instrumentos de constituição da empresa ou entidade.

§ 1º Serão abertos e examinados, preliminarmente, os envelopes contendo a documentação exigida no edital, sendo desclassificadas as empresas que não atendam a todas as exigências e devolvendo-se a seus representantes, sem abrir, os envelopes de proposta.

§ 2º Será vencedora a operadora que apresente a melhor proposta de acordo com os critérios de julgamento estabelecidos no edital.

Art. 17 – Após julgamento pela Comissão Permanente de Alienação o resultado do leilão será encaminhado para homologação pela Diretoria Colegiada da ANS e publicado no Diário Oficial da União.

Capítulo V – Da Transferência da Carteira
Seção I – Do Termo de Alienação

Art. 18 – Após homologação do resultado do leilão pela Diretoria Colegiada da ANS, a transferência da carteira será formalizada mediante Termo de Alienação, descrevendo as condições de realização do leilão, a proposta vencedora, as obrigações decorrentes da alienação e as sanções para os casos de inadimplemento, a ser assinado pelo liquidante, pelo representante legal da operadora adquirente e pelo Presidente da Comissão Permanente de Alienação.

Seção II – Da Incorporação dos Novos Beneficiários

Art. 19 – Os beneficiários serão convocados através de carta, no prazo estabelecido no Edital, para a assinatura do novo contrato com a operadora vencedora do Leilão, mediante apresentação de comprovante de pagamento de mensalidade vencida há menos de 60 dias da data de pu-

blicação no Diário Oficial da União da Resolução de Diretoria Colegiada que determinou a liquidação extrajudicial da operadora.
Parágrafo único. As cartas serão enviadas para o endereço constante no cadastro da operadora liquidanda.

Art. 20 – No novo contrato deverá ser incluída cláusula que garanta a manutenção do valor da contraprestação pecuniária que vinha sendo praticada pela operadora liquidanda, pelo prazo oferecido na proposta vencedora.

Art. 21 – O novo contrato não poderá impor carências ou cobertura parcial temporária aos beneficiários da carteira alienada, exceto com relação às carências ainda não cumpridas e coberturas não previstas no contrato anterior, quando tal informação estiver disponível.

Capítulo VI – Das Penalidades

Art. 22 – O art. 7º da RDC 24, de 13 de junho de 2000, passa a vigorar acrescido do seguinte dispositivo :
"Art. 7º – ....
VIII – descumprimento das obrigações estabelecidas no Termo de Alienação previsto no art. 18 da RDC n.º 82 de 16 de agosto de 2001."

Capítulo VII – Disposições Finais

Art 23 – Não será transferida ao adquirente qualquer responsabilidade por atos ou obrigações que vinculem a operadora liquidanda, ainda que decorrentes da prestação de serviços a seus beneficiários.

Art. 24 – A alienação compulsória de carteira realizada nas condições descritas nesta Resolução se enquadra no art. 15 da Medida Provisória nº 2.189-48, de 28 de julho de 2001, e não acarretará responsabilidade tributária nos termos do art. 133 do Código Tributário Nacional.

Art. 25 – Esta Resolução entra em vigor na data de sua publicação.
Januario Montone

(*) Republicada por ter saído com incorreção, do original, no D.O. nº 161-E, de 22-8-2001, Seção 1, pág. 26.

Resolução da ANS – RDC nº 84, de 20 de setembro de 2001.

Dispõe sobre a determinação da alienação de carteira das Operadoras de Planos de Assistência à Saúde, e dá outras providências.

A Diretoria Colegiada da Agência Nacional de Saúde Suplementar, no uso das atribuições que lhe confere o caput do art. 9º do Regulamento Aprovado pelo Decreto n.º 3.327, de 5 de janeiro de 2000, na forma do disposto no inciso XXXV do art. 4º da Lei n.º 9.961, de 28 de janeiro de 2000, e no caput do art. 24 e no art. 25 da Lei n.º 9.656, de 3 de junho de 1998, em reunião realizada em 20 de setembro de 2001, adotou a seguinte Resolução de Diretoria Colegiada e eu, Diretor Presidente, determino a sua publicação:

Art. 1º – A Agência Nacional de Saúde Suplementar – ANS poderá determinar a alienação de carteira das Operadoras de Planos de Assistência à Saúde nas situações que impliquem risco para a continuidade da assistência à saúde ou na vigência de Regime de Direção Fiscal e/ou de Direção Técnica.
§ 1º A ANS poderá determinar exigências adicionais a serem observadas pela Operadora alienante, em especial quanto aos aspectos financeiros.
§ 2º O prazo máximo para alienação da carteira será de 30 (trinta) dias a contar da data do recebimento do comunicado da decisão da Diretoria Colegiada.

Art. 2º – A operação de alienação de carteira deverá manter integralmente as condições dos contratos sem restrição de direitos ou prejuízos para os beneficiários.
§ 1º Consideram-se de trato sucessivo todo os contratos da carteira alienada, inclusive quanto à data de aniversário do reajuste da contraprestação pecuniária, sendo vedado o estabelecimento de carência adicional.
§ 2º A alteração da rede credenciada ou referenciada deverá obedecer o disposto no art. 17 da Lei n.º 9.656, de 1998.
§ 3º Na operação de alienação de carteira fica vedada a interrupção da prestação de assistência aos beneficiários da carteira, da operadora alienante, principalmente aos que estejam em regime de internação hospitalar ou em tratamento médico.

Art. 3º – O instrumento de cessão da totalidade da carteira deverá ser registrado em cartório e protocolizado na ANS, na rua Augusto Severo n.º 84, 10º andar, Rio de Janeiro RJ, CEP 20021-040, no prazo de até 15

(quinze) dias após assinatura do instrumento.
Parágrafo único. O instrumento de cessão deverá conter cláusula expressa em que a Operadora adquirente assume a responsabilidade prevista no art. 2º desta Resolução perante os beneficiários dos planos privados de assistência à saúde.

Art. 4º – A inobservância ao disposto nesta Resolução e às demais determinações da ANS poderá ensejar:
I – a pena de inabilitação temporária, por 10 (dez) anos aos membros do Conselho de Administração e da Diretoria da operadora alienante, para o exercício de cargos de direção ou em Conselhos de Operadoras de Planos de Assistência a Saúde; e/ou
II – o leilão da carteira.

Art. 5º – A Operadora adquirente deverá comunicar aos seus titulares beneficiários a transferência da carteira mediante carta registrada com aviso de recebimento (AR).
Parágrafo único. A Operadora alienante deverá comunicar a alienação da totalidade da carteira, mediante a publicação em jornal de grande circulação na sua área de atuação.

Art. 6º – Os recursos percebidos na alienação da carteira, deverão ser integralmente depositados em conta corrente, mantida pela Operadora, a ser aberta em instituição financeira de indicação da ANS.
Parágrafo único. A conta corrente de que trata o caput deste artigo, só poderá ser movimentada com a assinatura do representante legal da Operadora, após a autorização expressa do Diretor Fiscal, quando for o caso.

Art. 7º – Aplica-se à carteira em alienação o disposto no § 11 do art. 20 da Lei n.º 9.961, de 28 de janeiro de 2000, bem como à operadora adquirente da carteira o disposto no art. 15 da Medida Provisória n.º 2.189-49, de 23 de agosto de 2001.
Art. 8º – Esta Resolução entra em vigor na data de sua publicação.

Januario Montone

PORTARIAS DO MINISTÉRIO DA JUSTIÇA

Portaria nº 4 da Secretaria de Direito Econômico do Ministério da Justiça
(de 13 de março de 1998).

O Secretário de Direito Econômico do Ministério da Justiça, no uso de suas atribuições legais,
Considerando o disposto no art. 56 do Decreto 2181, de 20 de março de 1997, e com o objetivo de orientar o Sistema Nacional de Defesa do Consumidor, notadamente para o fim de aplicação do disposto no inciso IV do art. 22 deste Decreto;
Considerando que o elenco de Cláusulas Abusivas relativas ao fornecimento de produtos e serviços, constantes do art. 51 da Lei nº 8.078, de 11 de setembro de 1990, é de tipo aberto, exemplificativo, permitindo, desta forma a sua complementação, e
Considerando, ainda, que decisões terminativas dos diversos Procons e Ministérios Públicos, pacificam como abusivas as cláusulas a seguir enumeradas,

Resolve:
Divulgar, em aditamento ao elenco do art. 51 da Lei nº 8.078/90, e do art. 22 do Decreto nº 2.181/97, as seguintes cláusulas que, dentre outras, são nulas de pleno direito:
1. Estabeleçam prazos de carência na prestação ou fornecimento de serviços, em caso de impontualidade das prestações ou mensalidades;
2. Imponham, em caso de impontualidade, interrupção de serviço essencial, sem aviso prévio;
3. Não estabeleçam integralmente os direitos do consumidor a partir da purgação da mora;
4. Impeçam o consumidor de se beneficiar do evento, constante de termo de garantia contratual, que lhe seja mais favorável;
5. Estabeleçam a perda total ou desproporcionada das prestações pagas pelo consumidor, em benefício do credor, que, em razão de desistência ou inadimplemento, pleitear a resilição ou resolução do contrato, ressalvada a cobrança judicial de perdas e danos comprovadamente sofridos;
6. Estabeleçam sanções em caso de atraso ou descumprimento da obrigação somente em desfavor do consumidor;
7. Estabeleçam cumulativamente a cobrança de comissão de permanência e correção monetária;
8. Elejam foro para dirimir conflitos decorrentes de relações de consu-

mo diverso daquele onde reside o consumidor;
9. Obriguem o consumidor ao pagamento de honorários advocatícios sem que haja ajuizamento de ação correspondente;
10. Impeçam, restrinjam ou afastem a aplicação das normas do Código de Defesa do Consumidor nos conflitos decorrentes de contratos de transporte aéreo;
11. Atribuam ao fornecedor o poder de escolha entre os múltiplos índices de reajustem entre os admitidos legalmente;
12. Permitam ao fornecedor emitir títulos de crédito em branco ou livremente circuláveis por meio de endosso na representação de toda e qualquer obrigação assumida pelo consumidor;
13. Estabeleçam a devolução de prestações pagas, sem que os valores sejam corrigidos monetariamente;
14. Imponham limite ao tempo de internação hospitalar, que não o prescrito pelo médico.

Portaria nº 3 da Secretaria de Direito Econômico do Ministério da Justiça
(de 19 de março de 1999).

O Secretário de Direito Econômico do Ministério da Justiça, no uso de suas atribuições legais,
Considerando que o elenco de Cláusulas Abusivas relativas ao fornecimento de produtos e serviços, constantes no art. 5º, da Lei nº 8.078, de 11 de setembro de 1990, é de tipo aberto, exemplificativo, permitindo, desta forma sua complementação;
Considerando o disposto no art. 56 do Decreto nº 2181, de 20 de março de 1997, que regulamentou a Lei nº 8.078/90, e com o objetivo de orientar o Sistema Nacional de Defesa do Consumidor, notadamente para o fim de aplicação do disposto no inciso IV do art. 22 deste Decreto, bem assim promover a educação e a informação dos fornecedores e consumidores, quanto aos seus direitos e deveres, com a melhoria, transparência, harmonia, equilíbrio e boa-fé nas relações de consumo; e
Considerando que as decisões administrativas de diversos Procons, entendimentos dos Ministérios Públicos ou decisões judiciais pacificam como abusivas as cláusulas a seguir enumeradas,

Resolve:
Divulgar, em aditamento ao art. 51, da Lei nº 8.078/90, e do art. 22, do Decreto nº 2.181/97, as seguintes cláusulas que, dentre outras, são nu-

las de pleno direito:
1. Determinem aumentos de prestações nos contratos de planos e seguros de saúde, firmados anteriormente à Lei 9.656/98, por mudanças de faixas etárias sem previsão expressa e definida;
2. Imponham, em contratos de plano de saúde firmados anteriormente à Lei 9.656/98, limites ou restrições a procedimentos médicos (consultas, exames médicos, laboratoriais e internações hospitalares, UTI e similares) contrariando prescrição médica;
3. Permitam ao fornecedor de serviço essencial (água, energia elétrica, telefonia) incluir na conta, sem autorização expressa do consumidor, a co-brança de outros serviços. Excetuam-se os casos em que a prestadora de serviço essencial informe e disponibilize gratuitamente ao consumidor a opção de bloqueio prévio da cobrança ou utilização dos serviços de valor adicionado;
4. Estabeleçam prazos de carência para cancelamento do contrato de cartão de crédito;
5. Imponham o pagamento antecipado referente a períodos superiores a 30 dias pela prestação de serviços educacionais ou similares;
6. Estabeleçam nos contratos de prestação de serviços educacionais, a vinculação à aquisição de outros produtos ou serviços;
7. Estabeleçam que o consumidor reconheça o contrato acompanhado do extrato demonstrativo da conta corrente bancária constituem título executivo extrajudicial, para os fins do art. 585, II, do Código de Processo Civil;
8. Estipulem o reconhecimento, pelo consumidor, de que os valores lançados no extrato da conta corrente ou na fatura do cartão de crédito, constituem dívida líquida, certa e exigível;
9. Estabeleçam a cobrança de juros capitalizados mensalmente;
10. Imponham, em contratos de consórcio, o pagamento de percentual a título de taxa de administração futura, pelos consorciados desistentes ou excluídos;
11. Estabeleçam, nos contratos de prestação de serviços educacionais e similares, multa moratória superior a 2% (dois por cento);
12. Exijam a assinatura de duplicatas, letras de câmbio, notas promissórias ou quaisquer outros títulos de crédito em banco;
13. Subtraiam ao consumidor, nos contratos do seguro, o recebimento de valor inferior ao contratado na apólice;
14. Prevejam em contratos de arrendamento mercantil (leasing) a exigência, a título de indenização, do pagamento das parcelas vincendas, no caso de restituição do bem;
15. Estabeleçam, em contrato de arrendamento mercantil (leasing), a

exigência do pagamento antecipado do Valor Residual Garantido (VRG), sem previsão de devolução desse montante, corrigido monetariamente, se não exercida a opção de compra do bem.

Ruy Coutinho do Nascimento

Portaria nº 3 da Secretaria de Direito Econômico do Ministério da Justiça
(de 15 de março de 2001).

O Secretário de Direito Econômico do Ministério da Justiça, no uso de suas atribuições legais;
CONSIDERANDO que o elenco de Cláusulas Abusivas relativas ao fornecimento de produtos e serviços, constantes do art. 51 da Lei nº 8.078, de 11 de setembro de 1990, é de tipo aberto, exemplificativo, permitindo, desta forma a sua complementação;
CONSIDERANDO o disposto no artigo 56 do Decreto nº 2.181, de 20 de março de 1997, que regulamentou a Lei nº 8.078/90, e com o objetivo de orientar o Sistema Nacional de Defesa do Consumidor, notadamente para o fim de aplicação do disposto no inciso IV do art. 22 desse Decreto, bem assim promover a educação e a informação de fornecedores e consumidores, quanto aos seus direitos e deveres, com a melhoria, transparência, harmonia, equilíbrio e boa-fé nas relações de consumo;
CONSIDERANDO que decisões judiciais, decisões administrativas de diversos PROCONs, e entendimentos dos Ministérios Públicos pacificam como abusivas as cláusulas a seguir enumeradas, resolve:

Divulgar o seguinte elenco de cláusulas, as quais, na forma do artigo 51 da Lei nº 8.078, de 11 de setembro de 1990, e do artigo 56 do Decreto nº 2.181, de 20 de março de 1997, com o objetivo de orientar o Sistema Nacional de Defesa do Consumidor, serão consideradas como abusivas, notadamente para fim de aplicação do disposto no inciso IV, do art. 22 do Decreto nº 2.181:

1. estipule presunção de conhecimento por parte do consumidor de fatos novos não previstos em contrato;
2. estabeleça restrições ao direito do consumidor de questionar nas esferas administrativa e judicial possíveis lesões decorrentes de contrato por ele assinado;
3. imponha a perda de parte significativa das prestações já quitadas em situações de venda a crédito, em caso de desistência por justa causa ou

impossibilidade de cumprimento da obrigação pelo consumidor;
4. estabeleça cumulação de multa rescisória e perda do valor das arras;
5. estipule a utilização expressa ou não, de juros capitalizados nos contratos civis;
6. autorize, em virtude de inadimplemento, o não fornecimento ao consumidor de informações de posse do fornecedor, tais como: histórico escolar, registros médicos, e demais do gênero;
7. autorize o envio do nome do consumidor e/ou seus garantes a cadastros de consumidores (SPC, SERASA, etc.), enquanto houver discussão em juízo relativa à relação de consumo;
8. considere, nos contratos bancários, financeiros e de cartões de crédito, o silêncio do consumidor, pessoa física, como aceitação tácita dos valores cobrados, das informações prestadas nos extratos ou aceitação de modificações de índices ou de quaisquer alterações contratuais;
9. permita à instituição bancária retirar da conta corrente do consumidor ou cobrar restituição deste dos valores usados por terceiros, que de forma ilícita estejam de posse de seus cartões bancários ou cheques, após comunicação de roubo, furto ou desaparecimento suspeito ou requisição de bloqueio ou final de conta;
10. exclua, nos contratos de seguro de vida, a cobertura de evento decorrente de doença preexistente, salvo as hipóteses em que a seguradora comprove que o consumidor tinha conhecimento da referida doença à época da contratação;
11. limite temporalmente, nos contratos de seguro de responsabilidade civil, a cobertura apenas às reclamações realizadas durante a vigência do contrato, e não ao evento ou sinistro ocorrido durante a vigência;
12. preveja, nos contratos de seguro de automóvel, o ressarcimento pelo valor de mercado, se inferior ao previsto no contrato;
13. impeça o consumidor de acionar, em caso de erro médico, diretamente a operadora ou cooperativa que organiza ou administra o plano privado de assistência à saúde;
14. estabeleça, no contrato de venda e compra de imóvel, a incidência de juros antes da entrega das chaves;
15. preveja, no contrato de promessa de venda e compra de imóvel, que o adquirente autorize ao incorporador alienante constituir hipoteca do terreno e de suas acessões (unidades construídas) para garantir dívida da empresa incorporadora, realizada para financiamento de obras;
16. vede, nos serviços educacionais, em face de desistência pelo consumidor, a restituição de valor pago a título de pagamento antecipado de mensalidade.

Paulo de Tarso Ramos Ribeiro

modelos de cartas

MODELOS DE CARTAS ÚTEIS PARA O CONSUMIDOR

Para escrever e enviar a carta, observe as recomendações a seguir:
• Se você for associado do Idec e desejar identificar-se como tal, acrescente ao lado do seu nome "associado do Idec".
• É preciso que você tenha certeza de que sua carta foi recebida pela empresa. Para isso, tome as precauções enumeradas abaixo.
1. Se você entregar a carta pessoalmente na sede da empresa, exija um protocolo de recebimento na cópia da carta.
2. Se enviá-la pelo correio, faça-o com aviso de recebimento (AR).
3. Se for por fax, guarde o comprovante que o próprio aparelho emite.
4. Se mandar por e-mail, peça a confirmação do recebimento e imprima.
5. Se estiver pedindo reembolso, nos casos em que foi necessário pagar pelo atendimento que a empresa injustificadamente se recusou a cobrir, é essencial apresentar o recibo (ou qualquer outro documento) que comprove o quanto você gastou. Por isso, sempre peça o seu recibo, pois ele poderá ajudá-lo nessas e em outras situações.
6. Se sua solicitação não for atendida, recorra ao Procon de sua cidade, ao Ministério da Saúde/Agência Nacional de Saúde Suplementar, aos órgãos de defesa do consumidor e, em último caso, ao Juizado Especial Cível ou à Justiça Comum.
Obs.: Caso a pessoa que estiver com o problema não tenha condições de resolvê-lo, o encaminhamento da carta pode e deve ser feito por outra pessoa, de preferência parente próximo. Nesses casos, é importante identificar quem está enviando a carta e quem está com o problema que precisa ser resolvido, explicando o que gerou tal situação.

Relação dos modelos de carta
Nas páginas seguintes há modelos de carta para serem utilizados em caso de solicitação ou reivindicação de direitos conferidos pela legislação junto à empresa ou à Agência Nacional de Saúde Suplementar. Essas cartas servem para as seguintes situações:

Aumentos
• Reajuste anual abusivo – **Modelo 13**
• Aumento por mudança de faixa etária indevido – **Modelo 8**
• Aumento por mudança de faixa etária muito alto – **Modelo 9**
• Aumento por mudança de faixa etária – recusa de repactuação – **Modelo 11**

- Aumento por mudança de faixa etária – pedido de repactuação – **Modelo 12**
- Aumento por variação de sinistralidade – **Modelo 14**
- Aumento por revisão técnica – **Modelo 32**
- Solicitação de planilha de custos e explicações sobre critérios para reajuste de mensalidade – **Modelo 15**
- Solicitação de informação sobre o reajuste sofrido sem explicação – **Modelo 40**
- Solicitação de informação à ANS sobre autorização de reajuste – **Modelo 29**

Exclusão / limitação de cobertura

- Doença preexistente – exclusão indevida por não se configurar a preexistência – **Modelo 20**
- Doença preexistente – solicitação de cobertura de procedimento não considerado como alta complexidade ou evento cirúrgico – **Modelo 35**
- Doença preexistente – solicitação de cobertura de procedimento classificado pela ANS como alta complexidade – **Modelo 38**
- Doença preexistente – solicitação de oferecimento de agravo – **Modelo 36**
- Doença preexistente – incorretamente considerada pela empresa em razão da Declaração de Saúde feita – **Modelo 21**
- Doença/procedimento excluído do contrato – pedido de cobertura – **Modelo 33**
- Internação hospitalar – exigência do atendimento sem limitação – **Modelo 6**
- Internação hospitalar – manutenção do atendimento em caso de descredenciamento – **Modelo 17**
- Urgências e emergências – exigência de atendimento – **Modelo 22**
- Urgências e emergências – exigência de atendimento integral e reembolso – **Modelo 24**
- Urgência e emergência – solicitação de reembolso de despesa decorrente da utilização de serviços fora da rede credenciada – **Modelo 23**

Descredenciamento

- Descredenciamento de hospital/laboratório/médico – solicitação de manutenção do prestador e da rede credenciada – **Modelo 16**
- Descredenciamento durante internação – solicitação de manutenção do serviço – **Modelo 17**

Informações / reclamações
- Solicitação de cópia do contrato – **Modelo 1**
- Solicitação de informação à ANS sobre direção fiscal e/ou técnica ou intervenção na operadora – **Modelo 34**
- Reclamação quanto à má qualidade e indagar sobre problemas financeiros da empresa – **Modelo 31**
- Reclamação quanto à má qualidade dos serviços prestados – **Modelo 39**

Adaptação de contrato antigo às regras da nova legislação
- Solicitação de manutenção do contrato antigo – **Modelo 2**
- Solicitação de cópia do contrato novo para conhecimento e eventual adaptação – **Modelo 3**

Contratos coletivos
- Solicitação da manutenção do contrato individual/familiar com a mesma empresa de assistência à saúde, sem o cumprimento de novas carências, diante da rescisão do contrato coletivo – **Modelo 37**
- Desempregado – solicitação de manutenção do contrato – **Modelo 26**
- Aposentado – solicitação de manutenção do contrato – **Modelo 27**
- Aposentado/desempregado – solicitação de manutenção do contrato, mesmo que não haja contribuído diretamente – **Modelo 28**

Outros
- Reclamação sobre cancelamento unilateral do contrato – **Modelo 4**
- Reclamação sobre suspensão unilateral do contrato – **Modelo 5**
- Reclamação sobre imposição de carência por atraso no pagamento – **Modelo 7**
- Solicitação de reembolso de despesa decorrente de imposição de limite de carência indevida – **Modelo 18**
- Reclamação sobre negativa de acesso aos idosos e/ou deficientes no plano – **Modelo 19**
- Reclamação sobre a exigência indevida de cheque-caução – **Modelo 41**
- Solicitação de autorização de guia para procedimento solicitado por profissional não pertencente à rede própria ou credenciada – **Modelo 25**

MODELO 1
Para solicitar cópia do contrato.

(Local, data)

A (nome da empresa)
A/C (endereçar ao SAC – Serviço de Atendimento ao Cliente, ou à diretoria da empresa)

Prezados senhores,

Em (inserir data de aquisição do plano/seguro-saúde), contratei dessa empresa a prestação de serviços de assistência à saúde, na modalidade/categoria (inserir a categoria do plano/seguro-saúde, modalidade individual/familiar), sendo que no momento da contratação não me foi entregue cópia do contrato e até a presente data este não me foi enviado.

Diante do exposto, solicito, em caráter de urgência, cópia do contrato a que tenho direito conforme determina o Código de Defesa do Consumidor (art. 6º, III e art. 46).

Certo de seu pronto atendimento em respeito aos meus direitos de consumidor, agradeço antecipadamente. Informo que, caso não seja atendida minha solicitação no prazo de 10 (dez) dias, serão adotadas as medidas administrativas e judiciais cabíveis.

Atenciosamente,

....
(Nome, assinatura, meios de contato – telefone, endereço, fax, e-mail)

MODELO 2
Para exigir o direito de manter o contrato antigo (para quem já tem contrato).

(Local, data)

A (nome da empresa)
A/C (endereçar ao SAC – Serviço de Atendimento ao Cliente, ou à diretoria da empresa)

Prezado(a) Senhor(a),

Em (inserir a data de aquisição do plano/seguro-saúde), contratei dessa empresa a prestação de serviços de assistência à saúde, na modalidade/categoria (inserir a categoria do plano/seguro-saúde, modalidade individual/familiar).
Em (inserir a data em que a empresa enviou proposta de mudança para um contrato nos termos da nova lei), foi-me enviada correspondência informando que meu plano/seguro-saúde deveria ser substituído por um outro, em conformidade com a Lei 9.656/98.
Ocorre que a referida Lei garante o direito do consumidor de manter o plano antigo, se assim julgar conveniente (artigo 35, caput). Além disso, a opção pela substituição pode ser feita a qualquer momento, razão pela qual prefiro manter o meu contrato e solicitar a adaptação futuramente, caso venha a mudar de opinião.
Diante do exposto, solicito seja mantido o meu contrato, nos moldes pactuados anteriormente.
Certo de seu pronto atendimento em respeito aos meus direitos de consumidor, agradeço antecipadamente. Informo que, caso não seja atendida minha solicitação, serão adotadas as medidas cabíveis.

Atenciosamente,

....
(Nome, assinatura, meios de contato – telefone, endereço, fax, e-mail)

MODELO 3
Para solicitar os contratos da nova Lei e eventual adaptação (para quem já tem contrato).

(Local, data)

A (nome da empresa)
A/C (endereçar ao SAC – Serviço de Atendimento ao Cliente, ou à diretoria da empresa)

Prezado(a) Senhor(a),
Em (inserir a data de aquisição do plano/seguro-saúde), contratei dessa empresa a prestação de serviços de assistência à saúde, na modalidade/categoria (inserir a categoria do plano/seguro-saúde, modalidade individual/familiar).

Até a presente data não me foi enviada a proposta do plano-referência criado pela Lei 9.656/98. Ocorre que a referida Lei, em seu artigo 10, parágrafo 2º, estabeleceu que, a partir de 3 de dezembro de 1999, as empresas estão obrigadas a oferecer o plano-referência a todos os seus novos e antigos conveniados.

Diante do exposto, solicito cópia do contrato do plano-referência e de outros oferecidos por essa empresa, para que possa analisar a possibilidade de adaptar meu contrato às novas regras da Lei 9.656/98.

Certo de seu pronto atendimento em respeito aos meus direitos de consumidor, agradeço antecipadamente. Informo que, caso não seja atendida minha solicitação no prazo de 10 (dez) dias, serão adotadas as medidas cabíveis.

Atenciosamente,

....
(Nome, assinatura, meios de contato – telefone, endereço, fax, e-mail)

MODELO 4
Para contestar rescisão unilateral do contrato (para os contratos novos, adaptados e antigos).

(Local, data)

A (nome da empresa)
A/C (endereçar ao SAC – Serviço de Atendimento ao Cliente, ou à diretoria da empresa)

Prezado(a) Senhor(a),

Em (inserir a data de aquisição do plano/seguro-saúde), contratei dessa empresa a prestação de serviços de assistência à saúde, na modalidade/categoria (inserir a categoria do plano/seguro-saúde, modalidade individual/familiar).

Em (inserir a data da rescisão unilateral), fui surpreendido com a informação de que meu contrato seria rescindido a partir de (inserir a data informada pela empresa e relatar aqui o que efetivamente ocorreu, quem comunicou, de que modo foi comunicado, etc...).

Ocorre que o Código de Defesa do Consumidor proíbe este tipo de conduta, que é caracterizada como prática abusiva e por isso nula, de acordo com os artigos 39, inciso IV, e 51, inciso IV, parágrafo 1º, inciso III.

Para reforçar esse entendimento, a Lei 9.656/98, nos artigos 13, II e 35-E, III, vedou expressamente o cancelamento do contrato, salvo quando ocorrer fraude ou não pagamento da mensalidade por período superior a 60 dias – o que não aconteceu no meu caso.

Diante do exposto, solicito que, em caráter de urgência, seja anulada a rescisão do meu contrato, conforme determina a lei.

Certo de seu pronto atendimento em respeito aos meus direitos de consumidor, agradeço antecipadamente. Informo que, caso minha solicitação não seja atendida no prazo de 5 (cinco) dias, serão adotadas as medidas administrativas e judiciais cabíveis.

Atenciosamente,

....
(Nome, assinatura, meios de contato – telefone, endereço, fax, e-mail)

MODELO 5
Para contestar suspensão unilateral do contrato e, se for o caso, pedir reembolso (para os contratos novos, adaptados e antigos).

(Local, data)

A (nome da empresa)
A/C (endereçar ao SAC – Serviço de Atendimento ao Cliente, ou à diretoria da empresa)

Prezados Senhores,

Em (inserir a data de aquisição e/ou adaptação do plano/seguro-saúde), contratei dessa empresa a prestação de serviços de assistência à saúde, na modalidade/categoria (inserir a categoria do plano/seguro-saúde, modalidade individual/familiar).

Em (inserir data), fui surpreendido com a negativa de (inserir o procedimento cuja cobertura foi negada: internação, exame, consulta etc...), sob a alegação de que meu contrato estava suspenso por (inserir o motivo alegado pela empresa para suspender o contrato, por exemplo, falta de pagamento da mensalidade).

Para receber o devido atendimento, necessário para preservar minha saúde (ou de alguém da família), conseqüentemente, fui obrigado(a) a desembolsar a quantia de R$ (inserir o valor desembolsado), conforme comprova o recibo anexo (inserir este parágrafo somente na hipótese de ter ocorrido o pagamento do serviço cuja cobertura foi negada pela empresa).

Ocorre que o Código de Defesa do Consumidor proíbe a suspensão unilateral do contrato, caracterizando este tipo de conduta como prática abusiva e por isso nula, de acordo com os artigos 39, inciso IV e 51, IV, parágrafo 1º, II e III.

Para reforçar esse entendimento, a Lei 9.656/98, nos artigos 13, II e 35-E, III vedou expressamente a suspensão do contrato, salvo quando ocorrer fraude ou não pagamento da mensalidade por período superior a 60 dias – o que não aconteceu no meu caso.

Diante do exposto, solicito, em caráter de urgência, seja anulada a suspensão do meu contrato, conforme determina a Lei, e, também seja feito o reembolso do valor pago (R$...), já que, naquele momento, não foi possível aguardar uma resposta por parte de V. Sas. (inserir a parte final deste parágrafo somente na hipótese de ter ocorrido o pagamento do serviço cuja cobertura foi negada pela empresa).

Certo de seu pronto atendimento em respeito aos meus direitos de consumidor, agradeço antecipadamente. Informo que, caso não seja atendida minha solicitação no prazo de 5 (cinco) dias, serão adotadas as medidas cabíveis.

Atenciosamente,

....
(Nome, assinatura, meios de contato – telefone, endereço, fax, e-mail)

MODELO 6
Para exigir fim do limite de internação hospitalar (para os contratos novos, adaptados e antigos).

(Local, data)

A (nome da empresa)
A/C (endereçar ao SAC – Serviço de Atendimento ao Cliente, ou à diretoria da empresa)

Prezados Senhores,

Em (inserir a data de aquisição e/ou adaptação do plano/seguro-saúde), contratei dessa empresa a prestação de serviços de assistência à saúde, na modalidade/categoria (inserir a categoria do plano/seguro-saúde, modalidade individual/familiar).

Em (inserir a data da interrupção da internação hospitalar), fui surpreendido com a informação de que o prazo de internação hospitalar a que tinha direito havia esgotado. (Relatar o que efetivamente ocorreu, quem comunicou, de que modo foi comunicado, etc.)

Ocorre que este limite de internação hospitalar imposto pela empresa é uma prática abusiva e por isso nula, de acordo com o Código de Defesa do Consumidor (artigo 51, IV, parágrafo 1º, II e III). Também com base na Lei 9.656/98, esta atitude é ilegal (artigos 12, II, "a" e 35-E, IV), pois não pode haver limitação de prazo em caso de internação hospitalar.

Diante do exposto, solicito, em caráter de urgência, seja desconsiderado o limite de internação hospitalar imposto, conforme determina a Lei, para garantir a continuidade da prestação dos serviços hospitalares imprescindíveis ao caso.

Certo de seu pronto atendimento em respeito aos meus direitos de consumidor, agradeço antecipadamente. Informo que, caso não seja atendida minha solicitação no prazo de 24 (vinte e quatro) horas, serão adotadas as medidas cabíveis.

Atenciosamente,

....
(Nome, assinatura, meios de contato – telefone, endereço, fax, e-mail)

MODELO 7
Para o caso de imposição abusiva de carência por atraso no pagamento (para os contratos novos, adaptados e antigos).

(Local, data)

A (nome da empresa)
A/C (endereçar ao SAC – Serviço de Atendimento ao Cliente, ou à diretoria da empresa)

Prezados Senhores,

Em (inserir a data de aquisição e/ou adaptação do plano/seguro-saúde), contratei dessa empresa a prestação de serviços de assistência à saúde, na modalidade/categoria (inserir a categoria do plano/seguro-saúde, modalidade individual/familiar).

Em (inserir data), fui surpreendido com a informação de que não poderia usar o meu plano/seguro-saúde durante (número de dias), por causa do atraso no pagamento da minha mensalidade (ou descrever se for outro caso), razão pela qual foi negado (descrever o procedimento que foi negado pela empresa: consulta médica, internação hospitalar, exames).

Ocorre que, com base na Lei 9.656/98 (artigos 13, II e 35-E, III), esta prática é proibida. Também o Código de Defesa do Consumidor, especialmente o artigo 51, IV e parágrafo 1º, I e II, a considera abusiva e, portanto, nula.

Diante do exposto, solicito que, com urgência, seja imediatamente autorizada (inserir o procedimento que foi negado: guia para consulta médica, internação, exames, etc).

Certo de seu pronto atendimento em respeito aos meus direitos de consumidor, agradeço antecipadamente. Informo que, caso não seja atendida minha solicitação no prazo de 5 (cinco) dias, serão adotadas as medidas cabíveis.

Atenciosamente,

....
(Nome, assinatura, meios de contato – telefone, endereço, fax, e-mail)

MODELO 8
Para o caso de aumento indevido por mudança de faixa etária (para os contratos novos, adaptados e antigos, que não apresentam de forma clara as faixas etárias e os respectivos percentuais de aumento).

(Local, data)

A (nome da empresa)
A/C (endereçar ao SAC – Serviço de Atendimento ao Cliente, ou à diretoria da empresa)

Prezados Senhores,

Em (inserir a data de aquisição e/ou adaptação do plano/seguro-saúde), contratei dessa empresa a prestação de serviços de assistência à saúde, na modalidade/categoria (inserir a categoria do plano/seguro-saúde, modalidade individual/familiar).
Em (inserir a data do aumento abusivo por mudança de faixa etária), fui surpreendido(a) com um aumento na mensalidade de meu plano/seguro-saúde, que segundo informações de V. Sas., decorre da mudança de faixa etária.
Ocorre que o Código de Defesa do Consumidor, em seus artigos 6º, inciso III, 46 e 51, inciso X, proíbe aumento dessa natureza se não estiverem expressos no contrato a(s) faixa(s) etária(s) e o(s) respectivo(s) percentual(ais) de aumento. Também a Lei nº 9.656/98, especialmente em seu artigo 16, IV e a Resolução nº 6 do Consu – Conselho Nacional de Saúde Suplementar, consideram o aumento, neste caso, ilegal.
Diante do exposto, solicito a imediata correção do valor de minha mensalidade.
Certo de seu pronto atendimento em respeito aos meus direitos de consumidor, agradeço antecipadamente. Informo que, caso não seja atendida minha solicitação no prazo de 10 (dez) dias, serão adotadas as medidas cabíveis.

Atenciosamente,

....
(Nome, assinatura, meios de contato – telefone, endereço, fax, e-mail)

MODELO 9
Para reclamar de aumento por faixa etária muito alto (para os contratos novos, adaptados e antigos, que apesar de apresentarem de forma clara as faixas etárias e os respectivos percentuais de aumento, impõem aumentos desmedidos especialmente para os mais idosos).

(Local, data)

A (nome da empresa)
A/C (endereçar ao SAC – Serviço de Atendimento ao Cliente, ou à diretoria da empresa)

Prezados Senhores,

Em (inserir a data de aquisição e/ou adaptação do plano/seguro-saúde), contratei dessa empresa a prestação de serviços de assistência à saúde, na modalidade/categoria (inserir a categoria do plano/seguro-saúde, modalidade individual/familiar).

Em (inserir data), fui surpreendido com um reajuste na mensalidade de meu plano/seguro-saúde, que de R$ (inserir valor da mensalidade anterior) subiu para R$ (inserir valor da mensalidade atual), justificado em virtude de mudança de faixa etária, pois completei (inserir idade) anos.

Apesar de previsto em meu contrato, este aumento de (inserir o percentual de aumento) não possui respaldo em nenhum critério técnico, representando, na realidade, uma tentativa de me excluir do plano em razão da minha idade.

Ocorre que de acordo com o Código de Defesa do Consumidor, em especial o artigo 51, I e § 1º, III, são nulas as cláusulas que coloquem o consumidor em desvantagem exagerada, ou que se mostram excessivamente onerosa. Além disso, a própria Lei 9.656/98, em seu artigo 14, proíbe a exclusão dos idosos dos planos e seguros de assistência privada, sem falar em outros artigos do Código de Defesa do Consumidor, como o 4º, I e VI, o 6º, VI e novamente o 51, XV, § 1º, I a III.

Diante do exposto, solicito que o reajuste imposto seja revisto, bem como os critérios utilizados para aplicação dos aumentos de faixa etária sejam explicitados.

Certo de seu pronto atendimento em respeito aos meus direitos de consumidor, agradeço antecipadamente. Informo que, caso não seja atendida minha solicitação no prazo de 10 (dez) dias, serão adotadas as medidas cabíveis.

Atenciosamente,

....
(Nome, assinatura, meios de contato – telefone, endereço, fax, e-mail)

MODELO 10
Para reclamar de aumento por faixa etária sofrido por consumidor maior de 60 anos, com contrato há mais de 10 anos na mesma empresa (para contratos novos ou adaptados).

(Local, data)

A (nome da empresa)
A/C (endereçar ao SAC – Serviço de Atendimento ao Cliente, ou à diretoria da empresa)

Prezados Senhores,

Em (inserir a data de aquisição e/ou adaptação do plano/seguro-saúde) contratei dessa empresa a prestação de serviços de assistência à saúde, na modalidade/categoria (inserir a categoria do plano/seguro-saúde, modalidade individual/familiar), tendo adaptado meu contrato às regras da Lei 9.656/98 em (inserir a data de adaptação do contrato à nova Lei – essa data deve ser obrigatoriamente posterior a 04.01.99).

Ocorre que, em (inserir a data do aumento abusivo por mudança de faixa etária), fui surpreendido(a) com um aumento na mensalidade de meu plano/seguro-saúde, que segundo informações de V. Sas. decorre da mudança de faixa etária e tem base no disposto na cláusula contratual (inserir número da cláusula contratual que prevê reajuste por faixa etária).

No entanto, esse aumento é ilegal, pois contraria o disposto no artigo 15, parágrafo único da Lei 9.656/98, já que eu sou maior de 60 (sessenta) anos de idade e meu contrato com V. Sas. conta com mais de 10 (dez) anos de duração.

Diante do exposto, solicito a imediata correção do valor da minha mensalidade.

Certo de seu pronto atendimento em respeito aos meus direitos de consumidor, agradeço antecipadamente. Informo que, caso não seja atendida minha solicitação no prazo de 5 (cinco) dias, serão adotadas as medidas cabíveis.

Atenciosamente,

....
(Nome, assinatura, meios de contato – telefone, endereço, fax, e-mail)

MODELO 11
Para recusar imposição de repactuação de cláusula de faixa etária autorizada pela ANS (para quem tem contrato antigo).

(Local, data)

A (nome da empresa)
A/C (endereçar ao SAC – Serviço de Atendimento ao Cliente, ou à diretoria da empresa)

Prezados Senhores,

Em (inserir a data de aquisição do plano/seguro-saúde), contratei dessa empresa a prestação de serviços de assistência à saúde, na modalidade/categoria (inserir a categoria do plano/seguro-saúde, modalidade individual/familiar).

Em (inserir a data em que a empresa enviou proposta de repactuação dos aumentos por mudança de faixa etária), foi-me enviada correspondência informando que meu plano/seguro-saúde deveria sofrer repactuação quanto aos aumentos por mudança de faixa etária, conforme autorização concedida pela ANS – Agência Nacional de Saúde Suplementar.

Ocorre que o contrato que firmei com a empresa representa direito adquirido, protegido pela Constituição Federal, e que, portanto, não pode ser alterado por lei, muito menos por uma mera autorização da ANS.

Por essas razões, é inegável meu direito de manter o referido plano (antigo), inclusive no tocante à cláusula que prevê o aumento da prestação por mudança de faixa etária.

Aliás, como meu contrato não apresenta de forma clara as faixas etárias e os respectivos percentuais de reajuste, esta empresa está proibida de me cobrar aumento desta natureza, de acordo com o Código de Defesa do Consumidor (artigos 6º, inciso III, 46 e 51, inciso X) e com a Lei 9.656/98 (artigo 16, IV e resolução 6 do Consu – Conselho Nacional de Saúde Suplementar). (inserir este parágrafo apenas se seu contrato não apresentar claramente os reajustes por mudança de faixa etária e os respectivos percentuais de aumento)

Como se vê, a pretensão de V. Sas. constitui ato ilegal e inconstitucional, ainda que respaldado pela ANS, pelo que manifesto minha discordância com a repactuação imposta por essa empresa, mantendo inalterado meu contrato, nos moldes pactuados originalmente.

Certo de seu pronto atendimento em respeito aos meus direitos de consumidor, agradeço antecipadamente. Informo que, caso não seja atendida minha solicitação, serão adotadas as medidas cabíveis.

Atenciosamente,

....
(Nome, assinatura, meios de contato – telefone, endereço, fax, e-mail)

MODELO 12
Para pedir a repactuação dos reajustes por mudança de faixa etária (para quem tem contrato antigo).

(Local, data)

A (nome da empresa)

A/C (endereçar ao SAC – Serviço de Atendimento ao Cliente, ou à diretoria da empresa)

Prezados Senhores,

Em (inserir a data de aquisição do plano/seguro-saúde), contratei dessa empresa a prestação de serviços de assistência à saúde, na modalidade/categoria (inserir a categoria do plano/seguro-saúde, modalidade individual/familiar).

No entanto, apesar de possuir um plano prevendo aumento por faixa etária após os 60 (sessenta) anos, até a presente data não recebi uma proposta de repactuação dos aumentos por mudança de faixa etária, conforme determina o artigo 35-E, § 1º da Lei 9.656/98.

Diante do exposto, solicito seja encaminhada uma proposta com este fim, contendo a fórmula de aplicação de reajuste diluído e a informação de modo claro e objetivo sobre o valor inicial do contrato, o valor repactuado e o percentual de reajuste anual que vai incidir após a repactuação.

Certo de seu pronto atendimento em respeito aos meus direitos de consumidor, agradeço antecipadamente. Informo que, caso não seja atendida minha solicitação no prazo de 10 (dez) dias, serão adotadas as medidas cabíveis.

Atenciosamente,

....
(Nome, assinatura, meios de contato – telefone, endereço, fax, e-mail)

MODELO 13
Para caso de reajuste abusivo de mensalidade (para os contratos novos, adaptados e antigos).

(Local, data)

A (nome da empresa)
A/C (endereçar ao SAC – Serviço de Atendimento ao Cliente, ou à diretoria da empresa)

Prezados Senhores,

Em (inserir a data de aquisição e/ou adaptação do plano/seguro-saúde), contratei dessa empresa a prestação de serviços de assistência à saúde, na modalidade/categoria (inserir a categoria do plano/seguro-saúde, modalidade individual/familiar).

Em (inserir data), fui surpreendido com um reajuste na mensalidade de meu plano/seguro-saúde, que de R$ (inserir valor da mensalidade anterior) subiu para R$ (inserir valor da mensalidade atual), o que, como V. Sas. podem comprovar, representa significativo aumento, muito além dos índices de inflação. Além disso, o contrato não prevê um critério de reajuste claro e preciso, conforme determina o artigo 31 do Código de Defesa do Consumidor e o artigo 16 da Lei 9.656/98, e o aumento foi imposto pela empresa sem observar qualquer critério preestabelecido ou índice oficial de inflação.

O aumento praticado por V. Sas. viola, assim, o disposto no artigo 51, X do CDC, que proíbe o reajuste unilateral de preço, ainda que tenha sido autorizado pela Agência Nacional de Saúde Suplementar – ANS.

Diante do exposto, solicito que o reajuste imposto seja revisto e que o percentual de aumento devido seja compatível com a inflação acumulada no período de 12 (doze) meses.

Certo de seu pronto atendimento em respeito aos meus direitos de consumidor, agradeço antecipadamente. Informo que, caso não seja atendida minha solicitação no prazo de 10 (dez) dias, serão adotadas as medidas cabíveis.

Atenciosamente,

....
(Nome, assinatura, meios de contato – telefone, endereço, fax, e-mail)

MODELO 14
Para caso de reajuste por variação da sinistralidade (para os contratos novos, adaptados e antigos).

(Local, data)

A (nome da empresa)
A/C (endereçar ao SAC – Serviço de Atendimento ao Cliente, ou à diretoria da empresa)

Prezados Senhores,

Em (inserir a data de aquisição e/ou adaptação do plano/seguro-saúde), contratei dessa empresa a prestação de serviços de assistência à saúde, na modalidade/categoria (inserir a categoria do plano/seguro-saúde, modalidade individual/familiar).

Em (inserir data), fui surpreendido com um reajuste na mensalidade de meu plano/seguro-saúde, que de R$ (inserir valor da mensalidade anterior) subiu para R$ (inserir valor da mensalidade atual), o que, como V. Sas. podem comprovar, representa significativo aumento, sob a alegação de aumento da sinistralidade.

Ocorre que, de acordo com a Lei do Real, Lei 9.069/95, os contratos com um ano ou mais de duração somente podem sofrer um reajuste anual com base em índice oficial da inflação ou custos do setor (desde que identificados os custos no contrato). Também o artigo 51, incisos IV, X e XV do CDC, proíbe a variação unilateral de preço, como feito pela empresa. Além disso, este aumento significa uma transferência aos consumidores dos riscos da atividade econômica da empresa, o que não é correto, já que a variação do percentual do lucro é um risco inerente à atividade exercida pela empresa que, portanto, não pode repassá-la aos seus clientes. Diante do exposto, solicito que o aumento por sinistralidade seja cancelado.

Certo de seu pronto atendimento em respeito aos meus direitos de consumidor, agradeço antecipadamente. Informo que, caso não seja atendida minha solicitação no prazo de 10 (dez) dias, serão adotadas as medidas cabíveis.

Atenciosamente,

....
(Nome, assinatura, meios de contato – telefone, endereço, fax, e-mail)

MODELO 15
Para solicitar a planilha de custos da empresa e explicações para entender os critérios de reajuste aplicados por ela (para contratos novos, adaptados e antigos).

(Local, data)

A (nome da empresa)
A/C (endereçar ao SAC – Serviço de Atendimento ao Cliente, ou à diretoria da empresa)

Prezados Senhores,

Em (inserir a data de aquisição e/ou adaptação do plano/seguro-saúde), contratei dessa empresa a prestação de serviços de assistência à saúde, na modalidade/categoria (inserir a categoria do plano/seguro-saúde, modalidade individual/familiar).

Ocorre que, mesmo após a leitura atenta de meu contrato, não consegui entender os critérios de reajustes que serão aplicados, além de não me ter sido fornecido nenhum demonstrativo que trouxesse a composição dos custos médicos e hospitalares dessa empresa.

De acordo com os artigos 6º, III e 31 do Código de Defesa do Consumidor, bem como o artigo 16 da Lei 9.656/98, o contrato deve prever um critério de reajuste claro e preciso, o que não acontece no meu caso.

Diante do exposto, solicito que V. Sas. me enviem, regularmente, as planilhas de custos dessa empresa, bem como material explicativo e de fácil compreensão, para que eu possa entender os itens que compõem os reajustes.

Certo de seu pronto atendimento em respeito aos meus direitos de consumidor, agradeço antecipadamente. Informo que, caso não seja atendida minha solicitação no prazo de 10 (dez) dias, serão adotadas as medidas cabíveis.

Atenciosamente,

....
(Nome, assinatura, meios de contato – telefone, endereço, fax, e-mail)

MODELO 16
Descredenciamento de médicos, hospitais ou laboratórios (para os contratos novos, adaptados e antigos).

(Local, data)

A (nome da empresa)
A/C (endereçar ao SAC – Serviço de Atendimento ao Cliente, ou à diretoria da empresa)

Prezados Senhores,

Em (inserir a data de aquisição e/ou adaptação do plano/seguro-saúde), contratei dessa empresa a prestação de serviços de assistência à saúde, na modalidade/categoria (inserir a categoria do plano/seguro-saúde, modalidade individual/familiar), que incluía na sua rede credenciada o (nome do hospital/laboratório/médico).

Em (inserir data), fui surpreendido(a) com o descredenciamento do referido (hospital/laboratório/médico), e, pior, sem ter sido previamente informado(a) por V. Sas. o motivo e o (hospital/laboratório/médico) que irá substituí-lo. A atitude dessa empresa desrespeita o Código de Defesa do Consumidor, que exige o cumprimento da oferta e do contrato (artigos 30 e 51, XIII). Igualmente, o descredenciamento feito contraria o artigo 17 da Lei 9.656/98, que obriga a empresa a informar com 30 (trinta) dias de antecedência a todos os conveniados e a ANS – Agência Nacional de Saúde Suplementar/Ministério da Saúde sobre o descredenciamento, bem como repor o descredenciado por outro de mesmo nível.

Diante do exposto, solicito que, com urgência, seja assegurado o meu direito de utilizar o serviço descredenciado ou, na pior das hipóteses, seja imediatamente substituído o (hospital/laboratório/médico), por outro de mesmo nível, conforme exigido pelo Código de Defesa do Consumidor e pela Lei 9.656/98, artigo 17, parágrafo primeiro.

Certo de seu pronto atendimento em respeito aos meus direitos de consumidor, agradeço antecipadamente. Informo que, caso não seja atendida minha solicitação no prazo de 5 (cinco) dias, serão adotadas as medidas cabíveis.

Atenciosamente,

....
(Nome, assinatura, meios de contato – telefone, endereço, fax, e-mail)

MODELO 17
Para exigir a manutenção da internação, em caso de descredenciamento do hospital (para contratos novos ou adaptados).

(Local, data)

A (nome da empresa)
A/C (endereçar ao SAC – Serviço de Atendimento ao Cliente, ou à diretoria da empresa)

Prezados Senhores,

Em (inserir a data de aquisição e/ou adaptação do plano/seguro-saúde), (inserir nome do usuário do plano/seguro-saúde) contratou dessa empresa a prestação de serviços de assistência à saúde, na modalidade/categoria (inserir a categoria do plano/seguro-saúde, modalidade individual/familiar), que incluía na sua rede credenciada o (nome do hospital).

Em (inserir data), (inserir nome do usuário do plano/seguro-saúde) foi surpreendido(a) com o descredenciamento do referido hospital, onde está internado(a), sendo avisado(a) que deveria ser transferido(a) para outro estabelecimento.

Ocorre que, nesse caso, o artigo 17, parágrafo 2º, da Lei 9.656/98 obriga o hospital a manter a internação, sendo responsabilidade de V. Sas. arcar com as despesas até a alta hospitalar. Além disso, essa empresa não informou a seus conveniados sobre o descredenciamento, o que deveria ter sido feito com trinta dias de antecedência (artigo 17, parágrafo 1º)(inserir esta última parte somente se não tiver recebido o aviso).

Diante do exposto, solicito, com urgência, que V. Sas. entrem em contato com o referido hospital para assegurar o direito do(a) Sr.(a) (inserir nome do usuário do plano/seguro-saúde) de permanecer ali até o final do período de internação.

Certo de seu pronto atendimento em respeito aos direitos do consumidor, agradeço antecipadamente. Informo que, caso não seja atendida essa solicitação no prazo de 24 (vinte e quatro) horas, serão adotadas as medidas cabíveis.

Atenciosamente,

....
(Nome, assinatura, meios de contato – telefone, endereço, fax, e-mail)

FIQUE ATENTO! Este modelo foi elaborado considerando que será redigido por uma terceira pessoa, tendo em vista a internação do usuário do plano/seguro-saúde.

MODELO 18
Para pedir reembolso de despesa decorrente de imposição de limite de carência indevido (para contratos novos).

(Local, data)

A (nome da empresa)
A/C (endereçar ao SAC – Serviço de Atendimento ao Cliente, ou à diretoria da empresa)

Prezados Senhores,

Em (inserir a data de aquisição e/ou adaptação do plano/seguro-saúde), contratei dessa empresa a prestação de serviços de assistência à saúde, na modalidade/categoria (inserir a categoria do plano/seguro-saúde, modalidade individual/familiar).

Em (inserir data), foi negado o atendimento a (inserir o tipo de cobertura/procedimento negado), em razão da carência de (inserir nº de meses) meses não estar cumprida. Conseqüentemente, fui obrigado(a) a desembolsar R$ (inserir valor) para receber o atendimento de imediato.

Ocorre que, com base na Lei 9.656/98, artigo 12, inciso V, alíneas "a", "b" e "c", a carência máxima para qualquer tipo de procedimento é de 6 (seis) meses, com exceção de parto, que é de 10 (dez) meses, e urgências e emergências, em que a carência é de 24 (vinte e quatro horas).

Diante do exposto, solicito de V. Sa. o reembolso do valor pago (R$...), porque a urgência do caso impedia-me de aguardar uma resposta por parte de V. Sa. naquele momento.

Certo de seu pronto atendimento em respeito aos meus direitos de consumidor, agradeço antecipadamente. Informo que, caso não seja atendida minha solicitação no prazo de 10 (dez) dias, serão adotadas as medidas cabíveis.

Atenciosamente,

....
(Nome, assinatura, meios de contato – telefone, endereço, fax, e-mail)

MODELO 19
Para o caso de haver exclusão de deficientes/idosos (para os contratos novos).

(Local, data)
A (nome da empresa)
A/C (endereçar ao SAC – Serviço de Atendimento ao Cliente, ou à diretoria da empresa)

Prezados Senhores,

Em (inserir a data da negativa), fui surpreendido com a informação de que não poderia ingressar no referido plano/seguro-saúde desta empresa.

Ocorre que, com base na Lei 9.656/98, artigo 14, é proibido que qualquer pessoa portadora de deficiência física ou idosa seja impedida de participar de qualquer plano/seguro-saúde.

Diante do exposto, solicito, com urgência, que seja aceito o meu pedido de ingresso no plano/seguro-saúde, conforme determina a Lei.

Certo de seu pronto atendimento em respeito aos meus direitos de consumidor, agradeço antecipadamente. Informo que, caso não seja atendida minha solicitação no prazo de 5 (cinco) dias, serão adotadas as medidas cabíveis.

Atenciosamente,

....
(Nome, assinatura, meios de contato – telefone, endereço, fax, e-mail)

MODELO 20
Doenças preexistentes – doença/lesão se manifestou após a assinatura do contrato e empresa está alegando ser preexistente (para os contratos novos ou adaptados).

(Local, data)

A (nome da empresa)
A/C (endereçar ao SAC – Serviço de Atendimento ao Cliente, ou à diretoria da empresa)

Prezados Senhores,

Em (inserir a data de aquisição e/ou adaptação do plano/seguro-saúde), contratei dessa empresa a prestação de serviços de assistência à saúde, na modalidade/categoria (inserir a categoria do plano/seguro-saúde, modalidade individual/familiar).

Em (inserir a data da entrevista médica em que foi feita a "declaração" de que você não tinha doenças preexistentes), foi constatado que eu não tinha nenhuma doença no momento da contratação do plano/seguro-saúde, e a primeira vez que a (doença para a qual está sendo negada a cobertura) se manifestou foi em (inserir data), (inserir número) meses após a assinatura do plano/seguro-saúde.

Ocorre que, de acordo com a Lei 9.656/98, artigo 11, e a Resolução 2 do Consu, doença preexistente é aquela que o consumidor "saiba ser portador ou sofredor à época da contratação" e, conforme demonstrado, não é o meu caso, razão pela qual tenho direito de receber atendimento.

Diante do exposto, solicito, com urgência, que seja reconsiderada a posição desta empresa a fim de que eu receba o atendimento necessário para o tratamento do(a) (inserir nome da doença), conforme previsto no contrato e na Lei.

Certo de seu pronto atendimento em respeito aos meus direitos de consumidor, agradeço antecipadamente. Informo que, caso não seja atendida minha solicitação no prazo de 5 (cinco) dias, serão adotadas as medidas cabíveis.

Atenciosamente,

....
(Nome, assinatura, meios de contato – telefone, endereço, fax, e-mail)

MODELO 21
Doenças preexistentes e a Declaração de saúde (para os contratos novos ou adaptados).

(Local, data)

A (nome da empresa)
A/C (endereçar ao SAC – Serviço de Atendimento ao Cliente, ou à diretoria da empresa)

Prezados Senhores,

Em (inserir a data de aquisição e/ou adaptação do plano/seguro-saúde), contratei dessa empresa a prestação de serviços de assistência à saúde, na modalidade/categoria (inserir a categoria do plano/seguro-saúde, modalidade individual/familiar).

Em (inserir a data da entrevista médica em que foi preenchida a Declaração de saúde), foi constatado, conforme o documento denominado Declaração de Saúde, que eu tive (informar a doença ou cirurgia que está sendo alegada pela empresa para caracterizar a preexistência), o que não significa uma doença preexistente, pois de acordo com a Lei 9.656/98, artigo 11, e a Resolução 2 do Consu, doença preexistente é aquela que o consumidor "saiba ser portador ou sofredor à época da contratação". Conforme demonstrado, este não é o meu caso, pois (explicar, se for necessário; por exemplo: a doença aconteceu há 10 anos sem ter manifestado nenhum outro sintoma depois), razão pela qual tenho direito de receber atendimento.

Diante do exposto, solicito, com urgência, que seja reconsiderada a posição desta empresa para que eu receba o atendimento necessário para o tratamento do (a) (inserir o nome da doença), conforme previsto no contrato e na Lei.

Certo de seu pronto atendimento em respeito aos meus direitos de consumidor, agradeço antecipadamente. Informo que, caso não seja atendida minha solicitação no prazo de 24 (vinte e quatro) horas, serão adotadas as medidas cabíveis.

Atenciosamente,

....
(Nome, assinatura, meios de contato – telefone, endereço, fax, e-mail)

MODELO 22
Para exigir atendimento às urgências e emergências (para contratos novos, adaptados ou antigos).

(Local, data)

A (nome da empresa)
A/C (endereçar ao SAC – Serviço de Atendimento ao Cliente, ou à diretoria da empresa)

Prezados Senhores,

Em (inserir a data de aquisição e/ou adaptação do plano/seguro-saúde), contratei dessa empresa a prestação de serviços de assistência à saúde, na modalidade/categoria (inserir a categoria do plano/seguro-saúde, modalidade individual/familiar).

Em (inserir a data do evento urgente ou emergente), fui surpreendido com a negativa da (guia para internação, exames, etc.) para atendimento de urgência/emergência, sob a alegação de que (inserir o motivo alegado pela empresa – por exemplo: ainda está no prazo de carência ou não há previsão contratual para cobertura do procedimento necessitado).

Ocorre que, de acordo com a Lei 9.656/98, artigo 12, V, "c", a carência máxima em casos de urgência e emergência é de 24 horas, sendo que as regras estabelecidas pela Resolução 13 do Consu que contrariam e/ou limitam a norma da referida Lei e o Código de Defesa do Consumidor, artigo 51, IV e § 1º, II e III são ilegais.

Diante do exposto, solicito, com urgência, que seja reconsiderada a posição desta empresa para que eu receba, nestes casos, todo o atendimento necessário, conforme previsto no CDC e na Lei.

Certo de seu pronto atendimento em respeito aos meus direitos de consumidor, agradeço antecipadamente. Informo que, caso não seja atendida minha solicitação no prazo de 5 (cinco) dias, serão adotadas as medidas cabíveis.

Atenciosamente,

....
(Nome, assinatura, meios de contato – telefone, endereço, fax, e-mail)

MODELO 23

Para solicitar reembolso de despesa decorrente da utilização de serviços fora da rede credenciada, em caso de urgência ou emergência (para os contratos novos e adaptados).

(Local, data)

A (nome da empresa)
A/C (endereçar ao SAC – Serviço de Atendimento ao Cliente, ou à diretoria da empresa)

Prezados Senhores,

Em (inserir a data de aquisição e/ou adaptação do plano/seguro-saúde), contratei dessa empresa a prestação de serviços de assistência à saúde, na modalidade/categoria (inserir a categoria do plano/seguro-saúde, modalidade individual/familiar).

Em (inserir a data), fui obrigado a buscar atendimento de urgência/emergência no (a) (inserir o nome do hospital/clínica que prestou o atendimento). A gravidade da situação e a necessidade de atendimento imediato impossibilitaram-me de utilizar os serviços próprios ou credenciados dessa empresa, uma vez que (descrever o fato que gerou a necessidade do atendimento, por exemplo: uma vez que sofri uma parada cardíaca). Conseqüentemente, conforme os documentos anexos (você deve enviar junto com a carta cópia da documentação que comprove o atendimento e os seus gastos), que também comprovam os fatos, fui obrigado(a) a desembolsar a quantia de R$ (inserir o valor) para poder receber o referido atendimento.

Ocorre que a Lei 9.656/98, em seu artigo 12, inciso VI, prevê, justamente para casos como o meu, que seja feito o reembolso das despesas efetuadas, no prazo máximo de 30 (trinta) dias após a apresentação da documentação adequada.

Diante do exposto, solicito de V. Sas. o reembolso do valor pago (R$...), por ser direito a mim conferido pela própria Lei.

Certo de seu pronto atendimento em respeito aos meus direitos de consumidor, agradeço antecipadamente. Informo que, caso não seja atendida minha solicitação no prazo de 30 (trinta) dias, serão adotadas as medidas cabíveis.

Atenciosamente,

....
(Nome, assinatura, meios de contato – telefone, endereço, fax, e-mail)

MODELO 24
Para exigir o atendimento integral em caso de urgência ou emergência e reembolso (contratos novos durante o cumprimento de carências e para os antigos).

(Local, data)
A (nome da empresa)
A/C (endereçar ao SAC – Serviço de Atendimento ao Cliente, ou à diretoria da empresa)

Prezados Senhores,

Em (inserir a data de aquisição e/ou adaptação do plano/seguro-saúde), (inserir o nome da pessoa internada) contratou dessa empresa a prestação de serviços de assistência à saúde, na modalidade/categoria (inserir a categoria do plano/seguro-saúde, modalidade individual/familiar).

Em (inserir a data), (inserir o nome da pessoa internada) foi obrigado a buscar atendimento de urgência/emergência no (a) (colocar o nome do hospital/clínica que prestou o atendimento).

Ocorre que, após (inserir número de horas) horas (normalmente, são 12 horas), a cobertura do atendimento foi interrompida, alegando a empresa (inserir o motivo dado pela empresa).

No entanto, de acordo com o Código de Defesa do Consumidor, artigo 51, IV, § 1º, II e III e com a Lei 9.656/98, artigo 12, V, "c", a empresa é obrigada a garantir o atendimento integral em situações de urgência e emergência decorridas as primeiras 24 horas da contratação, e as regras estabelecidas pela Resolução nº 13 do Consu que contrariam e/ou limitam as normas das referidas Leis são ilegais.

Conseqüentemente, conforme os documentos anexos (você deve enviar junto com a carta cópia da documentação que comprove o atendimento e os seus gastos), que também comprovam os fatos, (inserir o nome do consumidor) foi obrigado(a) a desembolsar a quantia de R$ (inserir valor) para poder receber o referido atendimento.

Diante do exposto, solicito de V. Sas. o reembolso do valor pago (R$...), por ser direito conferido pela própria Lei.

Certo de seu pronto atendimento em respeito aos direitos do consumidor, agradeço antecipadamente. Informo que, caso não seja atendida minha solicitação no prazo de 10 (dez) dias, serão adotadas as medidas cabíveis.

Atenciosamente,

....
(Nome, assinatura, meios de contato – telefone, endereço, fax, e-mail)

FIQUE ATENTO! Considerou-se um modelo redigido por uma terceira pessoa, tendo em vista a situação de urgência ou emergência do conveniado.

MODELO 25
Para exigir autorização de procedimento solicitado por profissional que não pertence à rede própria ou credenciada da empresa (para contratos novos, adaptados e antigos).

(Local, data)

A (nome da empresa)
A/C (endereçar ao SAC – Serviço de Atendimento ao Cliente, ou à diretoria da empresa)

Prezados Senhores,

Em (inserir a data de aquisição e/ou adaptação do plano/seguro-saúde), contratei dessa empresa a prestação de serviços de assistência à saúde, na modalidade/categoria (inserir a categoria do plano/seguro-saúde, modalidade individual/familiar).

Em (inserir a data), fui surpreendido com a informação de que não poderia ser autorizada a realização de (inserir o procedimento que foi negado: guia para exames, internações, etc.), em razão de o profissional solicitante não pertencer à rede própria ou credenciada dessa empresa.

Ocorre que, com base no Código de Defesa do Consumidor (artigo 51, IV) e também na Resolução nº 8 do Consu (artigo 2º, inciso VI), esta prática é abusiva.

Diante do exposto, solicito, com urgência, que seja imediatamente autorizado (inserir o procedimento que foi negado: guia para internação, exames, etc.), solicitado pelo Dr. (inserir nome do médico).

Certo de seu pronto atendimento em respeito aos meus direitos de consumidor, agradeço antecipadamente. Informo que, caso não seja atendida minha solicitação no prazo de 5 (cinco) dias, serão adotadas as medidas cabíveis.

Atenciosamente,

....
(Nome, assinatura, meios de contato – telefone, endereço, fax, e-mail)

MODELO 26
Para desempregados solicitarem o direito de continuar se beneficiando do plano coletivo (para contratos coletivos novos ou adaptados).

(Local, data)

A (nome da empresa)
A/C (endereçar ao SAC – Serviço de Atendimento ao Cliente, ou à diretoria da empresa)
C/c (nome da empresa empregadora)
(é importante enviar uma cópia da carta para a empresa com a qual possuía vínculo empregatício)

Prezados Senhores,

Em (inserir a data de início no trabalho), fui empregado na empresa (inserir o nome) para/como (colocar o cargo ou função que exerce). Conseqüentemente, passei a ser beneficiário do plano/seguro-saúde (inserir a categoria do plano/seguro-saúde, modalidade individual/familiar), pertencente à empresa (inserir o nome da empresa responsável pelo plano/seguro-saúde), contratada por V. Sas. para prestar assistência privada à saúde aos empregados.
Em (inserir data), fui informado de que seria demitido/me desliguei desta empresa.
Ocorre que, com base no artigo 30 da Lei 9.656/98 e na Resolução n° 20 do Consu, é meu direito continuar usufruindo o plano/seguro-saúde coletivo de saúde desta empresa, inclusive quanto às vantagens obtidas em negociações coletivas de trabalho.
Diante do exposto, solicito minha manutenção (e de minha família, se for o caso) no benefício aludido pelo tempo que a referida Lei me garante.
Certo de seu pronto atendimento em respeito aos meus direitos de consumidor, agradeço antecipadamente. Informo que, caso não seja atendida minha solicitação no prazo de 10 (dez) dias, serão adotadas as medidas cabíveis.

Atenciosamente,

....
(Nome, assinatura, meios de contato – telefone, endereço, fax, e-mail)

MODELO 27
Para aposentados solicitarem o direito de continuar se beneficiando do plano coletivo (para contratos coletivos novos ou adaptados).

(Local, data)

A (nome da empresa)
A/C (endereçar ao SAC – Serviço de Atendimento ao Cliente, ou à diretoria da empresa)
C/c (nome da empresa empregadora)

(é importante enviar uma cópia da carta para a empresa com a qual possuía vínculo empregatício)

Prezados Senhores,

Em (inserir a data de início no trabalho), fui empregado na empresa (inserir o nome) para/como (colocar o cargo ou função que exercia). Conseqüentemente, passei a ser beneficiário do plano/seguro-saúde (inserir a categoria do plano/seguro-saúde, modalidade individual/familiar), pertencente à empresa (inserir o nome da empresa responsável pelo plano/seguro-saúde), contratada por V. Sas. para prestar assistência privada à saúde aos empregados.

Em (inserir data), após ter cumprido todos os requisitos exigidos em lei, fui informado de que minha aposentadoria havia sido autorizada.

Ocorre que, com base no artigo 31 da Lei 9.656/98 e na Resolução nº 21 do Consu, é meu direito continuar usufruindo o plano/seguro-saúde coletivo de saúde desta empresa, inclusive quanto às vantagens obtidas em negociações coletivas de trabalho.

Diante do exposto, solicito minha manutenção (e de minha família, se for o caso) no benefício aludido pelo tempo que a referida Lei me garante.

Certo de seu pronto atendimento em respeito aos meus direitos de consumidor, agradeço antecipadamente. Informo que, caso não seja atendida minha solicitação no prazo de 10 (dez) dias, serão adotadas as medidas cabíveis.

Atenciosamente,

....
(Nome, assinatura, meios de contato – telefone, endereço, fax, e-mail)

MODELO 28
Para aposentado/ex-funcionário exigir o direito de continuar usufruindo o plano coletivo, mesmo que não tenha contribuído para este (para contratos novos ou adaptados).

(Local, data)

A (nome da empresa)
A/C (endereçar ao SAC – Serviço de Atendimento ao Cliente, ou à diretoria da empresa)
C/c (nome da empresa empregadora)
(é importante enviar uma cópia da carta para a empresa com a qual possuía vínculo empregatício)

Prezados Senhores,

Em (inserir a data de início no trabalho), fui empregado na empresa (inserir o nome) para/como (colocar o cargo ou função que exercia). Conseqüentemente, passei a ser beneficiário do plano/seguro-saúde (inserir a categoria do plano/seguro-saúde, modalidade individual/familiar), pertencente à empresa (inserir o nome da empresa responsável pelo plano/seguro-saúde), contratada por V. Sas. para prestar assistência privada à saúde aos empregados.

Em (inserir data), após ter cumprido todos os requisitos exigidos em lei, fui informado de que minha aposentadoria havia sido autorizada/(ou) fui informado de que seria demitido/me desliguei desta empresa.

Ocorre que, com base nos artigos 30 e 31 da Lei 9.656/98 e nas Resoluções nº 20 e 21 do Consu, é meu direito continuar usufruindo o plano/seguro-saúde coletivo de saúde desta empresa, inclusive quanto às vantagens obtidas em negociações coletivas de trabalho. Dessa forma, a negativa de meu direito, justificada no fato de a empresa ter custeado integralmente o plano/seguro-saúde, é ilegal porque contraria o Código de Defesa do Consumidor, artigo 51, IV, XI e parágrafo 1º, I a III.

Diante do exposto, solicito minha manutenção (e de minha família, se for o caso) no benefício aludido pelo tempo que a referida Lei me garante.

Certo de seu pronto atendimento em respeito aos meus direitos de consumidor, agradeço antecipadamente. Informo que, caso não seja atendida minha solicitação no prazo de 10 (dez) dias, serão adotadas as medidas cabíveis.

Atenciosamente,

....
(Nome, assinatura, meios de contato – telefone, endereço, fax, e-mail)

MODELO 29
Para verificar na ANS se o reajuste da mensalidade foi por ela autorizado
(para os contratos novos, adaptados e antigos).

(Local, data)

Ao Exmo. Sr.
Dr. Januário Montone
DD. Diretor-Presidente da Agência Nacional de Saúde Suplementar
Avenida Augusto Severo, 84 – 11º andar
CEP: 20.021-040 – Rio de Janeiro, RJ
Fax: (21) 2505-0026
Site: www.ans.saude.gov.br

Senhor Diretor,

Em (inserir a data de aquisição do plano/seguro-saúde), contratei da empresa (nome da empresa), localizada (inserir endereço completo da empresa), a prestação de serviços de assistência à saúde, na modalidade/categoria (inserir a categoria do plano/seguro-saúde, modalidade individual/familiar).

Em (inserir data), fui surpreendido com um reajuste na mensalidade de meu plano/seguro-saúde, que de R$ (inserir valor anterior) subiu para R$ (inserir valor atual da mensalidade), o que, como V. Exa. pode notar, representa significativo aumento, muito além dos índices de inflação.

Ocorre que, de acordo com o artigo 4º, XVII, da Lei 9.961/2000, os reajustes e revisões das contraprestações pecuniárias dos planos privados de assistência à saúde só podem ser aplicados se autorizados por esta Ilustre Agência.

Diante do exposto, solicito que V. Exa. me informe se o reajuste de meu plano/seguro-saúde foi comunicado, bem como recebeu autorização desta Agência, e quais os critérios utilizados para sua concessão.

Caso não tenha havido a necessária autorização, solicito ainda que sejam tomadas as devidas providências para notificar a empresa (inserir o nome da empresa) e anular o referido reajuste, sem prejuízo das sanções administrativas cabíveis, nos termos da Lei 9.656/98 e das Resoluções ANS 1 e 24 de 2000.

Certo de seu pronto atendimento em respeito aos meus direitos de consumidor, agradeço antecipadamente. Informo que, caso não seja atendida minha solicitação no prazo de 10 (dez) dias, serão adotadas as medidas cabíveis.

Atenciosamente,

....
(Nome, assinatura, meios de contato – telefone, endereço, fax, e-mail)

MODELO 30
Para denunciar na ANS aumento de mensalidade que não foi autorizado, ou praticado acima do percentual autorizado (para os contratos novos, adaptados e antigos)

(Local, data)

Ao Exmo. Sr.
Dr. Januário Montone
DD. Diretor-Presidente da Agência Nacional de Saúde Suplementar
Avenida Augusto Severo, 84 – 11º andar
CEP: 20.021- 040 – Rio de Janeiro,RJ
Fax: (21) 2505-0026
Site: www.ans.saude.gov.br

Senhor Diretor,

Em (inserir a data de aquisição do plano/seguro-saúde), contratei da empresa (nome da empresa), localizada (inserir endereço completo da empresa), a prestação de serviços de assistência à saúde, na modalidade/categoria (inserir a categoria do plano/seguro-saúde, modalidade individual/familiar).

Ocorre que, em (inserir o mês do reajuste), fui surpreendido(a) com um aumento na mensalidade de meu plano/seguro-saúde, equivalente a (inserir o percentual), percentual este não comunicado e não autorizado por essa Agência/(ou) superior ao percentual autorizado por essa Agência, equivalente a ...%).

Diante do exposto, solicito sejam tomadas as devidas providências administrativas, para a restituição dos valores cobrados indevidamente, bem como o cancelamento do percentual do aumento irregularmente realizado, sem prejuízo da aplicação das sanções administrativas cabíveis, nos termos da Lei nº 9.656/98 e das Resoluções ANS nº 1 e nº 24 de 2000.

Certo de seu pronto atendimento em respeito aos meus direitos de consumidor, agradeço antecipadamente. Informo que, caso não seja atendida minha solicitação no prazo de 10 (dez) dias, serão adotadas as medidas cabíveis.

Atenciosamente,

....
(Nome, assinatura, meios de contato – telefone, endereço, fax, e-mail)

MODELO 31

Para reclamar de atendimento deficiente e/ou descredenciamento de médicos, hospitais ou laboratórios, quando esses procedimentos indicarem que a empresa enfrenta problemas financeiros (para os contratos novos, adaptados e antigos).

(Local, data)

A (nome da empresa)
A/C (endereçar ao SAC – Serviço de Atendimento ao Cliente, ou à diretoria da empresa)
Cc: ANS – Agência Nacional de Saúde Suplementar, do Ministério da Saúde

Prezados Senhores,

Em (inserir a data de aquisição e/ou adaptação do plano/seguro-saúde), contratei dessa empresa a prestação de serviços de assistência à saúde, na modalidade/categoria (inserir a categoria do plano/seguro-saúde, modalidade individual/familiar), que incluía na sua rede credenciada o (nome do hospital/laboratório/médico).

Em (inserir data), fui surpreendido(a) com o descredenciamento do referido (hospital/laboratório/médico), que foi substituído pelo (hospital/laboratório/médico) de qualidade manifestamente inferior/(ou) que não foi substituído.

Nos últimos tempos venho notando, também, a queda na qualidade do serviço oferecido pela empresa, como por exemplo (citar exemplos que demonstrem a deficiência do serviço prestado).

Tudo demonstra que essa empresa enfrenta problemas financeiros, colocando em risco "a continuidade e/ou qualidade do atendimento à saúde".

Diante do exposto, solicito um esclarecimento sobre os fatos acima mencionados, desde já informando que uma cópia da presente reclamação foi enviada à ANS – Agência Nacional de Saúde Suplementar, do Ministério da Saúde, para a apuração detalhada dos fatos expostos acima, bem como a adoção das medidas administrativas cabíveis, como por exemplo, a direção fiscal e/ou técnica dessa empresa, de acordo com o disposto no artigo 24 da Lei 9.656/98.

Certo de seu pronto atendimento em respeito aos meus direitos de consumidor, agradeço antecipadamente. Informo que, caso não seja atendida minha solicitação no prazo de 5 (cinco) dias, serão adotadas as medidas cabíveis.

Atenciosamente,

....
(Nome, assinatura, meios de contato – telefone, endereço, fax, e-mail)

MODELO 32
Para reclamar de imposição de "revisão técnica" aprovada (mar/2001) pela ANS – Agência Nacional de Saúde Suplementar (para os contratos novos, adaptados e antigos).

(Local, data)

À (nome da empresa)
A/C (endereçar ao SAC – Serviço de Atendimento ao Cliente, ou à diretoria da empresa)

Prezado(a) senhor(a),

Em (inserir a data de adesão ao plano de saúde), contratei dessa empresa a prestação de serviços de assistência à saúde, na modalidade/categoria (inserir a categoria do plano, modalidade individual/familiar).

Em (inserir a data em que foi recebida carta sobre a "revisão técnica"), foi-me enviada correspondência impondo a alteração do meu contrato.

Ocorre, entretanto, que não concordo com nenhuma das três opções apresentadas por V. Sas., pelo que desde já exijo a manutenção integral das condições contratuais atualmente em vigor, principalmente do valor da mensalidade e dos hospitais que integram a rede credenciada.

A alteração contratual imposta por V. Sas., denominada "revisão técnica", constitui prática absolutamente ilegal e inconstitucional, pois viola não apenas o Código de Defesa do Consumidor (Lei nº 8.078/90), artigo 51, incisos X e XIII, mas também a Constituição Federal do país, mais precisamente o artigo 5º, inciso XXXVI, que garante a proteção do direito adquirido e do ato jurídico perfeito.

Vale ressaltar que a aprovação da ANS ao que se chamou de "revisão técnica" não torna legal a prática adotada por essa empresa, haja vista que a referida agência governamental não pode se sobrepor à lei e à Constituição Federal. A autorização concedida pela ANS, da mesma forma, configura um ato ilegal e inconstitucional.

Certo de seu pronto atendimento em respeito aos meus direitos de consumidor, agradeço antecipadamente e informo que, caso minha solicitação não seja atendida em 48 (quarenta e oito) horas, serão adotadas as medidas administrativas e judiciais cabíveis.

Atenciosamente,

....
(Nome, assinatura, meios de contato – telefone, endereço, fax, e-mail)

MODELO 33
Para exigir atendimento de doença ou procedimento, mesmo que excluído da cobertura contratual (para os contratos antigos).

(Local, data)

A (nome da empresa)
A/C (endereçar ao SAC – Serviço de Atendimento ao Cliente, ou à diretoria da empresa)

Prezados Senhores,

Em (inserir a data de aquisição e/ou adaptação do plano/seguro-saúde), contratei dessa empresa a prestação de serviços de assistência à saúde, na modalidade/categoria (inserir a categoria do plano/seguro-saúde, modalidade individual/familiar).

Em (inserir a data da negativa do atendimento), houve recusa por parte dessa empresa em dar cobertura a(o) (inserir o nome da doença ou do procedimento cuja cobertura foi negada), sob alegação de que meu contrato de plano/seguro-saúde exclui expressamente a cobertura deste procedimento/(ou) desta doença.

Ocorre que, de acordo com o Código de Defesa do Consumidor, especialmente o artigo 51, inciso IV e parágrafo $1º$, incisos I, II e III, esta cláusula é abusiva, e portanto nula, uma vez que coloca o consumidor em desvantagem excessivamente onerosa e ofende os princípios gerais do sistema a que pertence, já que nega direito inerente à natureza e função do contrato, que é a de garantir o pagamento das despesas médico-hospitalares indispensáveis à preservação, manutenção e recuperação de minha saúde.

É preciso salientar que a negativa de atendimento comprometerá seriamente a minha saúde/vida.

Diante do exposto, solicito, com urgência, que seja reconsiderada a posição dessa empresa para que seja garantido o meu direito a receber o atendimento necessário para o tratamento do(a) (inserir nome da doença)/(ou) para a realização do(a) (inserir o nome do procedimento).

Certo de seu pronto atendimento em respeito aos meus direitos de consumidor, agradeço antecipadamente. Informo que, caso não seja atendida minha solicitação no prazo de 48 (quarenta e oito) horas, serão adotadas as medidas cabíveis.

Atenciosamente,

....
(Nome, assinatura, meios de contato – telefone, endereço, fax, e-mail)

Na hipótese de não se tratar de caso de urgência, pode ser dado um prazo maior para a resposta da empresa, que não deve ser superior a 15 dias.

MODELO 34
Para solicitar informações à ANS acerca do regime de direção fiscal e/ou técnica ou da intervenção da empresa (para os contratos novos, adaptados e antigos).

(Local, data)
Ao Exmo. Sr.
Dr. Januário Montone
DD. Diretor-Presidente da Agência Nacional de Saúde Suplementar
Avenida Augusto Severo, 84 – 11º andar
CEP: 20021- 040 – Rio de Janeiro, RJ
Fax: (21) 2505-0026
Site: www.ans.saude.gov.br
C/C: (inserir nome do diretor ou interventor nomeado pela ANS)

Senhor Diretor,

Em (inserir a data de aquisição do plano/seguro-saúde), contratei da empresa (nome da empresa), localizada (inserir endereço completo da empresa), a prestação de serviços de assistência à saúde, na modalidade/categoria (inserir a categoria do plano/seguro-saúde, modalidade individual/familiar).

Em (inserir data), esta Agência instaurou o regime de direção fiscal e/ou técnica na empresa/(ou) decretou a intervenção daquela empresa, passando a acompanhar/(ou) a gerenciar sua situação econômico-financeira.

Dessa forma, com base nos artigos 4º e 6º, III do Código de Defesa do Consumidor, nos artigos 24, 25 e 29 da Lei 9.656/98 e ainda nos incisos XXIII, XXIX, XXX, XXXIII, XXXIV e XL do artigo 4º da Lei 9.961/00, solicito os seguintes esclarecimentos:
a) qual a real situação econômico-financeira da empresa a que sou conveniado(a)?
b) quais são os principais problemas constatados por V. Sas.? **c)** quais as providências que serão adotadas para saná-los, especialmente no que diz respeito à garantia da qualidade do atendimento ao consumidor? **d)** haverá alteração da rede credenciada de prestadores de serviços? **e)** quais prestadores de serviços podem ser normalmente utilizados pelos consumidores, tendo em vista que muitos deles já foram indevidamente descredenciados? (caso já esteja havendo problemas com a rede credenciada)

Certo de seu pronto atendimento em respeito aos meus direitos de consumidor, agradeço antecipadamente. Informo que, caso não seja atendida minha solicitação no prazo de 10 (dez) dias, serão adotadas as medidas cabíveis.
Atenciosamente,

....
(Nome, assinatura, meios de contato – telefone, endereço, fax, e-mail)

Além de enviar a carta para a ANS, envie também uma cópia para a pessoa encarregada de acompanhar a situação de sua empresa, ou seja, o diretor técnico ou fiscal ou o interventor, se for o caso. Os nomes dos responsáveis nomeados pela Agência são informados através de suas resoluções, que podem ser acessadas no site www.ans.saude.gov.br ou pelo telefone 0800 701 9656.

MODELO 35
Doenças preexistentes – **para exigir a cobertura de procedimento não classificado como evento cirúrgico ou de alta complexidade pela Resolução n° 68 da ANS** (para os contratos novos ou adaptados).

(Local, data)

A (nome da empresa)
A/C (endereçar ao SAC – Serviço de Atendimento ao Cliente, ou à diretoria da empresa)
C/c ANS – Agência Nacional de Saúde Suplementar, do Ministério da Saúde

Prezados Senhores,

Em (inserir a data de aquisição e/ou adaptação do plano/seguro-saúde à nova legislação), contratei dessa empresa a prestação de serviços de assistência à saúde, na modalidade/categoria (inserir a categoria do plano/seguro-saúde, modalidade individual/familiar).

Em (inserir a data da entrevista médica em que foi preenchida a Declaração de Saúde), declarei, durante entrevista médica, que tenho (informar o nome da doença ou lesão preexistente), conforme o documento denominado Declaração de Saúde.

Contudo, alegando se tratar de doença ou lesão preexistente, essa empresa está recusando-se a arcar com a cobertura de (inserir o procedimento/tratamento negado pela empresa).

Ocorre que, além dos leitos de alta tecnologia, somente os eventos cirúrgicos e os procedimentos de alta complexidade listados pela Resolução n° 68 da Agência Nacional de Saúde Suplementar – ANS e que tenham relação com a minha doença/lesão preexistente podem ser excluídos da cobertura durante os primeiros 24 meses da assinatura do contrato, o que não é o caso do(a) (inserir o procedimento/tratamento negado pela empresa).

Diante do exposto, solicito, com urgência, que seja reconsiderada a posição da empresa, para que eu receba o atendimento que é meu direito.

Certo de seu pronto atendimento em respeito aos meus direitos de consumidor, agradeço antecipadamente. Informo que, caso não seja atendida minha solicitação no prazo de 48 (quarenta e oito) horas, serão adotadas as medidas cabíveis.

Atenciosamente,

....
(Nome, assinatura, meios de contato – telefone, endereço, fax, e-mail)

MODELO 36
Doenças preexistentes – para exigir o oferecimento do agravo (para os contratos novos ou adaptados).

(Local, data)

A (nome da empresa)
A/C (endereçar ao SAC – Serviço de Atendimento ao Cliente, ou à diretoria da empresa)

Prezados Senhores,

Em (inserir a data de aquisição e/ou adaptação do plano/seguro-saúde), contratei dessa empresa a prestação de serviços de assistência à saúde, na modalidade/categoria (inserir a categoria do plano/seguro-saúde, modalidade individual/familiar).

Em (inserir a data da entrevista médica em que foi preenchida a Declaração de Saúde), declarei, durante entrevista médica, que tenho (informar o nome da doença/lesão que preexistia ao contrato), conforme o documento denominado Declaração de Saúde.

Solicitei que me fosse informada a opção de agravo, ou seja, a possibilidade de pagar a mais para ter atendimento integral do(a) (informar o nome da doença/lesão preexistente) sem ter de aguardar os 24 meses denominados de cobertura parcial temporária. Ocorre que tal direito previsto na nova legislação em vigor (Lei 9.656/98 e Resoluções nº 2 e nº 15 do Consu – Conselho Nacional de Saúde Suplementar) foi-me negado.

Diante do exposto, solicito, com urgência, que me seja oferecida a opção do agravo, devendo ser informado o valor que poderá ser acrescido à minha mensalidade e os critérios utilizados em seu cálculo.

Certo de seu pronto atendimento em respeito aos meus direitos de consumidor, agradeço antecipadamente. Informo que, caso não seja atendida minha solicitação no prazo de 10 (dez) dias, serão adotadas as medidas cabíveis.

Atenciosamente,

....
(Nome, assinatura, meios de contato – telefone, endereço, fax, e-mail)

MODELO 37

Para exigir o direito de manter contrato individual/familiar com a mesma empresa de assistência à saúde, sem o cumprimento de novas carências, diante da rescisão do contrato coletivo (contrato antigo, novo ou adaptado).

(Local, data)

A (nome da empresa)
A/C (endereçar ao SAC – Serviço de Atendimento ao Cliente, ou à diretoria da empresa)

Prezados Senhores,

Em (inserir data do início do benefício), passei a ser beneficiário do plano/seguro-saúde (inserir a categoria do plano/seguro-saúde, modalidade individual/familiar), pertencente à (inserir o nome do empregador/sindicato/associação responsável pelo plano/seguro-saúde), que contratou V. Sas. para prestar assistência privada à saúde ao grupo de (funcionários/associados/sindicalizados).

Em (inserir data), foi rompida a relação entre V. Sas. e a empregadora (sindicato/associação) (inserir o nome do empregador/sindicato/associação responsável pelo contrato coletivo).

Ocorre que, ainda que tenha havido ruptura desse vínculo, pretendo manter meu contrato de assistência à saúde com essa empresa de assistência à saúde. Negar esse meu direito representa ofensa ao Código de Defesa do Consumidor, especialmente artigos 4º, 6º, IV, 51, IV e parágrafo 1º, incisos I a III e implica sério prejuízo, já que eu seria obrigado a adquirir novo contrato, ficando sujeito ao cumprimento de novas e longas carências.

Diante do exposto, solicito a manutenção do meu contrato (e de minha família, se for o caso).

Certo de seu pronto atendimento em respeito aos meus direitos de consumidor, agradeço antecipadamente. Informo que, caso não seja atendida minha solicitação no prazo de 10 (dez) dias, serão adotadas as medidas cabíveis.

Atenciosamente,

....
(Nome, assinatura, meios de contato – telefone, endereço, fax, e-mail)

MODELO 38

Doenças preexistentes – para exigir a cobertura de procedimento classificado como evento cirúrgico ou de alta complexidade pela Resolução nº 68 da ANS (para os contratos novos ou adaptados).

(Local, data)

A (nome da empresa)
A/C (endereçar ao SAC – Serviço de Atendimento ao Cliente, ou à diretoria da empresa)

Prezados Senhores,

Em (inserir a data de aquisição e/ou adaptação do plano/seguro-saúde à nova legislação), contratei dessa empresa a prestação de serviços de assistência à saúde, na modalidade/categoria (inserir a categoria do plano/seguro-saúde, modalidade individual/familiar).

Em (inserir a data da entrevista médica em que foi preenchida a Declaração de Saúde), declarei, durante entrevista médica, que tenho (informar o nome da doença/lesão preexistente), conforme o documento denominado Declaração de Saúde.

Contudo, alegando ser caso de doença ou lesão preexistente, essa empresa está recusando-se a arcar com a cobertura de (inserir o procedimento/tratamento negado pela empresa) por se tratar de procedimento de alta complexidade/(ou) evento cirúrgico, conforme resolução da Agência Nacional de Saúde.

Ocorre que o referido procedimento/tratamento não é tecnicamente classificado como altamente complexo/(ou) evento cirúrgico, não podendo ser excluído da cobertura de meu contrato, independentemente da autorização da ANS.

Vale salientar que, ao insistir na negativa, esta empresa estará prejudicando a recuperação de minha saúde, não respeitando o objeto do contrato de plano/seguro-saúde e contrariando o Código de Defesa do Consumidor, em especial o artigo 51, § 1º, incisos I, II e III. Além disso, a exclusão parcial deste procedimento/tratamento foi determinada por meio de uma resolução manifestamente ilegal, não encontrando qualquer embasamento.

Diante do exposto, solicito, com urgência, que seja reconsiderada a posição da empresa para que eu receba o atendimento que é meu direito.

Certo de seu pronto atendimento em respeito aos meus direitos de consumidor, agradeço antecipadamente. Informo que, caso não seja atendida minha solicitação no prazo de 48 (quarenta e oito) horas, serão adotadas as medidas cabíveis.

Atenciosamente,

....
(Nome, assinatura, meios de contato – telefone, endereço, fax, e-mail)

MODELO 39
Para reclamar da qualidade dos serviços prestados pela empresa (descredenciamentos, falta de informações, etc.).

(Local, data)

A (nome da empresa)
A/C (endereçar ao SAC – Serviço de Atendimento ao Cliente, ou à diretoria da empresa)
Cc: ANS – Agência Nacional de Saúde Suplementar, do Ministério da Saúde

Prezados Senhores,

Em (inserir a data de aquisição e/ou adaptação do plano/seguro-saúde), contratei dessa empresa a prestação de serviços de assistência à saúde, na modalidade/categoria (inserir a categoria do plano/seguro-saúde, modalidade individual/familiar), que incluía na sua rede credenciada o (nome do hospital/laboratório/médico).

Infelizmente, a qualidade dos serviços oferecidos por essa empresa tem piorado muito, especialmente no que diz respeito a (completar com o que considera ruim – por exemplo, descredenciamento de laboratórios/hospitais/médicos; falta de informações; atendimento da empresa aos consumidores).

Diante do exposto, solicito um esclarecimento sobre os fatos acima mencionados e sobre as providências que serão adotadas para que a qualidade dos serviços prestados por essa empresa melhore, em respeito aos consumidores conveniados.

Desde já informo que uma cópia da presente reclamação será enviada à ANS – Agência Nacional de Saúde Suplementar, órgão vinculado ao Ministério da Saúde, para apuração detalhada dos fatos expostos acima, bem como a adoção de eventuais medidas administrativas cabíveis, como, por exemplo, a direção fiscal e/ou técnica dessa empresa, de acordo com o disposto no artigo 24 da Lei 9.656/98.

Certo de seu pronto atendimento em respeito aos meus direitos de consumidor, agradeço antecipadamente. Informo que, caso não seja atendida minha solicitação no prazo de 5 (cinco) dias, serão adotadas as medidas cabíveis.

Atenciosamente,

....
(Nome, assinatura, meios de contato – telefone, endereço, fax, e-mail)

MODELO 40
Para solicitar informações sobre aumento injustificado (para contratos novos, adaptados e antigos).

(Local, data)

A (nome da empresa)
A/C (endereçar ao SAC – Serviço de Atendimento ao Cliente, ou à diretoria da empresa)

Prezados Senhores,

Em (inserir a data de aquisição e/ou adaptação do plano/seguro-saúde), contratei dessa empresa a prestação de serviços de assistência à saúde, na modalidade/categoria (inserir a categoria do plano/seguro-saúde, modalidade individual/familiar).

Em (inserir a data do aumento injustificado), sofri um aumento de (inserir o percentual de aumento) sem nenhuma explicação.

De acordo com os artigos 6º, III e 31 do Código de Defesa do Consumidor, bem como o artigo 16 da Lei 9.656/98, as informações inclusive com relação a reajustes e aumentos devem ser claras e precisas, devendo constar no contrato assinado.

Diante do exposto, solicito que V. Sas. me informem acerca da justificativa para o indigitado aumento praticado e seu fundamento na Lei e no contrato.

Certo de seu pronto atendimento em respeito aos meus direitos de consumidor, agradeço antecipadamente. Informo que, caso não seja atendida minha solicitação no prazo de 10 (dez) dias, serão adotadas as medidas cabíveis.

Atenciosamente,

....
(Nome, assinatura, meios de contato – telefone, endereço, fax, e-mail)

MODELO 41
Para reclamar de exigência de cheque-caução em internação hospitalar.

(Local, data)
A (nome do prestador de serviço – hospital, clínica, laboratório – que exigiu o cheque-caução)
C/C (nome da operadora do plano/seguro-saúde)
A/C (endereçar ao SAC – Serviço de Atendimento ao Cliente, ou à diretoria da empresa)

Prezados Senhores,

Em (inserir a data de aquisição e/ou adaptação do plano/seguro-saúde), contratei dessa (inserir nome da operadora do plano/seguro-saúde) a prestação de serviços de assistência à saúde, na modalidade/categoria (inserir a categoria do plano/ seguro-saúde, modalidade individual/familiar).

Em (inserir a data em que o cheque-caução foi exigido), dirigi-me ao hospital (ou clínica, laboratório, etc...), pertencente à rede credenciada de prestadores de serviço que faz parte de meu contrato de plano ou seguro-saúde para (descrever o procedimento necessário, por exemplo, para ser internado e submetido a uma cirurgia de coração), o que faz parte da cobertura a que tenho direito.

No entanto, para realizar meu atendimento, V. Sas. exigiram um cheque-caução como garantia de pagamento pelos serviços prestados, apesar de ser responsabilidade da (inserir nome da operadora de planos/seguros-saúde) arcar com tais custos, de acordo com o contrato firmado, que garante o atendimento nesse (hospital, clínica, laboratório). A referida exigência configura prática comercial abusiva, conforme previsto no inciso V do artigo 39 do Código de Defesa do Consumidor.

Diante do exposto, solicito providências para que V. Sas. se abstenham de tal prática e, por conseqüência, dêem início imediato aos procedimentos necessários para o restabelecimento de minha saúde.

Certo de seu pronto atendimento em respeito aos meus direitos de consumidor, agradeço antecipadamente. Informo que, caso não seja atendida minha solicitação, serão adotadas as medidas cabíveis, sem prejuízo da indenização de eventuais danos patrimoniais e morais.

Atenciosamente,

....
(Nome, assinatura, meios de contato – telefone, endereço, fax, e-mail)

Além de protocolar uma cópia no prestador de serviço que exigiu o cheque-caução, é importante enviar uma cópia também para a operadora do plano/seguro-saúde.

MODELO 42

Para solicitar informação sobre percentual pago pelo usuário de plano coletivo.

(Obs: esta carta deve ser encaminhada para a operadora de assistência à saúde e à empregadora.)

(Local, data)

A (nome da empresa)
A/C (endereçar ao SAC – Serviço de Atendimento ao Cliente, ou à diretoria da empresa)

Prezados Senhores,

Em (inserir data do início do benefício), passei a ser beneficiário do plano/seguro-saúde (inserir a categoria do plano/seguro-saúde, modalidade individual/familiar), pertencente a (inserir o nome do empregador/sindicato/associação responsável pelo plano/seguro-saúde), que contratou V. Sas. para prestar assistência privada à saúde ao grupo de (funcionários/associados/sindicalizados).

Gostaria de saber qual é o valor total de minha mensalidade, considerando que desembolso mensalmente o valor de R$ (inserir o valor pago mensalmente pelo usuário), equivalente a uma parte do total, sendo o restante do valor pago pelo (inserir nome do empregador/sindicato/associação). Tal informação é da maior relevância para efeitos de continuidade do meu vínculo com essa empresa na hipótese de rescisão do contrato coletivo do qual sou beneficiário ou de desligamento da (inserir nome do empregador/sindicato/associação).

Certo de seu pronto atendimento em respeito aos meus direitos de consumidor, agradeço antecipadamente a resposta no prazo de 15 dias.

Atenciosamente,

....
(Nome, assinatura, meios de contato – telefone, endereço, fax, e-mail)

GLOSSÁRIO MÉDICO-CONTRATUAL

O que significam alguns termos presentes nos contratos e na legislação:

Acidente do trabalho – todo acidente que ocorrer devido ao exercício do trabalho, a serviço da empresa, mesmo nos intervalos ou no caminho do trabalho, que provoque lesão capaz de ocasionar perda ou redução da capacidade para o trabalho (permanente ou temporária) ou morte.
Agravo – qualquer acréscimo no valor da prestação paga ao plano/seguro-saúde; é mais comumente usado para designar o valor a maior pago pelo consumidor para ter direito à cobertura de procedimentos relacionados às doenças/lesões preexistentes que, caso contrário, não são atendidos pelo prazo de 24 meses.
Carência – é o tempo que se segue à contratação do plano em que o consumidor não pode utilizar determinado serviço. Se determinada cobertura tem carência de 180 dias, significa que o consumidor deverá pagar seu novo plano por esse período antes de usufruir desse procedimento.
"Carteira" de planos privados de assistência à saúde – é o conjunto de todos os contratos de uma determinada operadora, firmados com os consumidores.
Cirurgia eletiva ou programada – é aquela que pode ser marcada com antecedência, pois não é urgente ou emergencial. Exemplos: laqueadura tubária, remoção de lesões da pele não-cancerígenas.
Cirurgia não-eletiva – ao contrário da eletiva, é aquela de urgência ou emergência (veja a seguir). Exemplos: apendicite supurada, hematoma cerebral, abscessos abdominais.
Cobertura parcial temporária – É aquela que admite durante um prazo determinado a suspensão da cobertura de eventos cirúrgicos, leitos de alta tecnologia e procedimentos de alta complexidade relativos às doenças preexistentes (veja a seguir).
Contrato coletivo empresarial – é aquele firmado com um grupo delimitado, vinculado à pessoa jurídica (um empregador, uma associação ou um sindicato), que tem a adesão automática do grupo e pode incluir os dependentes legais dos membros.
Contrato coletivo por adesão – semelhante ao empresarial, só que a adesão dos membros (funcionários, associados ou sindicalizados) é espontânea, sendo opcional também a inclusão dos dependentes.
Contrato individual – é o oferecido ao consumidor pessoa física, com ou sem a inclusão do grupo familiar.

Co-participação – é a parte paga pelo consumidor à empresa de saúde para realização de certo procedimento, além da mensalidade.

Doença congênita – problema que existe no momento do nascimento. Pode ser hereditário ou resultante de alguma influência durante a gestação ou no parto. Pode ter características físicas ou mentais. Exemplos: síndrome de Down, lábio leporino, defeitos cardíacos congênitos.

Doença crônica – é aquela que não tem cura e, ao mesmo tempo, é compatível com a vida. Geralmente exige tratamento ou acompanhamento médico por tempo prolongado. Exemplos: diabetes, hipertensão arterial, insuficiência cardíaca, esquizofrenia, insuficiência renal crônica (necessita de hemodiálise).

Doença do trabalho – é aquela adquirida ou desencadeada por causa de condições especiais em que o trabalho é realizado e com ele se relacione diretamente.

Doença hereditária – é aquela transmitida, total ou parcialmente, geneticamente, podendo se manifestar já no nascimento ou em qualquer fase da vida. Exemplos: síndrome de Marfan, mal de Alzheimer, câncer de mama em algumas famílias. Embora a transmissão seja hereditária, isso não quer dizer que a doença seja preexistente, pois a pessoa pode ter um risco maior de desenvolver a doença, mas não a apresentar no momento da contratação.

Doença preexistente – diz a legislação: "São aquelas que o consumidor ou seu responsável saiba ser portador ou sofredor à época da contratação do plano". Do ponto de vista médico, não existe uma definição para o termo. Na verdade, as empresas do setor criaram este termo, que depois foi incorporado na legislação, como um mecanismo para não cobrir doenças que o consumidor já tinha quando da contratação do plano. Só que é muito difícil dizer quando uma doença começou, a não ser as congênitas (veja acima). As empresas tentam aplicar este termo indiscriminadamente, tanto a doenças congênitas (por exemplo, um defeito no coração) como à aids ou câncer, que são contraídas ou se manifestam em qualquer momento da vida.

Doença profissional – é aquela produzida ou desencadeada pelo exercício do trabalho, sendo peculiar a determinada atividade.

Emergência – a lei assim define os casos que implicam risco imediato de vida ou de lesões irreparáveis para o paciente. Exemplos: infarto do miocárdio, úlcera perfurada, hemorragia uterina, psicose aguda, depressão com desejo de suicídio, hematoma cerebral.

Franquia – segundo a legislação, é o valor estabelecido no contrato até o qual a operadora não tem responsabilidade de cobertura, quer nos casos de reembolso, quer nos casos de pagamento à rede credenciada ou referenciada.

Lesão auto-infringida – lesão provocada por uma pessoa em si mesma (como no caso de tentativa de suicídio, por exemplo).
Moléstia ocupacional – veja Doença do trabalho e Doença profissional.
Órtese – objeto que dá suporte para auxiliar a prótese de um membro ou órgão.
Padrão de conforto – tipo de acomodação oferecida ao consumidor. Exemplos: enfermaria com quatro leitos, apartamento com acompanhante e banheiro privativo.
Plano de autogestão – de acordo com a Associação Brasileira dos Serviços Assistenciais de Saúde Próprios de Empresas (Abraspe), é um sistema fechado de assistência à saúde, sem fins lucrativos, não-comercializável no mercado, destinado exclusivamente a uma população definida de beneficiários. Segundo a resolução do Consu que trata do assunto, é um plano gerido e administrado pela própria empresa para seus empregados ativos, aposentados, pensionistas e ex-empregados, bem como seus respectivos grupos familiares até o terceiro grau de parentesco.
Plano de saúde – contrato de assistência à saúde com atendimento em serviços próprios ou de terceiros (rede credenciada de estabelecimentos e/ou profissionais). Veja Seguro-saúde.
Prêmio – é a mensalidade paga pelo consumidor nos contratos de seguro.
Procedimento – é todo ato médico ou paramédico que tem por objetivo a prevenção de doenças, o diagnóstico, a manutenção ou a recuperação do bem-estar físico, biológico ou psicológico do paciente, e que pode ser realizado com internação ou não. Aqui se incluem os tratamentos clínicos, as consultas e os exames, entre outros atos.
Procedimento de alta complexidade – não existe uma definição médica para o termo. Na prática, é o procedimento que exige aparelhos de alta tecnologia e/ou médicos e enfermeiros especializados. A ANS, através de uma resolução (RDC 68), listou todos os procedimentos que considerou altamente complexos.
Prótese – objeto que substitui órgão ou membro do organismo. Exemplos: dentadura, válvula cardíaca, ou os usados no lugar de pernas, braços e mãos amputados.
Reajuste por sinistralidade – também chamado de reajuste técnico, é o aumento imposto por parte das empresas em função da variação do número de eventos efetivamente verificados no total de consumidores vinculados à empresa, dentro de determinado período (veja A lei e seus problemas – Aumento por sinistralidade).
Rede credenciada – é a rede de prestadores de serviços médicos, hospitalares, laboratórios, clínicas e outros que mantêm acordo ou convênio com a empresa de assistência à saúde para prestar atendimento aos

beneficiários, de acordo com o plano de opção e os termos do contrato.

Rede referenciada – é uma lista de prestadores de serviços vinculados à operadora, e sua utilização dispensará a necessidade de pagamento direto pelo consumidor. Mas não é obrigatório recorrer a um prestador de serviço dessa rede, pois o contrato de seguro-saúde pressupõe a livre escolha do consumidor quanto ao prestador de serviço. O reembolso, porém, é feito dentro do limite do valor contratual.

Revisão técnica – é um mecanismo criado por meio da Resolução nº 27 da ANS para solucionar situações de desequilíbrio econômico-financeiro de operadoras em dificuldade; mas que traz um reflexo negativo para o consumidor, como possibilidade de sofrer aumentos e/ou redução da rede credenciada e/ou pagamento para utilização de serviços.

Seguro-saúde – contrato de assistência caracterizado pela cobertura de riscos relacionados à saúde, onde o segurado (consumidor) pode escolher livremente o prestador do serviço, sendo depois reembolsado das despesas dentro do limite do valor contratado.

Sinistro – é a ocorrência do evento coberto pelo contrato, como um acidente, um tratamento, uma cirurgia.

Tratamento – todo procedimento indicado pelo médico que visa corrigir distúrbio do paciente, seja ele psíquico ou somático. Exemplos: inalação, psicoterapia, quimioterapia, sutura, fisioterapia.

Urgência – a lei assim define os casos de acidentes pessoais ou de complicações no processo gestacional. Exemplos: atropelamento, ameaça de aborto com sangramento.

Órgãos públicos e entidades que podem ser úteis ao consumidor

FEDERAIS

Ministério da Saúde
Disque Saúde: 0800-611997 e 0800-610033
(Recebe denúncias de abusos de planos e seguros-saúde e de medicamentos falsos; ligação gratuita de qualquer ponto do país)

ANS – Agência Nacional de Saúde Suplementar
(recebe denúncias de abusos de planos e seguros-saúde).
Rua Augusto Severo, 84, 10º andar (Glória)
CEP 20021-040, Rio de Janeiro, RJ
Tel.: 0800-701 9656
Site: www.ans.saude.gov.br

Além da sede, a ANS mantém divisões e serviços de saúde suplementar nos Estados, nos endereços abaixo:

Acre
Rua Antônio da Rocha Vianna, 1584 - Vila Ivonete
CEP 69908-560, Rio Branco, AC
Tel.: 0/xx/68/224-5026 e (68)224-3947
E-mail: sssac@mdnet.com.br

Alagoas
Praça dos Palmares, s/nº, 11º andar (Centro)
CEP 57060-000, Maceió, AL
Tel..: 0/xx/82/224-6546 e 223-6546

Amapá
Rua Leopoldo Machado 1.808-B (Centro)
CEP 68900-070, Macapá, AP
Tel.: 0/xx/96/214-2013 e 214-2048

Amazonas
Rua Oswaldo Cruz, nº51, Prédio Funasa (Glória)
CEP 69027-000, Manaus, AM
Tel.: 0/xx/92/625-5578, 671-3451

Bahia
Rua do Tesouro, 21/23, 8º andar (Bairro D'Ajuda)
CEP 40020-050, Salvador, BA
Tel.: 0/xx/71/266-9440 e 266-6365

Ceará
Av. Santos Dumont, 1.890, 3º andar (Aldeota)
CEP 60150-160, Fortaleza, CE
Fone: 0/xx/85/244-3982
E-mail: sesap@roadnet.com.br

Distrito Federal
Ministério da Saúde
Setor de Autarquias Sul, quadra 01, bloco A, 10º andar
Lote 10 – Edifício Darci Ribeiro
CEP 70070-905, Brasília, DF
Tel.: 0/xx/61/ 325-2127 e (61)226-9512

Espírito Santo
Rua João Caetano, 33, sala 1214 a 1216
CEP 29016-200, Vitória, ES
Tel.: 0/xx/27/222-3070
E-mail: campagnaro@fns-es.gov.br

Goiás
Rua 82, nº 179, 9º andar (Setor Sul)
CEP 74083-010, Goiânia, GO
Tel.: 0/xx/62/2263123 e 223-8713

Maranhão
Av. Alexandre Moura, 182 (Parque do Bom Menino)
CEP 65025-470, São Luís, MA
Tel.: 0/xx/98/231-4256 e 231-0522

Mato Grosso
Av. Getúlio Vargas, 553, 15º andar, sala 1.503
CEP 78005-908, Cuiabá, MT
Tel.: 0/xx/65/321-9407 e 321-7422

Mato Grosso do Sul
Rua Jornalista Belizário Lima, 263, 5º andar (Monte Líbano)
CEP 79004-270, Campo Grande, MS
Tel.: 0/xx/67/782-1120 e 725-1499
E-mail: sesapms@fnsms.gov.br

Minas Gerais
Rua Espírito Santo, 500 sala 208 - (Centro)
CEP 30160-030, Belo Horizonte, MG
Tel.: 0/xx/31/3248-2813 e 3248-2795

Pará
Rua Senador Manoel Barata, 869, 3º andar, sala 311
CEP 66010-140, Belém, PA
Tel.: 0/xx/91/224-0580
E-mail: anspa@interconetc.com.br

Paraíba
Rua Professor Geraldo Von Schosten, 285, térreo (Jaguaribe)
CEP 58015-190, João Pessoa, PB
Tel.: 0/xx/83/241-5349, 241-5532
E-mail: sesapms@netwaybbs.com.br

Paraná
Rua Cândido Lopes, 208, 5º andar, sala 511
CEP 80020-060, Curitiba, PR
Tel.: 0/xx/41/223-0880 e 225-2877
E-mail: sesappr@softone.com.br

Pernambuco
Av. Conselheiro Rosa e Silva, 1.489 (Aflitos)
CEP 52050-020, Recife, PE
Tel.: 0/xx/81/426-8866 e 427-4495

Piauí
Av. João XXIII, 1.317, Edifício da Funasa (Jockey Clube)
CEP 64049-010, Teresina, PI
Tel.: 0/xx/86/233-4450, 233-4536
E-mail: sesas@wpoint.com.br

Rio de Janeiro
Av. Augusto Severo, 84, 10º andar (Glória)
CEP 20021-040, Rio de Janeiro, RJ
Tel.: 0/xx/21/232-2431 e 232-2472

Rio Grande do Norte
(Se reporta ao Ceará)

Rio Grande do Sul
Av. Borges de Medeiros, 536, sala 1.002
CEP 90020-022, Porto Alegre, RS
Tel.: 0/xx/51/224-1555, 224-1565

Rondônia
Rua Cinco, nº 167, Prédio Funasa (Setor Industrial)
Bairro Costa e Silva
CEP 78900-970, Porto Velho, RO
Tel.: 0/xx/69/216-6133
E-mail: msro-ssupl@ronet.com.br

Roraima
Av. Brigadeiro Eduardo Gomes, 102, Anexo Funasa (São Francisco)
CEP 69305-010, Boa Vista, RR
Tel.: 0/xx/95/623-9299

Santa Catarina
Av. Marinheiro Max Sharann, 2.179, sala 110 (Estreito)
CEP 88095-001, Florianópolis, SC
Tel.: 0/xx/48/281-7744 e (48)281-7766
E-mail: lucy@fns-sc.gov.br

São Paulo
Rua Bela Cintra, 986, 4º andar
Cep. 01415-000 São Paulo, SP
Tel.: 0/xx/11/3211-6218
E-mail: saudesuplementarsp@netpoint.com.br
Informações: 08007019656

Sergipe
Av. Dr. Carlos Firpo, 147 – 13º andar (Centro)
CEP 49010-250, Aracaju, SE
Tel.: 0/xx/79/214-1200 e 214-2163
E-mail: sesapse@netdados.com.br

Tocantins
ACSO 1, conjunto 2, lote 11, 2º andar
CEP: 77163-060, Palmas, TO
Tel.: 0/xx/63/218-3634, 218-3600

Idec – Instituto Brasileiro de Defesa do Consumidor
(Organização não-governamental, de âmbito nacional, que informa e orienta seus associados sobre problemas relacionados aos direitos do consumidor e os defende na Justiça por meio de ações coletivas.)
Rua Dr. Costa Júnior, 194 (Água Branca)
CEP 01251-001, São Paulo, SP
Tel.: 0/xx/11/3874-2150
Fax: 0/xx/11/3862-9844
E-mail: atenidec@uol.com.br
Site: www.idec.org.br

ESTADUAIS

Juizados Especiais Cíveis
Atendem normalmente nos fóruns. Devem ser acionados em causas cujo valor não ultrapasse 40 salários mínimos.

Procons
Atendem e encaminham todo tipo de queixa relacionada ao direito do consumidor. Recebem denúncia com relação a direitos individuais e encaminham a reclamação no âmbito administrativo. Os Procons funcionam nas capitais e nas cidades mais importantes do Estado. Nesta relação, estão os endereços nas capitais.

Alagoas
Rua Cincinato Pinto, 503 – Centro
CEP 57020-050, Maceió, AL
Tel.: 0/xx/82/336-2371
Site: www.procon.al.gov.br

Amapá
Av. Padre Júlio Maria Lombardi, 1.585 – Centro
CEP 68900-000, Macapá, AP
Tel.: 0/xx/96/223-3019/223-3023

Amazonas
Rua Afonso Pena, 8 – Praça 14 de Janeiro
CEP 69020-160, Manaus, AM
Tel.: 0/xx/92/633-8122

Bahia
Rua Carlos Gomes, 746 – Centro, 2º andar
CEP 40060-330, Salvador, BA
Tel.: 0/xx/71/321-4228
E-mail: archjose@cpu0011.ba.gov.br

Ceará
Rua Heráclito Graça, 100 – Centro
Cep 60140-061, Fortaleza, CE
Tel.: 0800-85-80-01
Site: www.decon.ce.gov.br

Distrito Federal
SCS – Quadra 8 –Bloco 60 sala: 240
Ed. Venâncio 2000 – 2º andar
CEP 70333-900, Brasília, DF
Tel:. 0/xx/61/226-9016
Informações: (61) 223-0558
Site: www.gdf.gov.br/procon

Espírito Santo
Rua João Caetano, 33 – Ed. Pres. Vargas, 8º andar
CEP 29016-200, Vitória, ES
Tel.: 0/xx/27/381-6228
E-mail: procons@zip.mail.com.br

Goiás
Rua 2, nº24 – Centro
CEP 74013-020, Goiânia, GO
Tel.: 0/xx/62/229-4542
E-mail: procon_goiás@terra.com.br

Maranhão
Praça Gomes de Souza, 249 – 2º andar – Centro
CEP 65010-240, São Luís, MA
Tel.: 0/xx/98/231-0021
E-mail: procon@procon.ma.gov.br

Mato Grosso
Rua Historiador Rubens de Mendonça, s/nº
CEP 78045-100, Cuiabá, MT
Tel.: 0/xx/65/322-9532
Site: www.sejuc.ml.gov.br

Mato Grosso do Sul
Rua Pedro Celestino, 1104 – Ed. Charles – Centro
CEP 79002-370, Campo Grande, MS
Tel.: 0/xx/67/724-4105
E-mail: procon@prodasul.com.br

Minas Gerais
Rua Alvarenga Peixoto, 974 – Santo Augostinho
CEP 30180-120, Belo Horizonte, MG
Tel.: 0/xx/31/3335-3247
E-mail: procon@mp.mg.gov.br

Pará
Rua 28 de Setembro,339 – Comércio
CEP 66010-100, Belém, PA
Tel.: 0/xx/91/222-3231
E-mail: procon@prodepa.gov.br

Paraíba
Rua: Rodrigues de Aquino, 675
CEP 58013-000 João Pessoa, PB
Tel.: 0/xx/83/241-6171
Site: www.proconjpa@netway.com.br

Paraná
Rua Francisco Torres, 206 – Centro
CEP 80060-130, Curitiba, PR
Tel.: 0/xx/41/362-1512
Site: www.pr.gov.br/proconpr

Pernambuco
Av. Conde da Boa Vista, 700 – Centro, Ed. IOB
CEP 50060-002, Recife, PE
Tel.: 0/xx/81/3423-5691
E-mail: procon@fisepe.pe.gov.br

Rio de Janeiro
Rua Buenos Aires, 309 – Centro
CEP 20061-001, Rio de Janeiro, RJ
Tel.: 0/xx/21/252-0837
E-mail: proconrj@alternex.com.br

Rio Grande do Norte
Av. Tavares de Lira, 109 – Palácio da Cidadania, Ribeira
CEP 59012-050, Natal, RN
Tel.: 0/xx/84/221-1751

Rio Grande do Sul
Rua Carlos Chagas, 55 – Centro
CEP 90030-020, Porto Alegre, RS
Tel.: 0/xx/51/286-8200
Site: www.riogrande.com.br

Rondônia
Ed. Rio Madeira, 4º andar, s/420 – Travessa Guaporé
CEP 78900-000, Porto Velho, RO
Tel.: 0/xx/95/224-4738

Roraima
Rua Dr. Arnaldo Brandão, 728 – São Francisco
CEP 69305-080, Boa Vista, RR
Tel.: 0800-95-10-70

Santa Catarina
Rua Tenente Silveira, 162 – Ed. das Diretorias – 6º andar
CEP 88010-300, Florianópolis, SC
Tel.: 0/xx/48/216-1506

São Paulo
Rua Barra Funda, 930 – 4º andar
CEP 01152-000, São Paulo, SP
Tel.: 0/xx/11/3824-0717
E-mail: www/procon.sp.gov.br

Sergipe
Rua Campo do Brito, 305 – Bairro São José
CEP 49020-380, Aracaju, SE
Tel.: 0/xx/79/224-1171

Tocantins
Secretaria de Segurança Pública
Av. NS4 – Conjunto 02- Lote 44
CEP 77163-020, Palmas, TO
Tel.: 0/xx/63/215-2730
E-mail: sejusp@ulbra-to.br

ÍNDICE REMISSIVO

Os verbetes, em ordem alfabética, permitem que um mesmo assunto seja encontrado de formas diferentes. Por exemplo: para saber se existe ou não carência para recém-nascido, pode-se consultar "carência para bebês" ou "bebês, carência" ou ainda "recém-nascido, carência".
São dados os números de página apenas da parte do guia anterior à parte referente à legislação.
Quando o assunto também é tratado na Lei 9.656/98, que regulamenta os planos e seguros-saúde, aparece apenas o artigo (art.). Neste caso, a localização é fácil. Basta o leitor consultar a lei e encontrará o artigo e, quando for o caso, os parágrafos e incisos.
Pode aparecer também a indicação de resolução do CONSU e/ou da ANS, quando o assunto é tratado por uma ou mais dessas resoluções. Estas podem ser localizadas pela seqüência numérica.
Exemplo:
urgência......................39, 275, arts. 12, V, "e" e 35-D, Consu 13
– O primeiro e o segundo números (39 e 275) indicam as páginas em que o asssunto é tratado.
– arts. 12, V, "e" e 35-D indicam os artigos, inciso e letra, em que o assunto é tratado na Lei 9.658/98.
– Consu 13 indica a resolução do CONSU que trata do assunto. As resoluções aparecem em ordem numérica e também estão na parte do livro que contém a legislação.

ACIDENTE DE TRABALHO 272
ACOMPANHANTE EM INTERNAÇÕES..........ART. 12, II,
...."F"
ADAPTAÇÃO DE CONTRATOS, PRAZOS....13, ART. 35,
....CONSU 4
ADAPTAÇÃO DOS CONTRATOS NOVOS,
POSSIBILIDADES DE AUMENTO.....................13
ADESÃO, CONTRATO COLETIVO POR.................22,
....CONSU 14 E 15
AGRAVO.................37, CONSU 2, 04, 14, 15 E 17
AGRAVO, RECÉM-NASCIDOS...............................37
AIDS 57
ALTA COMPLEXIDADE, PROCEDIMENTO DE.........274
ANS, PODERES 11
ANS, RESOLUÇÕES..159
APOSENTADOS ....24, ART.31, § 6º, CONSU 21
APRESENTAÇÃO..3
AS NOVAS REGRAS..15
    APOSENTADOS 24
    AUMENTOS...18
    BÔNUS..16
    CANCELAMENTO..16
    CARÊNCIA...19
    CARÊNCIA COM LIMITE..................................19
    CLAREZA DOS CONTRATOS...........................16
    DESCREDENCIAMENTO..................................19
    DESEMPREGADOS..24
    FRANQUIA..16
    INTERRUPÇÃO DE INTERNAÇÃO....................18
    PLANOS COLETIVOS.......................................22
    REAJUSTES...18
    RENOVAÇÃO...18
    SAÚDE MENTAL..21
ATENDIMENTO OBRIGATÓRIO EM URGÊNCIA E
EMERGÊNCIA.....................39, ARTS. 12, V, E 35-C,
....CONSU 13 E 15
CONSU, PODERES 11
ATRASO DE PAGAMENTO ....17, ARTS. 13,
....§ ÚNICO, II, E 35-E, III
AUMENTO DE FAIXA ETÁRIA.................33, ARTS.
....15 E 35-E, I, CONSU 06
AUMENTOS.................................14, 31, ART. 16,
....XI, ARTS. 35-E, I E § 1º
....E 2º ,CONSU 06, ANS 29
AUMENTOS ABUSIVOS, COMO IDENTIFICAR..........30
AUTOGESTÃO ....274, ART. 1º, § 3º E ART. 10, §
....3º, CONSU 14, ART. 1º, § ÚNICO,
....CONSU 15 E 16
AUTORIZAÇÃO PARA AUMENTOS...........................18
BEBÊS, CARÊNCIA......................19, ART. 12, III, "B",

....CONSU 10, ART. 6º, II
BEBÊS, INSCRIÇÃO NO PLANO...55, ART. 12, III, "B",
....CONSU 10, ART. 6º, II
BEBÊS, LESÃO PREEXISTENTE......CONSU 02, ART. 8º
BÔNUS...116, ART. 16, IX
CANCELAMENTO 16, 17
CANCELAMENTO PELO CONSUMIDOR....................17
CANCELAMENTO UNILATERAL.............16, ARTS. 13,
....§ ÚNICO, II E III, E 35-E, III
CANCELAMENTO UNILATERAL PARA
    PLANO COLETIVO.........................CONSU 14 E 19
CARÊNCIA..19, 31, 272
CARÊNCIAS COM LIMITE.......................................19
CARÊNCIA EM EMERGÊNCIA
E URGÊNCIA.........19, ART. 12, V, "C", CONSU 13
CARÊNCIA PARA BEBÊS ....19, ART. 12, III, "B",
....CONSU 10, ART. 6º, II
CARÊNCIA PARA GESTANTES........19, ART. 12, V, "A",
....CONSU 13, ART. 4º E § ÚNICO
CARÊNCIA, PLANO EMPRESARIAL ....CONSU 14 E 19
CARÊNCIA, PLANO INDIVIDUAL.........19, ART. 12, V
CARÊNCIA POR ATRASO DE PAGAMENTO 14, 19
....ART. 13, § ÚNICO, II, ART. 35-E, III
CARÊNCIA, PRAZO MÁXIMO.........19, ART. 12, V "A",
...."B" E "C"
CARÊNCIA, RECONTAGEM ....ART. 13, § ÚNICO, I
CARTAS PARA RECLAMAÇÃO, MODELOS 220
CIRURGIA ELETIVA..272
CIRURGIA NÃO-ELETIVA......................................272
COBERTURA DE DOENÇA MENTAL..........................21,
....CONSU 11 E 15
COBERTURA PARCIAL TEMPORÁRIA 36,
....CONSU 02, 04 E 15
COBERTURAS ....ARTS. 10, 11 E 12, CONSU 02,
....CONSU 10,12, 13, 14 E 15
COMO E ONDE RECLAMAR 220, 276
CONSU 11
CONTRATOS ANTIGOS ....12, ARTS. 35 E 35-E
    DOENÇAS PREEXISTENTES ....35, ART. 11,
....CONSU 02 E 15
    PARTO PREMATURO.......................................46
PLANO AMBULATORIAL.......................44, ART. 12, I,
....CONSU 10, ART. 4º, E 13, ART. 2º
PLANO HOSPITALAR..ART. 12, II,
....CONSU 10 E 13, ART. 2º
PLANO HOSPITALAR C/ OBSTETRÍCIA..............46,
........ART. 12, III, CONSU 10, ART. 6º E 13, ART.4º
PLANO ODONTOLÓGICO ....47, ART. 12, IV,
....CONSU 10, ART. 7º
PLANO-REFERÊNCIA.....................43, ART. 10, ...

..................CONSU 10, CONSU 13, ARTS. 5º E 6º
SAÚDE MENTAL..........................21, CONSU 11 E 15
TRANSPLANTES..................................41, CONSU 12
CONSU ....11, ARTS. 35-A, 35-B E 35-C
CONSU, REGIMENTO INTERNO 86
CONSU, RESOLUÇÕES 86
CONTRATO COLETIVO EMPRESARIAL 22,
....CONSU 14 E 15
CONTRATO COLETIVO POR ADESÃO...22, CONSU 14
CONTRATO INDIVIDUAL 272
CONTRATOS 12, 15
   CANCELAMENTO 16
   CLAREZA 16
   COLETIVO EMPRESARIAL ....22, CONSU 14
   COLETIVO POR ADESÃO ....22, CONSU 14
   INDIVIDUAL ....22, CONSU 14
   PRAZOS E CONDIÇÕES PARA ADAPTAÇÃO......13,
   ....ART. 35, CONSU 04
   RENOVAÇÃO AUTOMÁTICA....................18, ART. 13
   RESCISÃO 23
   TRANSFERÊNCIA 26
CONTRATOS ANTIGOS ....12, ARTS. 35 E 35-E
   AUMENTOS ART.35-H
   COMO FICAM 13
   DENÚNCIA UNILATERAL ....ART. 35-H
   DOENÇAS PREEXISTENTES ......35, 39, CONSU 04
   PLANO COLETIVO 22
   PRAZOS PARA ADAPTAÇÃO...ART. 35, CONSU 04
   PROIBIÇÕES 13
CONTRATOS ANTIGOS COM 5 ANOS OU MAIS ....
....CONSU 04, ART. 30, § 2O
CONTRATOS ANTIGOS COM MENOS DE 5 ANOS......
....CONSU 04, ART. 40, I E II
CONTRATOS, CANCELAMENTO 17
CONTRATOS COLETIVOS ....22, ARTS. 30 E 31,
....CONSU 14 E 19
CONTRATOS, RENOVAÇÃO AUTOMÁTICA 18
CO-PARTICIPAÇÃO ....273, CONSU 08, ART. 3º, II,
....CONSU 15
CREDENCIAMENTO UNIVERSAL 21
CUSTOS MÉDICO-HOSPITALARES 30
DATA BASE ....CONSU 04, ART. 1º, II
DEFINIÇÃO DE PLANOS E SEGUROS-SAÚDE ....
...................................247, 275, ART. 1º, I, CONSU 14 E 15
DEMITIDOS ....24, 56, ART. 30, CONSU 20
DENÚNCIA UNILATERAL ....16, ART. 13, § ÚN.,
....E ART. 35-E, III
DESCREDENCIAMENTO ....19, ARTS. 17 E 18
DESEMPREGADOS ....24, 56, ART. 30, CONSU 20
DIREITO DE OPÇÃO ....14, ART. 35
DIREITOS DO PACIENTE 58
DIREITOS, PERDA 16, 17
DISPOSITIVOS OBRIGATÓRIOS NO CONTRATO ....
....ART. 16
DOENÇA CONGÊNITA 273
DOENÇA CRÔNICA 273
DOENÇA DO TRABALHO 273
DOENÇA HEREDITÁRIA 273
DOENÇA MENTAL ....21, CONSU 11 E 15
DOENÇA PREEXISTENTE ....31, 35, ART. 11,
....CONSU 02 E 15
   AGRAVO 37
   COBERTURA PARCIAL TEMPORÁRIA 36
   PARA QUEM JÁ TEM PLANO ....39, CONSU 04
   PROIBIÇÃO DE EXCLUSÃO DE COBERTURA ....
....ART. 11
DOENÇA PROFISSIONAL 273
EMERGÊNCIA ....39 ARTS. 12, V, "C" E
....35-C, CONSU 13 E 15

EXCLUSÃO DE DOENÇA PREEXISTENTE ....ART. 11
EXCLUSÕES ....ART. 10, CONSU 10, 11, 12, 13 E 15
EXCLUSÕES ILEGAIS, LISTA DA AMB 51
FAIXAS ETÁRIAS ....33, ART. 15, CONSU 06 E 15
FILHO, COBERTURA E INSCRIÇÃO ....55 ART. 12,
....III, "A" E "B"
FILHO ADOTIVO, COBERTURA ....55, ART. 12,
....III, "A" E "B"
FILHO ADOTIVO, INSCRIÇÃO ....55, ART. 12, III,
...."A" E "B" E VII
FISCALIZAÇÃO DAS OPERADORAS ....ARTS. 1º,
....§ 1º E 35-D, CONSU 03 E 15
FRANQUIA ....67 CONSU 08, ART. 3º, I, CONSU 15
FRAUDE DO CONSUMIDOR ....17, ARTS. 13,
....§ ÚNICO, II E ART. 35-E, III
....CONSU 02, ART. 3º
GESTAÇÃO, EMERGÊNCIA E URGÊNCIA 40,
....CONSU 13, ART. 4º
GLOSSÁRIO MÉDICO-CONTRATUAL ....272 - 275
   ACIDENTE DE TRABALHO 272
   AGRAVO 272
   ALTA COMPLEXIDADE, PROCEDIMENTO DE 274
   AUTOGESTÃO, PLANO DE 274
   CARÊNCIA 272
   CIRURGIA ELETIVA OU PROGRAMADA 272
   CIRURGIA NÃO ELETIVA 272
   CO-PARTICIPAÇÃO 273
   COBERTURA PARCIAL TEMPORÁRIA 271
   CONTRATO COLETIVO EMPRESARIAL 272
   CONTRATO COLETIVO POR ADESÃO 272
   CONTRATO INDIVIDUAL 272
   DOENÇA CONGÊNITA 273
   DOENÇA CRÔNICA 273
   DOENÇA DO TRABALHO 273
   DOENÇA HEREDITÁRIA 273
   DOENÇA PREEXISTENTE 273
   DOENÇA PROFISSIONAL 273
   EMERGÊNCIA 273
   FRANQUIA 273
   LESÃO AUTO-INFRINGIDA 274
   MOLÉSTIA OCUPACIONAL 274
   ÓRTESE 274
   PADRÃO DE CONFORTO 274
   PLANO DE AUTOGESTÃO 274
   PLANO DE SAÚDE 274
   PRÊMIO 274
   PROCEDIMENTO 274
   PROCEDIMENTO DE ALTA COMPLEXIDADE 274
   PRÓTESE 274
   REAJUSTE POR SINISTRALIDADE 274
   REDE CREDENCIADA 274
   SEGURO-SAÚDE 275
   SINISTRO 275
   TRATAMENTO 275
   URGÊNCIA 275
IDOSOS ....53, ART. 14
INTERNAÇÃO ....14, ARTS.12, II, "A" E "B" E 35-E, IV
INTERRUPÇÃO DE INTERNAÇÃO ....14, ARTS. 12, II,
...."A" E "B" E 35-E, IV
JUIZADO ESPECIAL CÍVEL, ENDEREÇOS 278
LESÃO AUTO-INFRINGIDA 274
LESÃO PREEXISTENTE ....35, 274, ART. 11,
....CONSU 02 E 15
LEI DOS PLANOS E SEGUROS-SAÚDE 61
LIMITE PARA CARÊNCIA 19
LISTA DA AMB, EXCLUSÃO 51
LISTA DA OMS 47
LISTA DE RECLAMAÇÕES DO
   PROCON SÃO PAULO 278

LIVRE ESCOLHA .... 21, ART. 1º, I
MECANISMOS DE REGULAÇÃO NOS PLANOS
E SEGUROS-SAÚDE .... CONSU 08 E 15
MODELOS DE CARTA 220
MULTAS E PENALIDADES .... ARTS. 27 A 29,
.... CONSU 03, 18, 01/2000 E ANS 24
NOVA TECNOLOGIA, REAJUSTE 51
OMS .... 47, ART. 10, CAPUT
OPÇÃO, DIREITO .... 14, ART. 35
ORGANIZAÇÃO MUNDIAL
DA SAÚDE (OMS) .... 47, ART. 10, CAPUT
ÓRTESE .... 274, ART. 10, VII
PACIENTE, DIREITOS 58
PADRÃO DE CONFORTO 274
PAGAMENTO, ATRASO DE .... 16, ARTS. 13,
.... PAR. ÚNICO, II, E 35-E, III
PARTO, PRAZO DE CARÊNCIA .... 19, ART. 12, V, "A"
PARTO PREMATURO 46
PERDA DE DIREITOS 16, 17
PLANO AMBULATORIAL .... 44, ART. 12, II,
.... CONSU 10, ART. 4º E 13, ART. 2º
PLANO DE AUTOGESTÃO .... 274, ARTS. 1º,
.... § 3º E 10, § 3º, CONSU 05, 14,15 E 16
PLANO COLETIVO, REAJUSTE .... ANS 29
PLANO FAMILIAR, MORTE DO TITULAR 52
PLANO HOSPITALAR .... 45, ART. 12, II, CONSU 10
PLANO HOSPITALAR COM OBSTETRÍCIA 46,
.... ART. 12, III, CONSU 10
PLANO ODONTOLÓGICO .... 47, ART. 12,
.... IV, CONSU 10 E ANS 21
PLANO-REFERÊNCIA .... 43, ARTS. 10 E 12,
.... CONSU 10 E ANS 7
PLANO-REFERÊNCIA, OBRIGATORIEDADE
DE OFERTA .... ART. 12, § 2º
PLANOS COLETIVOS .... ARTS. 30 E 31,
.... CONSU 14 E 19
PLANOS DA LEI 41
  PLANO-REFERÊNCIA .... 43, ARTS. 10 E 12,
.... CONSU 10
  PLANO AMBULATORIAL .... 44, ART. 12, I,
.... CONSU 10
  PLANO HOSPITALAR .... 45, ART. 12, II,
.... CONSU 10
  PLANO HOSPITALAR COM OBSTETRÍCIA 46,
.... ART. 12, III, CONSU 10
  PLANO ODONTOLÓGICO .... 47, ART. 12,
.... IV, CONSU 10
PLANO DE SAÚDE, DEFINIÇÃO .... 274, ART. 1º,
.... I, CONSU 14 E 15
PODERES DO CONSU E DA ANS 11,
.... ARTS. 35-A, 35-B E 35-C
PREEXISTENTE .... 35, ART. 11, CONSU 02
PREMATURO, PARTO 46
PRÊMIO 274
PROCEDIMENTO .... 274, CONSU 10 E 15
PROCEDIMENTO DE ALTA COMPLEXIDADE 274
PROCON, ENDEREÇOS 278
PROFISSÃO DE RISCO 56
PRÓTESE .... 274, ART. 10, VII
"QUEBRA" DE EMPRESA 26
REAJUSTE .... 29, ARTS. 16, XI, E 35-E, I E
.... § 1º E ANS 29
REAJUSTE, AUTORIZAÇÃO PRÉVIA .... 18, ART. 35-E,
.... § 2º E ANS 29
REAJUSTE DE PLANO COLETIVO .... ANS 29
REAJUSTE, NECESSIDADE DE JUSTIFICATIVA ....
.... ANS 29
REAJUSTE POR NOVA TECNOLOGIA 51
REAJUSTE POR SINISTRALIDADE .... 31 E 68

RECÉM-NASCIDO .... 55, ART. 12, III,
.... "A" E CONSU 10, ART. 6º
RECÉM-NASCIDO, CARÊNCIA .... 55, ART. 12, III, "B"
.... E CONSU 10, ART. 6º
RECÉM-NASCIDO, COBERTURA .... 55, ART. 12,
.... III, "B" E CONSU 10, ART. 6º
RECÉM-NASCIDO, DOENÇA OU LESÃO
PREEXISTENTE .... CONSU 02
RECÉM-NASCIDO, PRAZO PARA INSCRIÇÃO 55,
.... ART. 12, III, "B" E CONSU 10, ART. 6º
RECLAMAÇÃO, MODELOS DE CARTA 220
RECOMENDAÇÕES DO IDEC .... 48 A 62
RECONTAGEM DE CARÊNCIA .... ART. 13,
.... PARÁGRAFO ÚNICO
REDE CREDENCIADA 21
REEMBOLSO .... ARTS. 1º E 12, VI
REGIMENTO INTERNO DO CONSU 89
REGULAÇÃO DE PLANOS E SEGUROS-SAÚDE ....
REGULAMENTAÇÃO DOS PLANOS PRIVADOS DE
ASSISTÊNCIA À SAÚDE 61
RENOVAÇÃO DE CONTRATO .... 18, ART. 13
RESCISÃO DO CONTRATO COLETIVO 21
RESOLUÇÕES DA ANS 159
  RDC Nº 7 169
  RDC Nº 21 170
  RDC Nº 24 175
  RDC Nº 25 182
RESOLUÇÕES DO CONSU 86
  Nº 1 – REGIMENTO INTERNO DO CONSU 89
  Nº 2 – DOENÇAS E LESÕES PREEXISTENTES ......
.... 98
  Nº 3 – FISCALIZAÇÃO 101
  Nº 4 – PRAZOS PARA ADAPTAÇÃO DE
CONTRATOS À LEI 106
  Nº 5 – AUTOGESTÃO 108
  Nº 6 – FAIXA ETÁRIA 110
  Nº 7 – INFORMAÇÕES DAS OPERADORAS AO
MINISTÉRIO DA SAÚDE 112
  Nº 8 – MECANISMOS DE REGULAÇÃO 113
  Nº 9 – RESSARCIMENTO DO SUS 116
  Nº 10 – ROL DE PROCEDIMENTOS MÉDICOS
.... 120
  Nº 11 – COBERTURA DE SAÚDE MENTAL 124
  Nº 12 – TRANSPLANTES 126
  Nº 13 – URGÊNCIA E EMERGÊNCIA 128
  Nº 14 – DEFINIÇÃO DOS CONCEITOS DE
PLANOS E SEGUROS-SAÚDE 130
  Nº 15 – ALTERAÇÕES NAS RESOLUÇÕES DO
CONSU 133
  Nº 16 – DESOBRIGAÇÃO OU ISENÇÃO PARCIAL
DA SEGMENTAÇÃO DE COBERTURA 137
  Nº 17 – AGRAVOS DE QUE TRATA A
RESOLUÇÃO 02 139
  Nº 18 – PROCESSO ADMINISTRATIVO PARA
APLICAÇÃO DE PENALIDADES 141
  Nº 19 – OPERADORAS QUE VIEREM A SER
LIQUIDADAS OU ENCERRADAS 145
  Nº 20 – REGULAMENTAÇÃO DO ARTIGO 30 DA
LEI 9.656/98 146
  Nº 21 – REGULAMENTAÇÃO DO ARTIGO 30 DA
LEI 9.656/98 149
  Nº 22 – ALTERAÇÕES DAS RESOLUÇÕES 07 E
09 DO CONSU 151
  Nº 23 – DISPÕE SOBRE A TABELA ÚNICA DE
PROCEDIMENTOS – TUNEP 156
  Nº 0L/2000 – SANÇÕES A PROCEDIMENTOS
LESIVOS E DELEGAÇÃO
DE COMPETÊNCIA À ANS 157
RESPONSABILIDADES DAS EMPRESAS 28

RESSARCIMENTO DE DESPESAS DO SUS	ART. 32, CONSU 09, 22 E 23
REVISÃO TÉCNICA	32
ROL DE PROCEDIMENTOS	ARTS. 10 E 12, CONSU 10 E 15
SAÚDE MENTAL	21, CONSU 11 E 15
SAÚDE MENTAL, COBERTURA	21, CONSU 11 E 15
SEGMENTAÇÃO	ART. 10
SEGURO-REFERÊNCIA	ARTS. 10 E 12, CONSU 10 E ANS 7
SEGURO-SAÚDE	275
SINISTRO	275
SUA SAÚDE	57
SUMÁRIO	5
SUS, RESSARCIMENTO DE DESPESAS	ART. 32, CONSU 09 E 22
SUSPENSÃO DE CONTRATO	ARTS. 13, § ÚNICO E, II E 35-E, III
TRATAMENTO	275
TRANSFERÊNCIA DE CONTRATOS	26
TRANSPLANTES	41, CONSU 12
TRANSTORNOS PSIQUIÁTRICOS	22
UTI, INTERNAÇÃO	14, ARTS. 12, II, "B" E 35-E, III
URGÊNCIA	39, 275, ARTS. 12, V, "C" E 35-C, CONSU 13 E 15
VIGÊNCIA DO CONTRATO	ART. 13, CAPUT E § ÚNICO

O QUE É O IDEC

O Idec, Instituto Brasileiro de Defesa do Consumidor, é uma associação de consumidores fundada em 1987, sem fins lucrativos e totalmente independente. O Idec é uma ONG, organização não-governamental, sem nenhum vínculo com empresas, governo ou partidos políticos. Sua missão é promover a educação e a conscientização dos consumidores, a defesa dos seus direitos e a ética nas relações de consumo.

O Idec orienta principalmente os seus associados, mas também os consumidores em geral, para que possam se defender nos casos de abusos e não-cumprimento da lei por fornecedores de produtos ou serviços. Quando necessário, a associação os defende judicialmente em ações coletivas.

Para cumprir seus objetivos, o Idec publica a revista *Consumidor S.A.* (que é distribuída aos associados), produz livros, tem um site na Internet e mantém um serviço de atendimento ao associado por fax, e-mail, carta, telefone ou pessoalmente em sua sede.

O Instituto é membro da Consumers International, organização que congrega cerca de 200 associações de consumidores em mais de uma centena de países. Internamente, é membro do Fórum Nacional das Entidades Civis de Defesa do Consumidor.

São as contribuições anuais dos associados que mantêm o Idec. A associação conta em seus quadros com cerca de 30 mil membros ativos e está permanentemente aberta à entrada de novos associados.

É fácil associar-se. Você pode fazê-lo por carta, fax, via Internet, telefone ou pessoalmente. Veja abaixo:

Idec – Instituto Brasileiro de Defesa do Consumidor
Rua Dr. Costa Jr., 194 – Água Branca
CEP 05002-000 – São Paulo–SP
Fax: (11) 3874-2153 (24 horas)
Telefone: (11)3874-2152, de segunda a sexta, das 9h às 18 h.
E-mail: atendimento@idec.org.br
Site: www.idec.org.br
Atendimento pessoal: na sede, de segunda a sexta, das 13h às 17h.

Impressão e Acabamento
Oesp Gráfica S.A (Com Filmes Fornecidos Pelo Editor)
Dept° Comercial Alameda Araguaia, 1901 - Barueri - Tamboré
Tel. 4195-1805 Fax 4195 - 1384